역사 이야기
스토리텔링

윤유석 尹裕哲

한국외국어대학교 러시아어과, 사학과를 졸업하고 2010년 2월 동 대학원 문화콘텐츠학과에서 「역사문화자원의 소통과 스토리텔링 방안: 자서전 『백범일지』를 중심으로」로 문화콘텐츠학 박사학위를 취득하였다. 사회에서 역사가 어떤 형식과 내용, 매체로 이야기되고, 소통·향유되는가에 관심을 가지고 있으며, 현재 한국외국어대학교에서 문화콘텐츠학 강의를 하고 있다.

주요 저서로는 『최용신의 삶과 정신 사진집: 내 몸뚱이는 샘골과 조선을 위한 것이다』, 『구전자원은 어떻게 이야기가 되는가』(공저), 『이야기를 활용한 향토자원의 광고마케팅』(공저) 등이 있으며, 논문으로는 「스토리텔링을 통한 지역 역사인물의 대중화: 안산 최용신 문화콘텐츠를 중심으로」, 「『백범일지』의 한국근대사 내러티브(이야기 서술) 특징」, 「농촌 활성화를 위한 문화콘텐츠 개발 방안」(공저) 외 여러편이 있다.

역사이야기 스토리텔링

2014년 2월 15일 초판 인쇄
2014년 2월 25일 초판 발행

지은이 | 윤유석
펴낸이 | 이찬규
펴낸곳 | 북코리아
등록번호 | 제03-01240호
주소 | 462-807 경기도 성남시 중원구 사기막골로
         45번길 14 A동 1007호
전화 | 02-704-7840
팩스 | 02-704-7848
이메일 | sunhaksa@korea.com
홈페이지 | www.북코리아.kr
ISBN | 978-89-6324-318-4 (93300)

값 14,000원

이 도서의 국립중앙도서관 출판시도서목록(CIP)은 서지정보유통지원시스템 홈페이지
(http://seoji.nl.go.kr)와 국가자료공동목록시스템(http://www.nl.go.kr/kolisnet)에서 이용하실 수 있습니다.(CIP제어번호: CIP2013027620)

역사 이야기

윤유석 지음

STORY
TELLING

스토리텔링

북코리아

　　1976년 영국 옥스퍼드 대학에서 창간된 잡지 『역사 작업장』
(History Workshop Journal)의 기조는 역사 서술이 대중과의 소통을 위한 형
식과 방법으로 이루어져야 한다는 것이었다. 이러한 기조는 1995년에 발
표된 다음의 글에 잘 나타난다.

　　"본 잡지는 역사가 더 민주적인 활동의 장이 될 수 있도록, 그리고
더 간절한 관심사가 될 수 있도록 헌신하려 한다. 역사는 과거를 해석하
는 수단일 뿐만 아니라 현재를 보는 가장 중요하고 유리한 관점을 제공해
주기 때문에 영감과 이해의 원천이라고 믿는다. 그래서 역사는 사람들이
살고 있는 사회와 자신들을 스스로 이해할 수 있도록 해주는 공동의 자산
이 되어야 한다고 믿는다."

　　우리는 끊임없이 역사를 이야기한다. 우리가 역사를 이야기하는
것은 거기에 이야기할 만한 가치가 있기 때문이다. 그리고 그 가치는 현
재의 나, 너, 우리가 필요로 하는 가치이다. 최근 하나의 상품으로 등장한
문화상품, 또는 문화콘텐츠에 역사 소재가 많이 다루어지는 것은 역사 이
야기에 대한 현대인들의 수요와 필요를 반증한다. 역사적 '사실'이 다양
한 형식과 내용으로 이야기되면서 사람들의 정신적·문화적 욕구를 충
족시켜주고 있는 것이다.

　　필자의 관심은 우리 시대, 우리 사회에서 역사가 어떤 형식과 내
용, 매체로 이야기되면서 사회구성원들 사이에서 소통되고 향유되는가
이다. 또한 역사문화자원의 가치와 의미를 어떻게 발견하고, 어떻게 이야

기해야 사회구성원들이 함께 향유하고 공유할 수 있는가이다.

　　이런 관심에서 시작된 연구 결과물이 필자의 박사학위 논문인 「역사 문화자원의 소통과 스토리텔링 방안 연구: 자서전 『백범일지』(白凡逸志)의 서사를 중심으로」이다. 논문에서 필자는 문화과학, 포스트모더니즘 역사학, 서사학 이론을 바탕으로 역사가 어떻게 서술되고 이야기되는가를 이론적으로 분석하고 그 방법론을 도출하고자 하였다. 연구의 궁극적인 목적은 분석 과정에서 사용된 개념과 이론 등을 문화콘텐츠 개발을 위한 스토리텔링 기법으로 활용하는 것이었다. 이 책은 역사문화자원의 스토리텔링에 관심을 가지고 배우려는 사람들을 위해 필자의 박사논문과 학술지에 발표한 논문의 내용을 교재 형식으로 재구성한 것이다.

　　책의 내용은 크게 2부로 구성되어 있다. 1부에서는 문화과학과 포스트모더니즘 역사학의 인문학 이론을 중심으로 역사 스토리텔링을 살펴보았다. 문화과학은 인간과 문화에 대한 과학적인 연구방법론을 제시하는 학문으로 문화과학의 이론과 개념을 역사 소재 이야기와 문화콘텐츠의 속성을 이해하고 분석하는 연구방법론으로 활용하였다. 이는 역사 이야기를 단순한 이야기 차원이 아니라 인간과 문화를 이해하고 보편 진리를 추구하는 문화과학의 방식으로 접근해야만 역사가 지니고 있는 인문학적 가치를 이야기로 표현해낼 수 있다고 보았기 때문이다.

　　이러한 문화과학 이론을 토대로 역사 이야기의 특징을 살펴보고 이를 바탕으로 김구의 자서전 『백범일지』(1947), 영화 〈아아 백범 김구 선생〉(1960), 소설 『백범』(2008)을 역사 이야기 스토리텔링의 관점에서 역사가 개인에 의해 어떻게 기록되고 해석되고 표현되어 이야기되는가를 살펴보았다.

　　2부에서는 서사학 이론을 바탕으로 역사문화콘텐츠의 스토리텔링

이론과 실제 적용사례를 살펴보았다. 역사문화콘텐츠의 스토리텔링을 서사와 담화의 차원으로 구분하고, 이야기의 소재가 되는 역사를 서사의 차원으로, 발화자가 그것을 엮고 구성하는 것을 담화의 차원으로 구분해 서사를 구성해 담화를 만들어가는 과정을 하나의 서사행위로 규정한 것이다. 그리고 서사학 이론의 서사행위요소, 서사형식구조, 서사성 개념을 활용해 『백범일지』, 〈아아 백범 김구 선생〉, 『백범』을 분석하였다.

또한 2부에서는 스토리텔링 이론을 적용해 필자가 역사문화콘텐츠를 개발한 사례를 분석해 소개하였다. 필자는 2009년부터 안산시의 최용신 문화콘텐츠 개발사업에 참여해 출판 · 전시 콘텐츠를 개발한 바 있다. 콘텐츠 개발 시 사용한 스토리텔링 이론을 다시 분석해 기술한 것이다. 이를 통해 필자는 스토리텔링 이론이 실제 어떻게 적용되는가를 보여주고자 하였다.

과거 선조의 삶과 역사는 우리의 소중한 문화자원이다. 유 · 무형의 문화재와 문화유산뿐만 아니라 과거의 시간, 과거를 살았던 선조의 삶 자체가 문화콘텐츠의 다양한 이야기로 개발될 수 있는 자원이기 때문이다. 이러한 문화자원들은 문화콘텐츠로 개발되어 사회구성원들 사이에서 문화적인 방식으로 소통되고 향유된다. 특히, 선조들이 살았던 과거의 시간은 이야기를 통해 역사 시간으로 존재하게 된다. 그 이야기의 실체가 역사 이야기이고 역사문화콘텐츠이다. 이러한 서사물과 콘텐츠를 통해 우리는 과거를 인식하고 현재의 우리 자신과 사회를 이해할 수 있게 된다.

우리는 누군가가 이야기하는 스토리텔링을 통해 역사를 보고 듣는다. 역사 스토리텔링의 의미는 단순히 역사를 재미있는 이야기로 만들고 문화콘텐츠를 만드는 데 있지 않다. 과거의 시간, 공간, 인물, 존재, 사건들을 시간연속과 인과관계의 플롯으로 구성하고 자신의 해석과 가치에 따라 재구성함으로써 대상을 이해할 수 있게 하고 이것이 지금의 나와 너, 우리를 이해하고 변화시키는 데 일조할 수 있도록 하는 것이 역사 스토리텔링의 진정한 의미이다.

　　문화콘텐츠의 장점은 문화적인 방식으로 지식과 지혜를 소통하고 향유한다는 데 있다. 역사의 지식과 지혜를 문화콘텐츠로 소통하는 것은 역사의 의미와 가치를 재미있게 향유할 수 있는 하나의 방법일 뿐이다. 모두가 역사를 스토리텔링할 수는 없겠지만 누구나 역사를 스토리텔링할 수 있는 소양과 능력을 지니게 될 때 사회구성원들이 역사를 보다 풍요롭게 향유할 수 있게 될 것이다.

　　이 책은 인문학과 서사학의 이론적 개념을 바탕으로 역사문화콘텐츠를 이해하고 더 나아가 역사문화콘텐츠를 스토리텔링하고 기획하는 방향과 방법을 제시하기 위해 수차례의 수정과 재구성을 거쳐 완성된 것이다. 지겹도록 계속되는 원고 수정을 끝까지 진행해준 북코리아 출판사의 담당자분들께 지면을 빌어 감사함을 전하고 싶다. 더 좋은 책이 될 수 있도록 구성과 편집에 신경 써주신 이찬규 대표님께도 깊이 감사드린다.

　　원고 수정이 길어지면서 미완성 상태의 책 내용으로 몇 차례 강의를 진행한 바 있다. 강의 진행 결과 역사문화콘텐츠와 스토리텔링에 대한 학생들의 이해력과 창작력이 향상된 것을 알 수 있었다. 하지만 교재의 내용이 아직 체계적이지 못하고 이론과 실제가 다소 복잡하게 기술되어 있어 학생들이 어려워했던 것만은 사실이다. 수정보완 과정 중에 출판을 중단할까도 여러 번 생각했었다. 하지만 학생들이 스토리텔링이라는 방법론으로 역사문화콘텐츠를 이해하고 자신의 방식으로 표현해내는 것을 보면서, 부족하지만 책을 발간해야겠다고 결심하게 되었다. 아무쪼록 이 책을 통해 스토리텔링을 통한 역사문화콘텐츠 창작이 활성화되고 우리 모두의

공공자산인 역사가 우리의 문화를 더욱 아름답게 발전시키는 문화창달의
자원이 되길 바라본다.

그가 바랐던 '문화가 아름다운 나라'를 꿈꾸며
저자 윤유석

차례
Contents

표 차례

그림 차례

1부

역사 스토리텔링의 인문학적 이론과 실제

1장　학문과 예술로서의 역사

　　역사문화콘텐츠의 연구와 개발을 위해서는 역사와 문화에 대한 인문학적 이해와 연구방법론이 필요하다. 역사문화콘텐츠가 인간의 역사와 문화라는 인문학적 요소를 다루고 있기 때문이다. 이 장에서는 역사문화콘텐츠의 연구방법론을 문화과학 이론을 통해 살펴보고 역사 스토리텔링의 특징을 살펴보고자 한다.

STORY
TELLING

1 문화과학 관점의 역사 이야기

문화과학은 19세기 말 리케르트(H. Rickert, 1863~1936)가 주창한 학문 분야로 일회적으로 일어나는 사실, 즉 일체의 역사적 현상을 대상으로 한 과학이다. 리케르트, 딜타이, 카시러 같은 문화과학자들은 문화를 인간 정신의 산물로 정의하고 인간의 정신 작용이 문화를 어떻게 형성하는 가에 대한 문제를 인간이 남긴 모든 삶의 결과물인 역사와 예술 등을 통해 연구하였다.

인간과 인간이 만들어내는 문화에 대한 과학적인 연구방법론을 추구한 문화과학자들은 자연과학의 연구대상인 자연과 비교해 문화를 정의한다. 리케르트의 정의에 따르면 자연이 신의 창조물이라면 문화는 인간의 창조물이다. 자연이 신에 의해 만들어졌다면, 문화는 인간이 만들어낸 것이다. 자연이 인간의 가치부여와 관계없이 탄생하고 성장한다면,

문화는 인간의 가치부여에 의해 창작되고 보존된다.[1]

딜타이(W. Dilthey, 1833~1911)도 같은 관점에서 문화를 정의한다. 그의 주장에 따르면, 자연과학이 자연을 연구대상으로 한다면 인문학은 인간의 삶, 사회, 역사, 문화에 존재하는 인간의 '정신'을 연구대상으로 삼는다. 문화과학과 정신과학은 인간과 인간 정신의 산물인 문화를 연구대상으로 한다는 점에서 학문적 방향을 같이 한다. 이러한 맥락에서 박완규는 정신과학을 문화과학이라고 부를 수 있다고 보았다.[2] 정신과학의 연구대상이 인간 정신의 산물인 문화이고 문화과학도 인간과 인간 정신의 산물인 문화를 연구대상으로 하고 있기 때문이다. 필자 역시 딜타이의 정신과학을 문화과학이라는 용어 속에 포함시켜 사용하였다.

문화과학은 인간과 인간의 문화에 대한 과학적인 연구방법론을 지향한다. 자연과학과 문화과학의 연구방법론을 비교해보면 자연을 연구하는 것과 인간을 연구하는 방법론의 차이를 알 수 있다.

〈표 1〉은 자연과학과 문화과학의 차이를 비교한 것이다.[3] 표에서 볼 수 있듯이 자연과학의 연구대상은 자연이고 문화과학의 연구대상은 인간의 삶과 정신의 산물인 인간의 역사, 문화, 사회에 나타나는 정신세계이다. 자연과학자들이 자연의 실존적이고 일반적인 현상을 연구대상으로 삼는다면 문화과학자들은 실증적이고 역사적이고 개별적이면서 특수하고 유일한 인간의 삶과 정신을 연구대상으로 삼는다.

---

1)   하인리히 리케르트, 이상엽 역, 『문화과학과 자연과학』, 책세상, 2004, 55쪽.

2)   에른스트 카시러, 박완규 역, 『문화과학의 논리』, 길, 2007, 33쪽.

3)   딜타이, 이기홍 역, 『정신과학과 개별화』, 지식을만드는지식, 2008, 46-50쪽.

항목	자연과학	문화과학
연구대상	자연	인간의 삶과 정신의 산물인 사회, 역사, 문화에서의 정신세계
연구대상의 특징	실존적, 일반적	실증적, 역사적, 개별적, 특수성, 유일성
연구지향점	자연에서의 과정들을 법칙을 바탕으로 설명하기	인간과 역사·문화적 사건들의 개별성 이해하기
연구과정	하나의 사실을 부각시키는 반면 다른 것들은 무시, 즉 선택적 파악	분석(전체의 부분들을 파악)
연구자세	객관적 관찰, 추체험 불가	관찰이 아닌 이해, 추체험(전위(轉位))
연구방법	귀납, 실험, 수학적 이론	이야기식 진술, 자료 분석, 비교하기
전체와 부분	전체와 부분은 법칙의 사례와 사건	부분과 전체는 각각 구체적인 상태 관계와 경험 전체와 연관됨
연구결과	대상 인식의 결과는 대상과 관계하되 주관과는 무관함	대상의 이해는 대상과 관계할 뿐 아니라 그 자체를 통해 자아가 변화됨
보편화 과정	원리와 원칙에 의한 일반성의 보편화	이해와 공감에 의한 특수성의 보편화

출처: 딜타이, 이기홍 역, 『정신과학과 개별화』, 지식을만드는지식, 2008, 21, 48-69쪽 참조.

자연과학이 자연에 나타나는 법칙을 밝히고 설명하는 것이라면 문화과학은 인간과 그들의 삶에서 발생하는 역사적 사건들의 개별성과 특수성을 이해하는 것이다. 자연과학이 하나의 사실을 선택적으로 파악해 부각시킨다면 문화과학은 부분을 해석해 전체를 파악하려고 한다. 자연과학의 연구방법은 실험, 관찰, 수학적 이론에 의해 이루어지고 객관적이고 귀납적이며 추체험이 어렵다. 하지만 인간의 삶과 정신의 개별성과 특수성을 연구하는 문화과학은 이야기식 진술, 자료 분석, 비교하기 등의 연구방법으로 관찰이 아닌 이해, 실험이 아닌 추체험을 통해 연구대상에 접근한다. 특히 이해와 해석은, 자연과학의 실험과 관찰과 같이 문화과학의 가장 기본적인 연구방법론이다.

전체와 부분의 관계에 있어서도 차이가 있다. 자연과학에서는 전체와 부분이 법칙을 위한 하나의 사례와 사건이 됨으로써 부분이 전체를 대신하지만 문화과학에서 부분은 각각이 개별적이고 구체적인 사건과 경험이 된다. 그리고 부분은 전체를 대변하기보다 각각의 부분이 연관되어 전체를 이루게 된다. 자연과학의 연구결과는 대상을 객관적으로 인식할 수 있게 함으로써 연구자의 주관과는 무관하지만 문화과학에서는 대상에 대해 주관적으로 접근함으로써 그것을 이해할 뿐만 아니라 자아가 변화되는 결과를 가져온다. 자연과학의 연구결과가 보편화되는 과정이 원리와 원칙, 법칙에 의한 일반성이 보편화되는 것이라면 문화과학은 개별적이고 특수한 인간의 삶과 정신이 다른 사람들의 이해와 공감을 넓혀나가면서 보편성을 확보하게 된다.

자연과학이 자연을 설명하려 한다면 문화과학은 인간을 이해시키려고 한다. 자연과학이 관찰과 실험을 통해 자연의 법칙과 일반성을 설명해 과학의 보편성을 확보한다면 문화과학은 이해와 추체험의 방식으로 인간 삶과 정신의 개별성과 특수성을 이야기식으로 진술해 공감시키는 방식으로 보편성을 확보한다.[4]

역사 이야기가 역사에 대한 이야기식 진술이라는 점에서 문화과학의 접근법은 역사 이야기를 체계적이고 분석적으로 이해할 수 있게 해준다. 역사 이야기는 역사에 나타난 인간의 특수하고 개별적인 삶과 정신을 이야기식으로 진술함으로써 인간의 삶과 정신을 이해하고 공감할 수 있도록 하기 때문이다. 또한 특수한 사건을 이야기함으로써 전체 역사의

---

4)   리처드 E. 팔머, 이한우 역, 『해석학이란 무엇인가』, 문예출판사, 1988, 158쪽.

흐름 속에서 역사 사건의 특수성을 이해시키려고 한다는 점에서 더욱 그러하다.

문화과학의 연구자들은 자신이 이해하고 추체험한 것을 이야기로 서술한 저서를 통해 대중들의 공감을 얻어가면서 보편성을 획득해간다. 역사 이야기도 그러한 이야기 방식의 하나라 할 수 있다. 역사를 이야기하기 위해서는 인간에 대한 이해와 추체험이 선행되어야 하고 그렇게 이해한 바를 서술한 것이 역사 이야기가 되고 다양한 장르, 매체, 내용으로 만들어지는 것이다.

2 문화과학에 기초한 역사의 스토리텔링

인간의 역사, 문화, 사회를 어떻게 연구할 것인가에 대한 문화과학의 방법론은 역사를 어떻게 이야기할 것인가에도 적용이 가능하다. 인간의 삶과 정신에 대한 연구가 '역사를 어떻게 이야기할 것인가'의 시작이 되기 때문이다. 문화과학의 연구방법론을 역사 이야기에 적용해 이야기의 대상, 대상의 특징, 지향점, 과정, 자세, 방법, 결과, 보편화 과정을 정리하면 〈표 2〉와 같다.

〈표 2〉는 문화과학의 연구방법론을 역사 이야기 방법론으로 차용한 것이다. 먼저 역사 이야기 대상은 인간의 삶과 정신의 산물 즉 역사, 문화, 사회에 나타나는 정신세계이다. 이야기 대상의 특징은 실증적, 역사적, 개별적이며 특수성, 유일성과 같은 개성을 지닌다. 이야기가 지향하는 것은 인간의 역사와 문화에 나타나는 사건의 개별성을 이해하는 것이다.

<표 2> 문화과학 연구방법론에 기초한 역사 스토리텔링 방법론

항목	내용
이야기 대상	인간의 삶과 정신의 산물, 역사 · 문화 · 사회에 나타난 정신세계
이야기 대상의 특징	실증적, 역사적, 개별적이며 특수성, 유일성, 개성을 지님
이야기 지향점	인간 및 역사 · 문화적 사건들의 개별성 이해하기
이야기 과정	해석(전체의 부분들을 파악)
이야기 자세	이해, 추체험, 전위(轉位)
이야기 방법	이야기식 진술, 자료 분석, 비교
이야기 결과	대상의 이해는 대상과 관계하는 것만이 아니라 자아의 변화
보편화 과정	이해와 공감에 의한 특수성의 보편화

특수하고 유일한 개성 있는 사건을 이야기하기 위해 화자는 전체 속에서 부분을 해석하는 방식으로 이야기를 전개한다. 이야기는 사건에 대한 단순한 관찰이 아니라 그것을 이해하고 추체험하는 방식으로 이루어진다. 이야기를 하는 화자는 자료를 분석하고 비교하면서 이야기를 진술하는 방식으로 역사 이야기를 만들어간다. 이야기의 결과는 이야기 대상을 이해할 수 있게 할 뿐만 아니라 수화자로 하여금 자아를 변화시키는 결과를 가져온다. 사건에 대한 사람들의 이해와 공감대가 확장될수록 역사 이야기는 보편성을 확보하게 된다.

문화과학의 관점에서 보면 역사를 이야기하는 가장 큰 이유는 인간을 이해하고 이해시키기 위해서이다. 문화과학에서의 이해는 대상을 단순히 인식한다는 의미가 아니다. 딜타이가 정의하는 이해는 "'너' 안에서 '나'를 재발견하는 것"이다. 이것이 가능한 이유는 인간이 점점 높은 단계의 정신적 가치를 지향하는 가운데 '너'를 통해 자신을 재발견하기 때문이다.[5] 이러한 맥락에서 딜타이는 진정한 이해는 단순히 문화의 한 단면을 읽어내는 것이 아니라 인간 삶의 다양성과 보편성을 총체적으로 파악할 수 있어야 한다고 말한다.[6]

문화과학에서 '이해'는 수학적 문제와 같은 원리나 공식을 이해하는 것이 아니라 삶의 체험이나 추체험을 통해 정신적 의의나 가치를 파악하는 것을 의미한다. 이해를 통해 우리는 개인들의 내면적인 세계와 만나게 되며, 인간의 본성을 알 수 있는 가능성을 갖게 된다. 그래서 이해란 단순한 사고행위가 아니라 타자의 세계에 대한 체험의 전위를 통해 추체험하는 것이다.[7] 특히, 딜타이가 말하는 '문헌 인물의 해석'은 자연과학적 설명과 다른 인간적 '이해'의 과정이며[8] 삶을 이해하기 위해서는 '내'가 '너'에게로 '들어가 보는 것'을 통해 가능하고 이것이 삶을 해석하는 논리 도구가 된다.[9]

역사 이야기는 역사를 이해하고 추체험한 해석의 결과물이고 그 이야기를 이해하고 공감한다는 것은 이야기되는 인간의 삶과 정신을 이해하고 공감한다는 것이다. 역사 속 '너'의 이야기를 통해 '나'를 재발견하게 되고 자아의 변화를 경험하는 것이 역사를 이야기할 수 있는 기본적인 조건이라 할 수 있다.

---

5) 딜타이, 이한우 역, 『체험 · 표현 · 이해』, 책세상, 2002, 17-18쪽.

6) 위의 책, 209쪽.

7) 팔머, 앞의 책, 170-171쪽.

8) 변학수, 「인식의 담론에서 문화의 담론으로: 딜타이의 인문과학」, 한국독어독문학회, 『독일문학』 제74권, 2000, 212쪽.

9) 위의 책, 214-217쪽.

3 역사의 학문적 접근과 예술적 접근

역사 이야기가 역사 속 인간을 이해하기 위한 것이라면 그것은 역사를 위한 이야기인가, 이야기를 위한 역사인가? 또한 역사 이야기가 역사에 대한 주관적인 해석을 서술한 것이라면 역사 이야기는 역사인가, 이야기인가? 이 문제는 역사 이야기에서 어떤 것을 역사로 받아들이고 어떤 것을 이야기로 받아들일 것인가에 대한 역사 인식과 연결되는 중요한 문제이다. 때문에 역사와 역사 이야기의 차이를 구분하는 것이 필요하다.

역사와 예술을 구분하는 리케르트의 성찰은 역사와 역사 이야기를 구분하는 인식의 실마리를 제공한다. 리케르트는 역사와 예술의 공통점과 차이점을 언급한다. 공통점은 역사가나 예술가 모두 직관적 상상력을 활용해 역사 현실에 접근한다는 것이고 차이점은 접근하는 방식이다. 역사 이야기를 예술가 차원의 역사 서술이라고 봤을 때 리케르트의 주장은 역사와 역사 이야기를 구분해 인식할 수 있도록 해준다.

리케르트는 "역사는 가치를 평가하는 과학이 아니라 오직 존재하는 사실을 확립하는 과학"이라고 말한다.[10] 때문에 역사가의 서술은 어떤 상황에서도 사실적으로 참이어야 한다. 역사가는 과학적 논리성으로 역사 사실의 보편성을 확립해가야 하기 때문이다. 역사가의 역사는 현실에 대한 직관을 개념으로 바꾸면서 보편성을 확립하는 과학적 논리성을 지녀야 한다.[11] 반면 예술은 본질적으로 미학을 추구한다. 그래서 예술가의 창조는 역사적 사실을 고려하는 것에서 자유롭다.

여기에서 중요한 것은 역사와 예술을 구분하는 것이 아니라 보편

---

10)   리케르트, 161쪽.

11)   위의 책, 143쪽.

에 접근하는 두 분야의 접점을 찾는 것이다. 역사와 예술의 관계에 대한 리케르트의 주장은 이렇다. "그것이 역사냐, 예술이냐를 구분하기보다 예술작품을 역사와 비교해야만 한다. 그리고 나서 초상화나 소설 같은 예술작품 안에서 예술적 형상화와 역사적 충실함, 즉 미적 가치와 논리적 가치가 어떻게 통일을 이룰 수 있는지를 물어야 한다."[12]

리케르트는 역사와 예술을 유기적인 관계로 엮는다. 이유는 간단하다. 그것이 문화라는 큰 틀에서 서로 연관되기 때문이다. 리케르트가 말한 역사와 예술은 인간의 문화의 영역이자 문화과학의 영역이다. 이를 자연과학과 비교하면 역사와 예술의 차이와 공통점은 보다 분명해진다.

비교 항목을 대상에 대한 일반화, 역사 현실의 개성과 특수성을 연구 대상의 본질로 삼느냐의 여부, 직관적 상상력의 사용 여부, 과학적 논리성의 사용 여부, 미적 요소의 고려 여부, 보편성의 지향 여부를 기준으로 자연과학과 문화과학을 비교하고 문화과학을 다시 역사와 예술로 나누어 비교하면 각 비교항목에서의 차이점이 나타난다.

먼저 문화과학과 자연과학을 비교했을 때, 자연과학은 객체들을 일반화하는 방식으로 자연 세계의 원리와 원칙을 과학적 논리로 풀어간다. 반면 역사나 예술 같은 문화과학에서는 인간의 개성 있고 특수한 역사의 현실 세계를 직관에 의한 상상력으로 접근한다. 자연과학에서는 그러한 직관적 상상력을 연구에 사용하지 않는다. 과학적 논리성은 자연과학과 역사가 공통적으로 지니고 있는 반면 예술은 과학적 논리성을 추구하지 않는다. 예술은 과학적 논리성 대신 표현의 미학을 추구한다. 역사도 역사 서술에 있어 표현의 미학을 추구한다. 이러한 차이에도 불구하고 자

---

12)   위의 책, 141–143쪽.

〈표 3〉 자연과학과 문화과학, 역사와 예술의 특징 비교

비교 항목	자연과학	문화과학	
		역사	예술
일반화	○	×	×
역사 현실의 개성/특수성	무시	본질	비본질
직관적 상상력	×	○	○
과학적 논리성	○	○	×
미적 요소	×	○	○
보편성	○	○	○

출처: 리케르트, 이상엽 역, 『문화과학과 자연과학』, 책세상, 2004, 137-141쪽 정리.

연과학과 문화과학은 공통적으로 보편을 추구한다. 역사와 예술도 보편을 지향한다. 자연과학이 돌연변이와 같은 개성 있고 특수성이 있는 객체를 제외한 일반화된 객체를 통해 자연의 보편성을 연구한다면 역사와 예술은 개성 있고 특수한 역사 사실, 혹은 역사 인물을 대상으로 직관적인 상상력과 미학적 표현을 통해 그 안의 보편가치를 드러낸다. 〈표 3〉은 자연과학과 문화과학, 역사와 예술의 이러한 특징과 차이를 정리해 비교한 것이다.

　　논의의 폭을 역사와 예술로 좁혀 살펴보자. 리케르트의 주장에 따르면 역사와 예술은 둘 다 인간 현실의 개성과 특수성을 직관에 의한 상상력으로 서술하거나 표현한다.[13] 하지만 역사와 예술의 차이는 추구하는 지향점에서 결정적으로 달라진다. 리케르트가 주장하는바, 예술의 본

---

13)　　위의 책, 137-138쪽.

질은 미학에 있고 역사의 본질은 과학적 논리에 있다. 때문에 예술을 하는 사람들의 직관적 상상력은 역사적 개성의 사실 여부를 확인하는 데 사용되기보다 이를 표현하는 미학을 성취하는 데 사용된다. 하지만 역사를 연구하는 사람들의 직관과 상상력은 역사적 사실을 과학적 논리로 규명하기 위해 사용된다. 이처럼 역사적 개성을 직관적 상상력으로 표현하는 방법론과 지향점에 차이가 있기 때문에 "역사를 예술이라고 불러서는 안 된다"는 것이 리케르트의 주장이다.[14]

역사를 예술이라고 불러서는 안 되는 것처럼 예술을 역사라고 불러서도 안 된다. 물론 역사를 서술하기 위해서는 직관적 상상력이 필요하다. 하지만 역사가의 서술은 어떠한 상황에서도 사실적으로 참이어야 한다. 반면 예술작품에서는 이런 역사적 사실 여부가 중요하지 않다.

역사는 과학의 특성과 예술의 특성을 동시에 지닌다. 논리적 개념을 추구한다는 점에서는 과학의 특성을, 직관적 상상력을 사용한다는 점에서는 예술의 특성을 지니기 때문이다. 하지만 이것이 역사 서술을 할 때 예술과 과학 사이에서 양자택일을 해야 한다는 의미는 아니다. 역사는 예술적으로도 서술될 수 있고 과학적으로도 서술될 수 있다. 리케르트가 판단하기에 역사 서술에서 중요한 것은 첫째, 자신이 서술하려는 객체를 파악하는 것이고, 둘째, 각 객체의 무한한 다양성 중에서 어떤 부분이 자신에게 본질적인가를 아는 것이다.[15]

역사와 예술에 대한 리케르트의 이러한 주장을 역사와 역사 이야기에 적용하면 공통점과 차이점이 보다 분명해진다. 먼저 역사와 역사 이

---

14)　위의 책, 139-140쪽.

15)　위의 책, 142-145쪽. 리케르트가 말한 선판단은 역사에 던지는 질문이자 그에 대한 답이라 할 수 있다. 사건들의 연속은 그 답을 찾아가는 과정이라 할 수 있다.

야기는 특수하고 개성 있는 역사 사실을 서술과 표현의 대상으로 삼는다. 하지만 역사의 본질이 사실의 진위 여부, 즉 참과 거짓의 여부에 있다면, 역사 이야기의 본질은 미적 요소, 즉 예술적 미학에 있다. 둘 다 직관적 상상력과 과학적 논리성을 사용하지만 역사는 과학적 논리성을, 역사 이야기는 직관적 상상력을 보다 중점적으로 사용한다. 하지만 역사나 역사 이야기의 공통점은 모두 보편성을 지향한다는 점이다.

역사를 과학적으로 서술하는 것이 학문적 접근이라면 역사 이야기는 역사를 예술로 서술한 것이라 할 수 있다. 둘의 공통점은 접근 대상이 역사라는 점과 보편가치를 추구한다는 점이다. 하지만 보편가치에 접근하는 방법, 즉 상상력, 과학적 논리성, 미학적 요소의 사용에 있어서는 서로 다른 무게중심을 두고 있다. 〈표 4〉는 이러한 차이를 비교해 정리한 것이다.

예술적 접근에 해당하는 역사 이야기는 직관적 상상력과 과학적 논리성을 함께 사용하며 미학과 개념을 동시에 추구한다. 이러한 특징 때문에 역사 이야기는 역사와 예술 사이, 사실과 허구 사이에서 논란을 일으킨다.

〈표 4〉 역사에 대한 학문적 · 예술적 접근법의 차이

비교 항목	학문적 접근	예술적 접근
역사 현실의 특수성(개성)	대상	대상
역사 사실의 진실 여부	본질	비본질
직관적 상상력	부사용	주사용
과학적 논리성	주사용	부사용
미적 요소	비본질	본질
보편성	지향	지향

하지만 공임순이 주장하는바, 이러한 논란은 학문적 해석과 예술적 해석으로 구분해 비평할 필요가 있다.[16] 그 논쟁의 과정이 곧 역사의 문화적 소통이자 커뮤니케이션이 되기 때문이다. 논의 과정에서 중요하게 다루어져야 하는 것은 어느 한편의 입장에서 본질을 문제 삼아서는 안 된다. 다시 말해 예술적 미학을 본질로 삼고 있는 역사 이야기를 두고 그것이 역사적으로 참이냐, 거짓이냐를 묻고 늘어져서는 안 된다는 것이다. 역사 이야기에 대한 논의는, 리케르트가 말했듯이, 그것이 예술적이냐 과학적이냐가 아니라 소재의 연관과 분류, 역사적으로 의미 있는 것과 없는 것을 결정할 수 있는 가치연관의 타당성을 중심으로 이루어지는 것이 바람직하다.

역사 이야기는 개성 있고 특수한 역사 사실이 지니고 있는 보편가치를 예술적인 미학을 본질로 표현한 것이다. 창작자와 수용자는 그 안의 역사가 가지고 있는 의미를 공유하고 공감하면서 역사 이야기를 이해하고 향유하게 된다. 이때 역사 이야기에서 우선적으로, 그리고 본질적으로 문제 삼아야 하는 것은 역사 서술의 예술성이나 과학성이 아니라 선택한 소재의 특수성과 개성이 어떤 보편가치와 어느 정도의 연관성이 있는가에 대한 타당성을 규명하는 것이다. 역사 이야기의 본질은 예술성이나 과학성이 아니라 그 이야기가 주는 메시지의 가치에 있기 때문이다.

역사 사실에 대해 역사학자가 말하는 보편가치와 예술가가 말하는 보편가치는 같을 수도 있고 다를 수도 있다. 그것을 이해하고 추체험하는 주체가 다르고 이야기하는 발화자가 다르기 때문이다. 이때 발화자는 역사가의 입장일 수도 있고 예술가의 입장일 수도 있다. 다만 역사 이

---

16)   공임순, 『우리 역사소설은 이론과 논쟁이 필요하다』, 책세상, 2005, 13-20쪽.

야기를 창작한다는 것은 이야기의 발화자가 가치 부여한 역사 사실을 미학적 표현으로 달성시키는 것이라 할 수 있다. 이를 문화과학적 용어로 말하자면 개성 있고 특수한 사실, 즉 역사 속의 사건, 인물, 공간이 가지고 있는 보편가치를 발화자가 역사 해석의 과학적 논리성과 직관적 상상력으로 미학적 또는 예술적으로 구현한다는 것이다. 다시 말해 역사 이야기는 역사를 통해 인간을 이해하려는 학문적 연구를 기반으로, 그 결과를 예술적으로 표현한 것이라 할 수 있다.

역사를 예술적으로 표현하는 이유는 사람들이 보편적으로 이해할 수 있도록 하기 위해서이다. 역사를 이야기하려는 사람은 자신이 이해하고 추체험한 역사 속의 사건과 인물이 담지하고 있는 의미를 사람들에게 이해시키고 특정한 메시지를 전달하려고 한다. 이러한 측면에서 역사 이야기는 역사를 이해시키고 인식시키는 역사 서술의 한 방법론이라 할 수 있다.

2장 이야기되는 역사

  역사 이야기는 과거의 시간과 인물, 사건, 유물, 장소 등의
역사 소재를 서술자의 주관적인 관점으로 해석하고 구성해 서
술한 서사 결과물, 즉 스토리텔링의 결과물이다. 이때 역사는
누군가에 의해 이야기된 과거라 할 수 있다. 이 장에서는 누군
가가 역사를 이야기체로 서술한다는 것의 의미와 특징에 대해
살펴보고자 한다.

STORY
TELLING

1 역사의 이야기체 서술

문화과학자들은 역사를 통해 인간을 이해할 수 있다고 보았고 그 연구 방식이 '이야기체' 서술이라고 보았다. 최근 역사학자와 철학자들 사이에서 논의되고 있는 역사연구 방법론 중의 하나가 바로 이 '이야기체' 서술이다. 역사의 이야기체 서술은 역사 서술에 있어 상상력의 역할을 강조하는 역사학자와 인간의 시간 인식과 인간에 대한 이해 방법을 고민하는 철학자들 사이에서 집중적으로 연구되고 있다.

리쾨르(Paul Ricoeur)는 시간의 인식과 인간 삶의 이해를 '시간과 이야기'라는 주제로 풀어간다. 철학에 기초한 그의 주장은 시간을 다룬다는 점에서 역사학의 측면에, 이야기를 다룬다는 점에서 문학의 측면에 걸쳐 있다. 그의 연구들이 시사하는 바는 역사 이야기의 이론을 철학, 역사학, 문학의 측면에서 함께 고찰해야 한다는 점이다.

역사 이야기체 서술에 관한 '역사 이야기 이론'은 드로이젠(Droy

sen), 단토(Danto), 밍크(Louis O. Mink), 화이트(Hayden White), 카(David Carr)와 같은 역사학자와 철학자들에 의해 이미 제기되어 왔다.

〈표 5〉는 역사 이야기 이론의 학자와 학설을 정리한 것이다. 이들이 주장하는 역사 이야기의 효용은 그것이 역사 지식을 얻거나 역사를 이

〈표 5〉 '역사 이야기 이론'의 학자와 학설

학자명	학설
드로이젠	• 역사는 역사 서술이고 이야기 담론이 곧 역사 담론이다. • 역사는 실제 '일어난 것'을 이야기함으로써 지식을 소유하는 것이다. • '도덕적 힘'을 통해 역사, 민족, 국가, 정치 등의 보편적 이해가 가능하다.
단토	• 역사 이야기는 과거의 사건을 문장으로 완전히 서술하는 것이다.
밍크	• 역사 이야기는 종합적 판단과 이해를 위해 이야기를 구성하는 행위이다. • 삶을 이야기하는 데 있어 시간은 본질이 아니다. • 역사는 끝에서부터 처음을 다시 재정리하고 판단하는 '다시 이야기함'이다. • 이야기는 과거를 아는 수단, 즉 '인식의 도구'이다.
화이트	• 역사는 역사 서술에 의한 '메타 역사(Metahistory)'이다.[1] • 역사는 역사적으로 증명된 스토리 라인이 줄거리로 구성(emplotted)되는 이야기이다.
리쾨르	• 역사 이야기는 인간 행위의 시간성을 서술하는 것이고, 과거의 시간 경험을 재구성하는 것이다. • 줄거리로 이야기된 텍스트 세계에서 독자는 과거를 이해하고 체험한다.
카	• 이야기란 우리의 삶과 행위에 내재하는 시간적 구조이다. • 인간 경험과 행위는 이야기에 의해 시간이 구성되고 반성적으로 구조화된다.

출처: 정기철, 「역사 이야기 이론을 위한 해석학적 고찰」, 『철학과 현상학 연구』 제7집, 한국현상학회, 1993, 219-242쪽 재구성.

---

[1] 헤이든 화이트는 『메타 역사 *Metahistory*』, 『담론의 회귀선 *Tropics of Discourse*』에서 '비유 이론'에 기초한 이야기 서술을 제시한다. 즉 은유, 환유, 제유, 아이러니를 통해 줄거리를 구성하는 방식이다. 화이트는 허구를 통해 연대기적 사건들이 특수한 형태의 이야기로 '형상화(configuration)'된다고 보았고, 이때 이야기를 구성하는 질서를 '줄거리(plot) 구성(emplotment) 과정'이라 하였다. 화이트는 문학에서의 양식 분류와 역사적 논증 방식, 그리고 이데올로기를 관련지어 연대기상의 사건, 행위자, 행위들이 스토리를 지닌 줄거리로 서술될 수 있는지 설명하고 있다. 전진성, 『역사가 기억을 말하다』, 휴머니스트, 2005, 139-142쪽.

해하는 효과적인 도구라는 데 있다. 역사 이야기가 시간의 경험일 수도 있고 시간을 초월한 삶의 경험일 수도 있지만, 중요한 것은 이야기를 통해 역사를 '아는 것' 혹은 '인식하는 것'이다. 특히 역사가들에게 있어 그것은 언어와 글자, 즉 텍스트라는 구체적인 서술 행위를 의미한다.

역사 이야기는 과거의 인물, 사건, 유물, 장소 등의 역사 소재를 서술자의 주관적인 관점으로 해석하고 구성해 이를 자신의 담론으로 표현한 것이다. 과거를 주관적으로 해석하고 구성하고 표현하는 주체는 누구이고 그들은 왜 역사를 이야기하는가?

2 누가, 왜 역사를 이야기하는가?

역사 이야기는 기본적으로 과거에 대한 이야기이다. 그렇다면 사람들은 왜 과거를 이야기하고 그 이야기를 듣는가?

사람들은 다양한 매체와 형식으로 역사 이야기를 만난다. 여기에서 다루어지는 역사는 역사 그 자체로 존재한다기보다 누군가에 의해 '이야기된 역사'이다. 때문에 역사 이야기에서 먼저 주목해야 하는 것은 이야기되고 있는 내용보다 그것을 이야기하는 사람이다. 역사는 그것을 이야기하는 사람과 그 이야기를 듣고자 하는 사람들에 의해 만들어지고 수용되기 때문이다. 역사 이야기의 창작과 수용의 시작은 내용이 역사적으로 사실인가 아닌가를 확인하기 위한 것보다 그것이 나와 상관있는, 또는 내가 흥미를 느끼는 이야기인가 아닌가와 더 깊은 관련이 있다. 따라서 역사 이야기를 이해하기 위해서는 그것을 이야기하고 듣는 사람들, 즉 역사 이야기를 창작하고 수용하는 사람들의 존재를 인식해야 한다.

역사 이야기는 이야기를 하는 주체인 '나'로부터 시작된다. '나'라는 존재가 역사를 이야기하는 이유에 대해 딜타이는 이렇게 말한다. "우리는 내면적 성찰을 통해서뿐만 아니라 역사를 통해서도 자아를 알 수 있다." 딜타이는 인간의 이해가 자기 실존의 "역사성"을 재발견하는 것이라고 보았다.[2] 딜타이는 '인간을 어떻게 이해할 것인가?'에 대한 물음을 문학, 신학, 심리학, 그리고 역사적으로 접근한다. 인간 이해에 대한 딜타이의 접근은 초기 심리주의적 접근에서 차차 역사주의적 접근으로 바뀌게 된다. 이러한 변화는 인간의 체험이 내적 지성으로는 이해할 수 없고, 구체적으로 표현된 작품이나 삶의 형식들을 통해 사회적·역사적 맥락 속에서 인간의 삶을 이해할 수 있다고 보았기 때문이다.[3]

인간 자아에 대한 이해가 자신에 대한 내적 관찰이 아닌 삶의 다양한 대상화를 통해 이루어진다고 보았던 딜타이는 "'인간이란 무엇인가'의 문제는 오직 역사만이 대답할 수 있다."고 주장한다. 그에 따르면 인간이란 무엇이며 또 인간은 무엇을 의지하는가의 문제는 수천 년에 걸친 인간 본성의 발전을 통해서만 밝혀질 수 있다. 그리고 이 문제는 객관적 개념들에 의해 완벽하게 대답될 성질의 것이 아니며 다만 우리 존재의 근저에서 우러나온 체험으로만 해결될 수 있다. 다시 말해 인간의 자기 이해는 현실의 자신을 들여다봄으로써 이해된다기보다 과거의 인물과 사건 중에서 자신과 유사한 사례를 이해하고 추체험함으로써 자기 자신을 이해하게 되는 것이다. 그래서 딜타이는 "인간의 자기 이해는 역사에 의존하기 때문에 '역사성'을 파악해야 한다."고 주장한다.[4]

---

2)   팔머, 앞의 책, 152쪽.

3)   딜타이(2008), 앞의 책, 13-17쪽.

4)   팔머, 앞의 책, 172-173쪽.

딜타이는 인간의 '자기 이해'뿐만 아니라 '인간의 본질은 무엇인가'라는 인간 본질의 문제도 역사적으로 접근해야 한다고 보았다. 인간의 본성은 고정된 본질이 아니라 역사에 의해 결정되기 때문이다. 인간은 역사에서 벗어날 수 없고 인간의 본질도 역사를 통해 형성된다는 점에서, "인간 본성의 총체는 곧 역사다."라는 것이 그의 주장이다.[5] 때문에 역사를 이야기하는 행위인 역사의 스토리텔링은 역사가 인간의 본성과 자기 자신을 이해하는 데 필요하다고 깨달은 '나'로부터 시작된다.

역사가 K. 젠킨스(Keith Jenkins)의 주장에 따르면, 역사를 인식하려는 '나'의 존재는 역사를 이야기하는 역사가 그 자신이다. 그는 자신의 저서 *Re-thinking History*(1991)에서 "역사는 무엇인가?"라는 본질적인 정의를 포스트모더니즘 관점에서 재정립한다.[6] 집필 목적에서 밝히는바, 그는 자신의 책을 읽는 독자들이 스스로의 반성을 통해 역사에 관한 각자의 입장을 발전시키고, 나아가 각자 자신의 담론을 통제하고 담론을 형성할 수 있어야 한다고 말한다. 역사의 이런 '개인화'된 담론화를 그는 역사의 '현대화'로 보고 있다. 과거에만 묶여 현대인들의 관심에서 벗어난 역사가 다시 현대화되기 위해서는 각 개인이 자신의 관점에서 역사 담론을 형성할 수 있어야 한다는 것이 그의 주장이다.[7]

젠킨스의 관점에서 보면, 역사를 이야기하는 '나'는 역사 담론을 형성하고 통제하는 역사 스토리텔링의 주체들이다. 이 주체는 역사학자들뿐만 아니라 역사 이야기를 만들어내는 모든 사람들을 포함한다.

---

5) 위의 책, 173-174쪽.

6) 키스 젠킨스, 최용찬 역, 『누구를 위한 역사인가』, 혜안, 1999, 7-8쪽. 이 책을 번역한 최용찬은 책 제목을 '누구를 위한 역사인가'로 번역하였는데, 이는 '역사란 결국 누군가를 위한 역사(담론)이다'라는 책의 요지를 함축해 표현하려 했기 때문으로 보인다. 같은 쪽.

7) 위의 책, 17, 23쪽.

그렇다면 역사의 이러한 주관적인 해석은 역사의 과학성과 객관성을 훼손하지 않을까? 이 물음에 대해 젠킨스는 역사가 권력과 이데올로기, 자본에 영향을 받는 역사가들의 작업 결과이자 권력화된 담론일 뿐이고 객관적이거나 절대적인 사실일 수 없다고 말하면서 역사의 과학성과 객관성에 대해 본질적인 문제를 제기한다.[8]

젠킨스는 역사의 과학성과 객관성의 문제를 '과거'와 '역사'의 차이로 설명한다. 역사가 세계를 해석하고 의미를 부여하는 담론 가운데 하나라면 과거는 역사연구의 대상이 되는 세계의 조각난 편린이다. 역사가 담론이라면 과거는 그 담론의 소재 또는 대상이라 할 수 있다. 역사가 과거에 관한 하나의 담론인 이상, 그것은 동일한 과거, 즉 동일한 연구대상이라 할지라도 다르게 읽히고 해석됨으로써 다양한 담론으로 이야기될 수 있다는 것이 젠킨스의 주장이다.[9] 그래서 옛날 어떤 장소에서 일어난 어떤 일은 '과거'(the past)라고 해야 하고, '역사'는 역사가들의 저술을 의미하는 '역사 서술'(historiography)이라고 해야 한다고 그는 주장한다. 젠킨스에게 있어 역사는 주관에 의해 해석되고 서술된 역사 서술의 생산품이고 이

---

8) 위의 책, 61–69쪽. 젠킨스는 역사의 과학성과 객관성에 대해 다음과 같은 문제제기를 함으로써 주관적인 역사 해석에 대한 당위성을 부여한다. "역사는 무엇인가? 실제로 과거에 무엇이 일어났는지 과연 말할 수 있을까? 진짜 진실에 접근할 수 있는가? 과연 객관적인 이해에 도달할 수 있는가? 만일 그것이 불가능하다면 역사는 그저 제멋대로 해석되는 것일 뿐인가? 그렇다면 역사적 사실들이란 도대체 무슨 소용이 있는가? 그런 것들이 정말 있기는 한가? 또 편견이란 도대체 무엇이며, 역사가들이 그것을 간파하여 근원을 밝혀내야 한다는 말은 도대체 무슨 뜻인가? 나아가 과거에 살았던 사람들과 감정적으로 일체가 되는 일은 가능한가? 과연 과학적 역사란 가능한가, 그렇지 않으면 역사란 본질적으로 예술인가? 역사의 본질에 대해 정의하는 데 있어, 원인과 결과, 유사성과 차이, 연속과 변화의 위상은 무엇인가?" 같은 책, 25–26쪽. 랑케의 실증주의 사학 이후, 역사학의 과학성과 예술성에 대한 재검토와 새로운 모색은 영국과 독일, 프랑스의 역사학계와 철학계에서 꾸준히 이루어지고 있다. 역사학의 과학성과 객관성, 지배 이데올로기 성향, 사료와 담론과의 관계 등 포스트모더니즘 시대 들어 변화된 역사학의 입장에 대해서는 리처드 에번스의 In Difference of History(1997)를 번역한, 이영석 역, 『역사학을 위한 변론』, 소나무, 1999 참조.

9) 위의 책, 30–31쪽.

것이 유통됨으로써 '역사들'의 의미가 형성되고 유포되기 때문이다.[10]

젠킨스는 역사 담론의 주관성과 다양성의 문제를 결국 역사 서술의 문제로 귀결 짓는다. 각자의 입장을 발전시키고 담론을 통제하고 형성하기 위해 역사 서술이 이루어진다는 젠킨스의 주장은 역사학의 관점에서 보면 분명 비판의 여지가 있다. 왜냐하면 젠킨스가 주장하는 것처럼 역사학이 담론을 형성하는 권력의 가치를 대변하거나 옹호하는 데 이용된다고 한정 짓기에는 역사학이 추구하는 과학적 논리성과 학문적 객관성이 간과되고 있기 때문이다. 그럼에도 불구하고 젠킨스의 주장이 시사하는 바는 과학성과 객관성을 요구하는 역사학에서조차 담론의 주체인 '나'에 대한 역할을 강조함으로써 역사를 현재화, 개인화, 주관화하고 있다는 점이다.

'역사는 누군가의 담론'일 뿐이라고 말하는 젠킨스는 역사 담론의 중심에 '나'를 위치시킨다. 젠킨스가 말하는 '나'를 위한 역사는 자신의 담론으로 역사를 이야기하는 것이다. 그에 따르면 역사가 겉보기에는 세계의 한 단면인 과거에 대한 담론이지만 연구자의 인식론, 방법론, 이데올로기, 실천적 측면에서 각자의 입장을 갖고 만들어낸 '생산품'이며, 이것이 유통되면서 논리적으로 이용된다. 그래서 젠킨스는 역사가 현실의 권력과 이데올로기에 의해 의미가 구성된다고 주장한다. 그의 이러한 주장은 다음과 같은 포스트모더니즘적인 상대주의에 기초하고 있다. "지식은 항상 권력과 연관되어 있고 사회구성원 안에서 가장 강력한 권력을 쥔 사람들

---

10) 위의 책, 75-76쪽. 다양한 역사 서술을 통해 역사가 만들어진다는 측면에서 역사는 하나의 단수가 아니라 '역사들'이라는 복수로 존재한다. 포스트모더니즘 관점에서 볼 때 역사는 대문자 History가 아니라 소문자 history 또는 histories가 된다. 역사의 패권주의를 비판하면서 나타난 이러한 관점은 역사를 다양한 역사 서술의 이야기들로 간주하는 역사가들에 의해 받아들여지고 있다.

이 자기 이해에 부합되는 지식을 최대한 퍼뜨리고 정당화시키려 한다."[11]

젠킨스에 따르면 역사적 진실 역시 그것을 참인 것으로 만드는 권력을 지닌 사람들에게 의해 만들어진다. '진실'은 담론의 생산 · 통제 · 분배 · 유포 · 운용을 위한 질서 정연한 절차의 체계이기 때문에 역사 서술에서 말하는 '진실'은 그것을 생산해내고 유지시키는 권력체계와 연관되어 있다는 것이 젠킨스의 주장이다.[12]

젠킨스의 주장처럼 역사의 사실과 해석은 다르다. 과거의 사실을 해석해 역사적 사실로 담론화할 때는 무엇이 일어났는가에 관심을 가져야 하는 것이 아니라, 그러한 일이 어떻게 일어났고, 왜 일어났으며 당시 상황에서 그 일이 갖는 의미가 무엇이며, 나아가 그것의 현재적 의미가 무엇인지를 보아야 한다. 중요한 것은 사실 그 자체가 아니라 사실들이 차지하는 각각의 비중, 위치, 결합, 의미작용이다.[13]

역사 이야기는 역사 사실들 사이의 인과관계에 대한 해석과 의미 부여를 통한 사실들의 구성이다. 역사 사실의 구성에 대한 역사가의 역할과 예술가의 역할은 다르겠지만, 오늘날 우리가 문화콘텐츠로 접하는 역사 이야기는 주관적인 해석의 결과이자 이야기 구성의 결과이다. 역사학자 김기봉은 사람들이 역사 이야기에 열광하는 이유를 '역사'가 아닌 '이야기'에서 찾는다. 사람들은 그것이 '사실'을 이야기하는 역사여서가 아니라 '진실'을 이야기하는 '꿈꾸는 역사'이기 때문이라는 것이다. 다시 말해 역사 사실이 바로 진실이 되는 것이 아니라 사실들의 인과관계를 밝히는 플롯화된 역사의 '이야기'가 역사적 진실과 보편적 진실을 말한다는

---

11) 위의 책, 74-76쪽.
12) 위의 책, 86-87쪽.
13) 위의 책, 89쪽.

것이다. 수용자들이 감정이입을 하고 정서적으로 반응하는 것도 역사에 대한 사실 정보가 아니라 이야기에서 말하고 있는 보편적인 진실이다.[14]

김기봉이 주장하는바, 역사 이야기에 대한 열망은 역사에 대한 열망이 아니라 근본적으로 이야기에 대한 열망이다. 과거를 재현하는 욕망의 근저에는 현재의 결핍을 과거에 투사하려는 욕망의 재현이 숨어 있고 그 욕망은 사람들이 집단적으로 꿈꾸는 꿈의 역사를 통해 이야기된다. 그래서 역사드라마 같은 역사 이야기는 사실로서의 역사를 이야기하는 것이 아니라 사람들이 꿈꾸는 역사를 이야기한다. 사람들이 꿈꾸는 역사를 이야기하기 위해 상상력을 사용해 역사적 사실들을 맥락화하는 것이다.[15]

젠킨스가 역사 서술에는 역사가의 감정이입과 해석이 들어가 있다고 보았다면 김기봉은 역사 이야기에는 작가와 그 이야기를 수용하는 관객이나 시청자의 욕망이 개입되어 있다고 보았다. 역사 이야기에서 역사는 창작자의 개별 주체인 '나'의 담론으로 풀어진 역사 이야기이고 수용자 역시 그것을 '나'의 입장에서 이해하고 공감하는 역사 담론의 주체가 된다.

이제 역사 이야기의 문제는 그것이 얼마나 과거의 사실과 과거 사람들의 마음을 정확하게 복원하느냐가 아니라 현재의 관념과 이데올로기, 사상과 욕망, 소망을 얼마나 잘 담아내고 있으며 공감할 수 있는 이야기로 과거의 사실을 구성하고 서술하느냐에 맞춰진다.

---

14)   김기봉, 『역사들이 속삭인다: 팩션 열풍과 스토리텔링의 역사』, 프로네시스, 2009, 22-25, 86쪽.
15)   위의 책, 21-22, 31-32, 189쪽.

3 역사 이야기의 사실성과 허구성

역사 이야기에는 사실서사와 허구서사가 결합되어 있다. '사실'을 의미하는 팩트(fact)와 '허구'를 의미하는 픽션(fiction)의 결합어로 만들어진 팩션(faction)이라는 단어는 역사 이야기의 사실성과 허구성을 잘 표현해주고 있다.

김기봉은 이러한 팩션이 대중적인 인기를 얻는 이유에 대해 그것이 꿈과 현실을 동시에 이야기하고 있기 때문이라고 말한다. 그의 주장에 따르면, 꿈이란 현실의 한계를 넘어서는 상상력과 창의력의 원천이지만 어디까지나 현실의 그림자이자 '제2의 현실'이다. 이것은 꿈속에서 현실을 산다는 것이 아니라 현실 속에서 꿈꾸며 사는 것을 의미한다. 역사 이야기에 사실서사와 허구서사가 공존하는 이유도 여기에 있다. 김기봉은 "이 같은 현실과 꿈의 관계로부터 사실서사와 허구서사가 생겨났으며, 이 두 유형은 전근대에서는 시와 역사, 근대에서는 역사학과 역사소설, 그리고 탈근대에서는 역사 서술과 팩션 또는 퓨전사극으로 구분지어졌다."고 말한다. 다시 말해 형식은 다르지만 이미 오래전부터 사람들은 사실서사와 허구서사를 함께 이야기해왔다는 것이다.[16]

그렇다면 역사 이야기는 사실을 허구적으로 이야기하는가, 허구를 사실적으로 이야기하는가? 정도의 차이는 있지만 역사 이야기에는 사실서사와 허구서사가 섞여 있다. 김기봉이 말하는 것처럼, 사실서사와 허구서사는 모든 시대에 공존해왔다. 중요한 것은 역사 이야기를 하면서 인간이 역사를 통해 궁극적으로 이야기하고, 추구하고자 하는 인간 삶의 진실과 욕망이 무엇이냐는 것이다. 역사 이야기의 본질은 사회구성원들이 역

---

16)   위의 책, 117쪽.

사를 이야기함으로써 인간의 삶을 이해하도록 하는 것이기 때문이다.

이야기로 역사를 인식하는 것을 리쾨르는 일종의 "체험"이라고 말한다. 사람들이 이야기를 통해 역사를 체험하게 되기 때문이다. 리쾨르가 말하는 이야기는 역사 그 자체를 보여주기 위한 것이 아니라 과거의 시간과 인물이 이야기에서 단지 언급하는 것이다. 다시 말해 역사 그 자체를 이야기하는 것이 아니라 허구적인 이야기 속에 역사를 언급함으로써 사람들이 과거의 시간을 체험하게 된다는 것이다.

그에 따르면, 사람들은 서사시나 드라마 또는 소설 같은 허구적인 이야기로 과거의 시간을 체험하게 된다. 그것이 허구적인 이야기에서 다루어지는 역사적 인물, 사건, 장소일지라도 허구적인 인물들이 재현하는 역사는 과거를 그대로 보여주기 위한 것이 아니라 체험하도록 하려는 것이다. 과거가 그대로 재현되는 것이 아니라 단지 언급될 뿐이라는 말은 역사의 시간에 허구의 시간이 삽입되는 것이 아니라 허구의 시간에 역사의 시간이 삽입된다는 의미이다.

예를 들어 제1차 세계대전과 같은 역사 사건은 소설이나 영화에서 언급되면서 매번 다른 방식으로 허구화되어 과거를 재현한다. 그래서 리쾨르는 "역사 이야기에서는 세계적 사건들이 어떤 방식으로 허구 인물들의 시간 경험에 합쳐지는가를 주목해야 한다."고 말한다.[17]

역사 이야기에는 역사 사실과 그것이 이야기되는 과정에서 발생하는 허구가 공존한다. 역사는 사실이지만 누군가가 그것을 이야기할 때는 필연적으로 '담화의 허구'가 발생하기 때문이다. 그렇다면 역사 이야기는 역사 인식에 해가 되는가, 득이 되는가? 이 물음에 대해 김기봉은 "사극 신

---

17)   리쾨르, 앞의 책, 248-250쪽.

드롬, 즉 팩션의 인기를 현실 역사만 연구해 이야기하는 역사학자들이 대중의 '꿈꾸는 역사'를 충족시키지 못해 생겨난 증후군"으로 해석한다.[18]

역사 서술은 기록과 해석의 두 차원에서 끊임없이 진행된다. 역사의 기록과 해석 사이에서 역사 이야기는 역사를 서술하는 하나의 방법론이 된다. 누군가 역사 소재와 배경으로 무엇인가를 이야기할 때는 이야기의 목적과 대상이 있기 마련이다.

따라서 역사 이야기를 만들거나 수용할 때 의식해야 하는 것은 누가, 왜 그것에 대해 이야기하는가이다. 즉, 인간을 이해할 수 있는 어떤 메시지를 주고 있는가, 그것이 중요하다. 나아가 역사 이야기를 통해 역사에 대한 사람들의 인식과 관심을 높이기 위해서는 이야기의 소재가 되고 있는 역사에 대한 인식과 그것을 이야기하는 사람과 이야기되는 방식에 대한 인식이 필요하다. 그렇게 될 때 역사 이야기는 이야기라는 담화 방식으로 역사의 의미를 효과적으로 전달하고 소통시킬 수 있는 역사 서술과 역사 인식의 방법론이 될 수 있을 것이다.

---

18)　위의 책, 같은 쪽.

3장 문화콘텐츠로 이야기되는 역사

오늘날 문화콘텐츠는 출판인쇄, 방송영상, 게임, 캐릭터, 광고, 정보통신, 관광, 축제, 공연, 전시 등을 광범위하게 아우르는 용어로 사용되고 있다. 역사문화콘텐츠는 역사를 소재로 하는 이러한 재화와 서비스들을 지칭한다. 이 장에서는 문화콘텐츠에 대한 이해를 토대로 역사를 문화콘텐츠화한다는 것의 의미와 형태를 살펴보고자 한다.

1 문화콘텐츠의 의미

오늘날 우리는 다양한 경로로 역사 이야기를 접한다. 역사를 소재로 다루는 TV, 영화, 게임, 축제, 여행, 공연 전시 등이 그 예이다. 오늘날 미디어의 발달과 생활환경의 변화는 역사 이야기의 가치를 향상시켰고 이는 문화콘텐츠라는 이름으로 상품화되고 서비스되고 있다. 그렇다면 콘텐츠와 문화콘텐츠의 방식으로 역사 이야기는 어떻게 만들어지는가?[1]

사전적 정의에 따르면 콘텐츠(contents)는 콘텐트(content)의 복수형으로 '담겨 있는 것 또는 내용물(thing contained)'을 뜻하는 라틴어 'contentum'에서 유래하였다. 콘텐츠는 본래 문서·연설 등의 내용이나

---

1) 국외에서는 content를, 국내는 contents를 사용한다. 각각의 용어가 어떤 대상을 지칭하느냐를 두고 콘텐트가 맞느냐, 콘텐츠가 맞느냐에 대한 논의는 수차례 이루어진 바 있지만 국내에서는 콘텐츠라는 표현을 사용하면서 그 안에 콘텐트와 문화콘텐츠의 개념이 내포돼 사용되고 있다. 용어에 대한 학문적 정의와 구분이 필요하지만 학계와 산업계는 물론 사회적으로도 포괄적으로 사용되고 있어 명확한 용어 정립이 어려운 실정이다.

목차·요지를 뜻하는 말이었으나 정보통신 기술이 발달하면서 각종 유무선 통신망을 통해 제공하는 정보나 그 내용물을 총칭하는 용어로 사용되고 있다.

경제협력개발기구(OECD)는 콘텐츠의 유형적 가치보다 무형적 가치에 더 주목한다. OECD의 정의에 따르면 콘텐츠는 대중 매체로 전달되는 인간에 관한 조직화된 메시지로 그 가치는 유형의 미디어에 있는 것이 아니라 콘텐츠에 내재되어 있는 정보, 교육, 문화, 오락 등의 무형의 가치에 따라 결정된다.[2] 콘텐츠가 매체의 내용물로 들어가는 것이지만 그 가치는 그 안에 조직화된 메시지가 정보, 교육, 문화, 오락의 요소를 어떻게 담고 있느냐에 따라 달라진다는 것이 OECD의 정의이다. 이는 콘텐츠에서 이야기되는 역사가 정보, 교육, 문화, 오락 측면에서 무형적 가치를 전달할 수 있을 때 콘텐츠의 질을 확보할 수 있음을 의미한다.

국내 학계와 산업계에서 정의하는 콘텐츠의 정의는 무형적·유형적 속성을 함께 아우르고 있다. 무형적 속성으로는 콘텐츠가 가치를 내포하고 있으며 감성적·정신적으로 경험할 수 있는 것이라는 점을, 유형적 속성으로는 매체를 통해 구현되고 재화나 서비스를 구매하거나 경험해야만 하는 경험재이자 소비재라는 점을 언급한다. 콘텐츠에 대한 연구자별 정의는 〈표 6〉과 같다.

여기에서 주목할 점은 콘텐츠가 '문화적 공정', '문화적 가치' 등과 같은 '문화'라는 용어와 함께 함께 정의된다는 점이다. 여기에서 말하는 문화적 공정과 문화적 가치는 무엇을 의미할까? 또한 콘텐츠와 문화는

---

[2] Information economy-sector definition based on the ISIC 4.0. Mar. 2007. p. 16. 원문은 다음과 같다. "Content corresponds to an organised message intended for human beings published in mass communication media and related media activities. The value of such a product to the consumer does not lie in its tangible qualities but in its information, cultural or entertainment content".

<표 6> 콘텐츠에 대한 연구자별 정의

연구자	정의	출처
박소라, 장용호, 조은기	영화, 드라마, 음악, 출판물 등과 같이 소비자에게 제공되는 다양한 정보재이며 재화를 구매하거나 사용해야만 그 특성을 알 수 있는 경험재이다.	"디지털 문화콘텐츠의 생산, 유통, 소비과정에 관한 모형", 정보통신정책연구원, 2004.
최연구	어떤 소재나 내용에 여러 가지의 문화적 공정을 통해 가치를 부여하거나 가치를 드높이는 것이다.	『문화콘텐츠란 무엇인가』, 살림, 2006.
박상천	다양한 매체를 통해 구현된 독립적으로 완성된 가공물이다.	"'문화콘텐츠' 개념 정립을 위한 시론", 『한국언어문화』 제33집, 2007.
윤호진, 이동훈	문화적 가치(경험재, 감성재), 경제적 가치(정보재, 소비재), 사회적 가치(공공재, 사회재)를 지닌 유형의 재화(goods)이자 무형의 서비스(service)이다.	"미디어 융합에 따른 콘텐츠 산업 분석 및 공공 문화콘텐츠 활성화 방안", 한국문화콘텐츠진흥원, 2008.

어떤 연관성이 있을까? 콘텐츠가 지니는 문화적 공정과 문화적 가치의 의미는 문화콘텐츠의 정의에서 보다 분명하게 나타난다.

〈표 7〉은 문화콘텐츠에 대한 연구자별 정의를 정리한 것이다. 여기에서 콘텐츠와 문화와의 관계는 크게 세 가지로 구분된다. 첫째, 문화의 내용이 곧 콘텐츠라는 것이다. 사람들의 문화 그 자체, 즉 문화원형이나 문화자원이 곧 콘텐츠라는 의미이다. 둘째, 문화적 방식으로 만들어지는 콘텐츠라는 것이다. 인간의 문화는 창조적, 예술적, 오락적 혹은 놀이적 방식으로 만들어진다. 이러한 문화적인 활동을 통해 만들어지는 것이 곧 콘텐츠라는 것이다. 그래서 콘텐츠의 문화적 가치는 창작물로서의 가치, 예술작품으로서의 가치를 지닌다. 셋째, 문화적 산물로 만들어지는 콘텐츠이다.

모든 문화는 당대인들이 공유하는 시대정신 속에서 사회구성원들

〈표 7〉 문화콘텐츠에 대한 연구자별 정의

연구자	정 의	출 처
심승구	문화의 원형 또는 문화적 요소를 발굴하고 그 속에 담긴 의미와 가치(원형성, 잠재성, 활용성)를 찾아내서 매체(on-off line)에 결합하는 새로운 문화의 창조과정이다.	"한국 술문화의 원형과 콘텐츠화", 인문콘텐츠학회 학술발표자료집, 2005.
인문콘텐츠학회	개인의 다양한 창조적 능력으로 만들어진 문화예술 관련 상품 및 서비스이다.	인문콘텐츠학회 편, 『문화콘텐츠 입문』, 2006.
박상천	다양한 매체를 통해 구현되어 사람들에게 지적·정신적 만족을 주는 창의적 가공물이다.	"'문화콘텐츠' 개념 정립을 위한 시론", 『한국언어문화』 제33집, 2007.
KAIST	문화가 지적재산권(Intellectual Property)의 형태로 체화된 콘텐츠이다.	KAIST 문화기술대학원, 『문화콘텐츠기술연구원 설립 타당성 조사 및 기본계획 수립연구』, 2009.
김동윤	시대정신을 공유하는 공동체 구성원이 예술작품을 창작하고 향유하면서 감성적이고 정서적으로 공감하고 소통하는 문화의 산물이다.	"창조적 문화와 문화콘텐츠의 창발을 위한 인문학적 기반 연구", 『인문콘텐츠』 제19호, 2010.

에 의해 만들어진다. 콘텐츠도 당대의 미디어 환경에서 사회구성원들의 의사소통을 통해 만들어진 창작물이라는 점에서 문화의 산물이며 문화가 체화되어 있다. 콘텐츠가 지니고 있는 이러한 문화적 속성 때문에 콘텐츠와 문화콘텐츠는 명확히 구분되지 않은 채로 사용되고 있다.

　　문화가 곧 콘텐츠이고 콘텐츠가 곧 문화라는 개념에 대해서 좀 더 살펴보자. 국제연합교육과학문화기구(UNESCO)는 〈문화적 표현의 다양성 보호와 증진 협약〉(2005)에서 문화콘텐츠(cultural content; 복수가 아니라 단수 '콘텐트'이지만 용어상의 혼돈을 피하기 위해 '콘텐츠'로 표기함)를 이렇게 정의한다. "문화콘텐츠는 문화적 정체성에서 비롯되거나 이를 표현하는 상징적 의미, 예술적 미학, 문화적 가치와 같은 문화의 무형적 속성 그 자체이다."

　유네스코가 정의하는 콘텐츠는 문화적 표현의 다양성을 담보하면서 개인이나 집단, 사회가 표현해낸 것들 속에 내재하는 정신적인 요소들이다. 앞서 언급한 재화와 서비스로서의 문화콘텐츠의 개념은 문화적 표현, 문화활동, 상품 및 서비스, 문화산업이라는 별도의 용어로 정의하고 있다.[3] 우리는 문화콘텐츠라는 용어에 이를 모두 포함하고 있다.

　문화콘텐츠에 대한 학문적 정의가 콘텐츠를 문화적 내용과 방식으로 만들어진 문화의 산물이라고 보는 포괄적인 관점이라면 산업적 정의는 문화콘텐츠의 유형을 구체화시켜 상품과 서비스의 형태로 규정한다. 문화산업진흥기본법(2009)과 콘텐츠산업진흥법(2010)에서 정의하는 콘텐츠는 부호·문자·도형·색채·음성·음향·이미지 및 영상과 이들의 복합체를 포함하는 자료 또는 정보이며, 문화콘텐츠는 문화적 요소가 체화된 콘텐츠로 문화산업 분야의 문화상품 중의 하나이다.

　문화산업진흥기본법의 정의에 따르면, 문화산업은 문화상품의 기획·개발·제작·생산·유통·소비 등과 이에 관련된 서비스를 행하는 산업으로, 영화 관련 산업, 음반·비디오물·게임물 관련 산업, 출판·인

---

3)　　문화 다양성, 문화콘텐트, 문화활동, 상품 및 서비스, 문화산업의 정의에 대한 Convention on the Protection and Promotion of the Diversity of Cultural Expressions (2005)의 원문은 다음과 같다.
　　"Cultural diversity" refers to the manifold ways in which the cultures of groups and societies find expression. These expressions are passed on within and among groups and societies.
　　"Cultural content" refers to the symbolic meaning, artistic dimension and cultural values that originate from or express cultural identities.
　　"Cultural expressions" are those expressions that result from the creativity of individuals, groups and societies, and that have cultural content.
　　"Cultural activities, goods and services" refers to those activities, goods and services, which at the time they are considered as a specific attribute, use or purpose, embody or convey cultural expressions, irrespective of the commercial value they may have. Cultural activities may be an end in themselves, or they may contribute to the production of cultural goods and services.
　　"Cultural industries" refers to industries producing and distributing cultural goods or services as defined in paragraph 4 above.

쇄·정기간행물 관련 산업, 방송영상물 관련 상업, 문화재 관련 산업, 만화·캐릭터·애니메이션·에듀테인먼트·모바일문화콘텐츠·디자인·광고·공연·미술품·공예품 관련 산업, 디지털문화콘텐츠 및 멀티미디어문화콘텐츠의 수집·가공·개발·제작·생산·저장·검색·유통 등과 이에 관련된 서비스를 행하는 산업, 기타 전통의상·식품 등 전통문화자원을 활용하는 산업으로 대통령령으로 정하는 산업이다. 문화상품은 예술성, 창의성, 오락성, 여가성, 대중성(이하 "문화적 요소"라 함)이 체화되어 경제적 부가가치를 창출하는 유·무형의 재화(문화콘텐츠, 디지털문화콘텐츠 및 멀티미디어문화콘텐츠 포함)와 서비스 및 이들의 복합체이다. 산업적 측면에서 볼 때 문화콘텐츠는 문화적 내용과 방식으로 만들어지되 지적재산권이 부여돼 부가가치를 창출할 수 있는 상품과 서비스를 의미한다.

이상의 내용을 정리하면 문화콘텐츠는 다음의 다섯 가지 속성을 지닌다. 첫째, 가치를 지향하며 살아가는 인간의 문화적 산물이다. 둘째, 가치를 인식하는 누군가의 스토리텔링을 통해 가치가 표현된다. 셋째, 사회구성원들 사이의 문화적 활동을 통해 콘텐츠가 만들어진다. 넷째, 매체를 통해 사회적으로 소통되고 향유된다. 다섯째, 재화와 서비스와 같은 구체적인 형태로 존재한다.

이러한 속성을 토대로 이 글에서는 문화콘텐츠를 다음과 같이 정의하고자 한다. "문화콘텐츠는 문화(culture)의 가치(value)를 함께 향유(enjoy)하기 위해 누군가 스토리텔링으로 이야기를 창작하고(creating) 표현해(expressing) 매체(media)를 통해 소통시키는 재화(goods)나 서비스(service)이다."

2 문화콘텐츠의 요소와 유형

문화콘텐츠가 만들어지기 위해서는 문화자원의 가치를 발견하는 누군가가 있어야 한다. 리케르트(H. Rickert)는 "문화가 누군가에 의해 가치와 의미를 담게 되면 재화가 된다."고 말한다. 그의 말을 빌리자면 문화의 가치를 아는 문화인은 특정한 가치를 가치로 인정하고 이러한 가치가 담겨 의미 있게 된 재화를 산출하려고 하는데, 문화인은 이러한 가치연관의 방법으로 하나의 문화객체를 재화로 만든다.[4] 같은 맥락에서 이장춘은 "문화자원이 가치를 발휘하기 위해서는 그 가치를 인지하는 사람들이 존재해야 하고 그들이 그 자원에 대해 심상가치(mental value)를 느낄 수 있어야 한다."고 말한다.[5] 가치를 발견하는 사람이 있어야 그것이 문화객체라는 단순한 '존재'에서 문화자원이라는 '재화'가 되는 것이다.

따라서, 문화콘텐츠가 만들어지기 위해서는 문화의 가치를 인식하고 이야기하는 누군가가 있어야 한다. 그 누군가는 문화자원의 가치를 인식하고 그것을 다른 사람들과 공유하고 공감하기 위해 무엇인가를 기획하고 표현물을 창작하게 된다. 그리고 문화콘텐츠는 이러한 누군가에 의해 만들어진다. 이들은 문화콘텐츠의 창조 주체로서 다양한 문화 객체들 속에서 가치 있는 것들을 발견하고 그것을 자원으로 삼아 문화콘텐츠를 창작한다.

이들 문화의 주체가 문화자원을 가지고 문화활동을 통해 만들어 낸 재화나 서비스가 문화콘텐츠가 된다. 이때 문화콘텐츠의 소재가 되는

---

4) 리케르트, 앞의 책, 160-161쪽. 여기에서 문화인은 문화가치의 타당성을 인정하고 이를 바탕으로 가치 있는 객체에서 단순한 개인적인 의의를 넘어서는 의의를 추구하는 사람이다. 같은 책, 59쪽.

5) 이장춘, 『최신관광자원학』, 대왕사, 1998.

문화자원은 인간이 살아가면서 만들어낸 모든 것이다.

예를 들어 정치, 경제, 사회, 문화, 예술, 역사, 철학, 문학, 과학, 체육 등 인간 삶의 모든 것이 문화자원이 될 수 있다. 문화가 문화자원이 된다는 것은 '그 가치를 인정하는 사람들이 존재하고 그들이 그것을 보존 · 발굴 · 활용하면서 문화적 가치를 내포하는 유 · 무형의 자원'이 되게 한다는 것을 의미한다.[6]

문화활동은 이러한 문화자원을 가지고 창작, 예술, 여가활동을 하는 것이다. 네덜란드의 역사학자 호이징가(Johan Huizinga)는 그의 저서 『놀이하는 인간, 호모 루덴스』에서 "놀이가 인간 본성의 하나"이며 고대 종교의식에서부터 철학, 예술, 문학(특히 시), 전쟁, 법정 판결에 이르기까지 인간의 문화를 '놀이'와 연결시켜 설명한다. 그는 인간이 놀이를 통해 단지 재미(fun)만을 추구하는 것이 아니라 의미도 함께 추구하며 정신적 창조활동을 한다고 말한다. 인간은 자발적으로 놀이에 참여하면서 경쟁심을 가지고 몰입과 성취감을 경험하게 된다는 것이다.

호이징가가 말한 인간의 놀이활동은 "사회구성원들이 자발적이고 창의적으로 무엇인가를 만들어내면서 육체적 · 정신적으로 향유하고 몰입하면서 즐기는 것"이다. 이것이 문화 주체들의 문화적인 활동, 즉 문화활동이다. 문화콘텐츠는 문화 주체가 문화자원을 가지고 이런 문화활동을 하는 과정에서 만들어지며 그러한 활동의 결과이기도 하다.[7] 〈그림 1〉은 이를 도식화해 표현한 것이다.

이렇게 만들어진 문화콘텐츠는 누가, 무엇을 가지고, 왜 그런 문화활동을 했느냐에 따라 다양한 유형의 콘텐츠로 만들어질 수 있다. 먼저

---

6)   남치호, 『문화자원과 지역정책』, 대왕사, 2007, 27쪽.

7)   윤유석 · 이상영 · 강방훈, "농촌활성화를 위한 문화콘텐츠 개발 방안", 『인문콘텐츠』 제21호, 2011, 117쪽.

<그림 1> 문화콘텐츠 구성 요소

제작 목적에 따라 관광콘텐츠, 축제콘텐츠, 공연콘텐츠, 전시콘텐츠 등이 만들어질 수 있다. 소재가 되는 내용에 따라서는 역사콘텐츠, 문학콘텐츠, 예술콘텐츠, 농촌콘텐츠 등이, 매체에 따라서는 방송콘텐츠, 모바일콘텐츠, 웹콘텐츠 등이, 성격에 따라서는 정보콘텐츠, 오락콘텐츠, 교육콘텐츠, 에듀테인먼트콘텐츠 등이, 표현 형식에 따라서는 문자콘텐츠, 음원콘텐츠, 영상콘텐츠, 그래픽콘텐츠 등이, 장르에 따라서는 영화콘텐츠, 게임콘텐츠, 애니메이션콘텐츠, 광고콘텐츠 등이, 디지털화 여부에 따라서는 디지털콘텐츠, 아날로그콘텐츠가, 네트워크 여부에 따라서는 온라인콘텐츠, 오프라인콘텐츠가 만들어질 수 있다. 분류기준별 콘텐츠의 유형을 정리하면 〈표 8〉과 같다.[8]

　　문화 주체는 여러 가지 유형의 문화콘텐츠를 기획하고 개발할 수 있다. 예를 들어 박물관은 박물관 경영자와 방문자가 문화 주체가 되어 전시콘텐츠, 교육콘텐츠, 정보콘텐츠, 오락콘텐츠, 문자콘텐츠, 사진콘텐츠, 그래픽콘텐츠, 역사콘텐츠, 게임콘텐츠, 디지털콘텐츠, 오프라인콘텐츠 등의 다양한 박물관콘텐츠를 만들어낼 수 있다. 이처럼 문화자원이 문화콘텐츠가 된다는 것은 문화 주체들이 일정한 목적, 매체, 성격, 형식, 장르, 디지털화 여부에 따라 유무형의 재화와 서비스를 만든다는 것이다.

---

8)　　위의 글, 113쪽.

분류기준	유 형
목 적	관광콘텐츠, 전시콘텐츠, 축제콘텐츠, 공연콘텐츠 등
대 상	아동콘텐츠, 청소년콘텐츠, 대중콘텐츠, 가족콘텐츠 등
내 용	역사콘텐츠, 문학콘텐츠, 예술콘텐츠, 민속콘텐츠, 농촌콘텐츠 등
매 체	방송콘텐츠, 웹콘텐츠, 모바일콘텐츠, 출판콘텐츠 등
성 격	정보콘텐츠, 오락콘텐츠, 교육콘텐츠, 에듀테인먼트콘텐츠 등
형 식	문자콘텐츠, 음원콘텐츠, 영상콘텐츠, 그래픽콘텐츠, 멀티미디어콘텐츠 등
장 르	영화콘텐츠, 게임콘텐츠, 애니메이션콘텐츠, 광고콘텐츠 등
디지털화 여부	디지털콘텐츠, 아날로그콘텐츠
네트워크 여부	온라인콘텐츠, 오프라인콘텐츠

이를 도식화하면 〈그림 2〉와 같다. 역사를 소재로 문화콘텐츠를 만드는 것은 누가, 누구에게, 무엇을, 어떻게, 왜 만들 것인가를 해결함으로

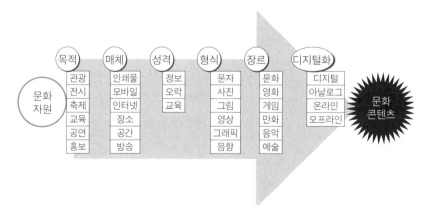

〈그림 2〉 문화자원으로 만들 수 있는 문화콘텐츠의 유형

써 사회구성원들과 향유할 수 있는 재화나 서비스를 만든다는 것이다. 지금까지 역사 이야기는 교과서, 도서, 방송드라마 등의 한정된 매체와 장르, 형식으로 표현되어왔다. 하지만 오늘날 역사 이야기는 도서와 영상뿐만 아니라 전시, 공연, 축제, 관광, 게임 등 다양한 매체와 형식으로 만들어지고 있으며 역사문화콘텐츠는 이러한 매체와 형식들을 아울러 일컫는 말로 사용되고 있다.

③ 역사의 문화콘텐츠화

옥스퍼드 대학의 역사작업장(History Workshop)학회는 자신들의 활동 취지를 이렇게 밝힌다. "역사는 과거를 해석하는 수단일 뿐 아니라 현재를 보는 가장 중요하고 유리한 관점을 제공해주는 영감과 이해의 원천이기 때문에 역사는 사람들이 살고 있는 사회와 자신들을 스스로 이해할 수 있도록 해주는 공동의 자산이 되어야 한다."[9] 이들의 주장을 지지하는 언론학자 강준만은 자신의 저서 『역사는 커뮤니케이션이다』에서 현대 사회에서 사람들은 뉴스, 방송, 신문, 도서, 영화 등을 통해 역사를 접하게 되는데 이러한 당대의 사회적 표현 방식으로 역사가 커뮤니케이션되어야 한다고 말한다. '역사가 우리 모두의 공동자산'이라는 역사작업장학회의 주장이나 사회적으로 역사가 커뮤니케이션되어야 한다는 강준만의 주장은 역사의 이해와 해석이 사회구성원들 사이에서 활발하게 이루어지면서 공유되어야 함을 말해준다.

---

9)   강준만, 『역사는 커뮤니케이션이다』, 인물과 사상사, 2007, 52쪽 재인용.

우리 시대에 역사가 공유되는 방식은 문화콘텐츠를 통해 이루어진다. 오늘날 문화콘텐츠는 출판인쇄, 방송영상, 게임, 캐릭터, 광고, 정보통신, 관광, 축제, 공연, 전시 등을 광범위하게 아우르는 용어로 사용되고있다. 최근 들어 역사를 소재로 하는 영화, 드라마, 공연, 도서와 같은 문화상품들이 산업적 성공을 거두면서 역사와 전통문화에 대한 가치가 새롭게 인식되고 있다. 역사소설, 역사드라마, 역사영화, 역사공원, 역사정보통합시스템 등 다양한 매체에서 역사가 콘텐츠로 사용되면서 역사는문화콘텐츠의 중요한 소재로 인식되고 있다. 소설, 드라마, 극, 영화와 같은 문화콘텐츠가 우리 사회에서 역사를 이야기하는 하나의 소통 방식이되고 있는 것이다.

1) 역사소설

역사소설은 이야기를 통해 역사를 인식하는 대표적인 문화상품이다. 역사소설은 역사 사건의 필연성을 증명하는 것이 아니라 사건 간의의미를 연결 짓는 이야기를 전개시킴으로써 그 필연성을 독자에게 이해시킨다. 역사 이야기는 파편적이고 개별적인 사건들을 통일된 연속체로만드는 허구적 개연성과 역동적 과정으로 전달된다.

예를 들어 이정명의 『바람의 화원』은 간송미술관의 김홍도, 신윤복 그림이 창작의 소재가 되었으며 김훈의 『남한산성』에는 〈조선왕조실록-인조실록〉에 기록되어 있는 "상이 남한산성에 있었다"라는 표현이 그대로 사용된다. 작가들이 역사 기록, 작품, 자료를 해석하는 과정에서 그의미와 가치를 소설이라는 새로운 장르로 표현해 이 시대의 사람들에게역사를 체험시키고 있는 사례이다.

2) 역사드라마와 영화

주창윤은 역사드라마의 장르적 특징을 다음의 세 가지로 정리한다. 첫째, 특정 과거를 시간과 배경으로 한다.[10] 둘째, 역사적 사실과 인물을 활용한다. 셋째, 역사적 사실에 기초하지 않고 전설, 설화, 고전소설 등 완전한 허구물을 제작하기도 한다. 주창윤은 허구적 인물이 등장하더라도 역사적 사실과 사건이 분명할 경우 역사적 사건과 개인적 요소 사이에 인과적 관계가 설정되면 역사드라마로 정의한다. 즉 시공간적으로 역사적 서사가 있으면 실제 역사 인물이 등장하지 않더라도 역사드라마가 된다는 것이다. 이러한 기준에서 봤을 때 TV나 영화로 제작된 역사 이야기의 사례는 이곳에 다 열거하기가 어려울 정도다. 대표적인 사례를 든다면 역사드라마로는 〈대장금〉, 〈바람의 화원〉, 〈이산〉 등이 있고 영화에는 〈왕의 남자〉, 〈신기전〉, 〈최종병기 활〉 등이 있을 것이다.

3) 역사게임

역사 소재 게임은 역사적인 사건, 인물, 배경, 도구, 세계관을 소재로 제작된 게임이다. 역사 소재의 게임은 유저의 학습효과를 높일 수 있는 특징을 가지고 있으며, 그 스토리텔링 전달과정에서 자국의 문화 전파와 교육적 효과가 나타난다.[11] 역사를 소재로 한 게임은 1980년대 초 2차

---

10) 주창윤은 역사드라마가 되는 과거의 기준은 두 세대 이전으로 제한하고 있다. 따라서 1945년 해방 이전의 과거사를 다루어야 한다고 전제하고 일제 강점기부터 현대사까지를 다룬 드라마는 역사드라마 범주에서 제외시키고 있다. 그리고 두 세대 이전의 과거사를 다루었더라도 개인적 요소에 치우친 드라마는 역사드라마로 정의하지 않고 있다. 주창윤, 「역사드라마의 장르사적 변화과정」, 『한국극예술연구』 제25집, 한국극예술학회, 2007, 373쪽.

11) 문만기 · 김태용, 「역사 소재 기반 디지털 게임의 발달과정 및 기획요소 연구: 동서양 5개국의 역사 소재 게임을 중심으로」, 『한국방송공학회지』 제12권 5호, 2007, 460-479쪽 참조.

세계대전을 소재로 한 2D 게임에서부터 시작되었다. 1990년대 우리나라
가 최초로 온라인 게임을 시작하였으며 최근에는 모바일 게임으로도 개
발되고 있다.

4) 역사공연

역사공연은 역사적 사건, 인물, 공간을 소재로 한 공연을 의미한
다. 프랑스 방데 퓌뒤푸(Puy du Fou)의 〈씨네쎄니〉(Cinescenie)는 지역의 야
외공간과 고성을 무대로 활용해 역사 사건을 공연물로 만든 대표적인 사
례이다.[12] 이 공연은 프랑스혁명 직후인 1793년 3월 10일 프랑스 방데
(Vendee) 지방에 있는 퓌뒤푸에서 있었던 방데 현과 그 인접 현에서 일어
난 농민, 성직자, 왕당파의 봉기를 주제로 한 공연으로, 이 지역 출신의 한
청년이 1978년 〈씨네쎄니〉라는 대형 야외 뮤지컬을 창작해 공연콘텐츠
로 만든 것이다. 공연에 지역 주민 3,000명이 배우와 자원봉사로 참여하
는데 공연을 찾는 퓌뒤푸의 연간 관광객은 120만 명 선이며, 매년 4개월
(5~9월) 동안 250억 원 이상 수익을 창출하고 있다.

5) 역사관광

역사관광은 역사적 사건, 인물, 장소, 유물을 소재로 한 관광이다.
프랑스 피카르디 지방의 전쟁유적 관광이 그 예이다.[13] 이 관광상품은 세

---

12) 류재한, 「문화자원을 통한 지역 활성화 전략: 방데의 퓌뒤푸의 사례를 중심으로」, 『한국프랑스학논집』 제
　　 56집, 2006 참조.
13) 한국지방자치단체국제화재단, 『프랑스 지방행정 3』, 2005, 136-139쪽.

계대전의 최대 격전지였던 솜므 강 유역에 페론의 1차 세계대전 기념관이 설립되면서 만들어졌다. 기념관은 외국 관광객을 고려하여 중립적이고 너무 극적이지 않은 테마로 구성되어 있다. 이 기념관은 유물을 전시하는 전통적인 박물관이 아니라 역사를 주제로 한 박물관임에도 불구하고 '전쟁'의 집단적 기억을 구체적으로 표상함으로써 자생적 관광단을 결집하는 구심점의 역할을 하고 있다. 대부분의 문화유산이 파괴되었음에도 참전 영국인들을 중심으로 한 자생적 관광객들이 연간 약 5만 명에 이른다. '기억의 관광'이라고도 불리는 전쟁 코스 관광상품은 역사의 현장이 누군가에 의해 기억되는 한 상품화될 수 있는 가능성이 있음을 시사한다.

6) 역사 디지털 스토리텔링

역사 디지털 스토리텔링은 디지털 매체를 이용해 여러 사람이 함께 역사 이야기를 만들어가는 방식이다. 2001년 영국의 BBC 방송국이 "캡쳐 웨일즈"(Capture Wales)라는 프로젝트를 실시해 영국 각 지역의 역사와 문화를 반영하는 스토리를 시청자들로부터 디지털 형식으로 수집하였다. 개인의 집 안에만 있었던 묵은 사진첩을 웹사이트 화면에 공개하고, 사진에 보이스 오버로 음성을 입힘으로써 각 스토리들이 결집되어 집단의 정체성을 규정하는 거대한 스토리를 완성하였다.

7) 역사 이야기의 OSMU

문화콘텐츠는 문화자원 또는 문화원형을 소재로 하여 다양한 장르의 창작물을 제작할 수 있는 OSMU(One Source Multi Use)의 특징을 가지

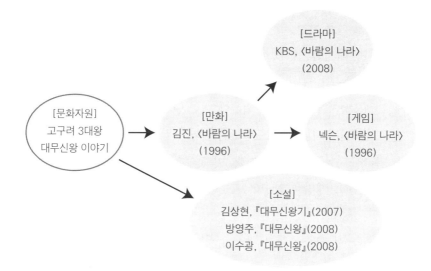

<〈그림 3〉 역사문화자원의 OSMU 사례

고 있다. 예를 들어 고구려 3대왕이자 주몽의 손자 무휼인 대무신왕을 문화자원으로 하는 역사 이야기는 만화가 김진의 〈바람의 나라〉(1996), 넥슨사의 온라인 게임 〈바람의 나라〉(1996), 김상현의 『대무신왕기』(2007), 방영주의 『대무신왕』(2008), 이수광의 『대무신왕』(2008), KBS 역사드라마 〈바람의 나라〉(2008)로 창작되었다. 이처럼 하나의 역사 이야기는 다양한 문화콘텐츠로 만들어질 수 있다. 단, 그 이야기를 좀 더 많은 사람이 더욱 다양한 방식으로 보고 듣고 경험하고 싶어할 때 OSMU의 산업적 효과를 보장받을 수 있다.

8) 역사문화자원의 문화콘텐츠화 연구 분야

역사문화자원을 어떻게 스토리텔링하고 문화콘텐츠로 개발해 체험시킬 것인가에 대한 연구도 활발하게 이루어지고 있다. 그동안 연구동향을 다음의 일곱 가지로 정리해볼 수 있다.

첫째, 디지털콘텐츠 분야이다. 디지털콘텐츠 분야는 아날로그 형태로 존재하는 역사문화자원을 디지털 형태로 제작해 문화콘텐츠 창작 소재로 활용하기 위한 개발 방법론에 대한 연구이다. 이들 논문에서는 실제로 문화자원에 대한 콘텐츠 기획안을 연구 결과물로 제시하기도 한다.

둘째, 지식정보화 분야이다. 이 분야의 연구는 정보통신기술 동향에 따른 콘텐츠 개발을 연구하는 분야로, 특히 디지털 매체의 네트워크성, 접근성, 상호작용성, 멀티미디어성을 이용해 역사문화자원에 정보를 어떻게 구축, 디자인, 설계, 서비스할 것인가를 연구한다.

셋째, 관광과 축제 분야이다. 이 분야에서는 역사문화자원을 지역의 관광활성화를 위해 관광코스나 축제 등으로 어떻게 개발했고 개발할 것인가를 연구한다.

넷째, 문화원형의 복원과 재현 분야이다. 이 분야에서는 역사문화자원의 원형을 공연, 산업디자인, 웹서비스와 같은 현대적 방식으로 어떻게 복원하고 재현할 것인가를 연구한다.

다섯째, 지역 개발 분야이다. 이 분야는 지역의 정체성 확립과 경제 활성화를 위해 역사문화자원을 어떻게 개발하고 도시의 문화 환경을 조성할 것인가를 연구한다.

여섯째, 공연예술 분야이다. 이 분야는 공연예술의 창작표현 방법론을 통해 역사문화자원을 어떻게 표현할 것인가에 대한 연구이다.

일곱째, 스토리텔링 분야이다. 이 분야는 역사문화자원을 스토리텔링의 방식으로 어떻게 개발할 것인가를 연구한다. 역사문화자원의 이야기 요소를 발굴하여 새로운 이야기로 구성해봄으로써 문화자원을 스토리텔링의 방법으로 어떻게 개발할 것인가를 연구하고 있다.

4장 역사 스토리텔링의 조건

　　문화콘텐츠로 이야기하는 역사 속에는 사람들이 공감할 수 있는 가치와 메시지가 담겨 있다. 이는 역사문화콘텐츠가 역사 정보를 일방적으로 주입하는 것이 아니라 현대인들과 소통될 수 있는 가치를 문화적으로 공유하는 것이기 때문이다. 이 장에서는 문화적 소통을 위한 역사 스토리텔링에서 고려되어야 하는 몇 가지 조건들에 대하여 살펴보고자 한다.

STORY
TELLING

1 가치연관

    이야기할 가치가 있는 문화자원은 그 가치를 인식하는 사람에 의해 스토리텔링된다. 역사문화자원이 스토리텔링되기 위해서도 그 가치를 인식하고 서사행위를 할 수 있는 사람이 있어야 한다. 남치호가 주장하는 바, 문화자원이 문화자원으로서의 가치를 발휘하기 위해서는 무엇보다 그 가치를 인지하는 사람들이 존재해야 한다. 문화자원에 대한 가치 판단은 시대와 시간, 지역과 장소, 정보와 기술, 민족과 인종, 종교와 가치관, 지리와 풍토 등에 따라 서로 상이하고 변화될 수 있다. 그럼에도 불구하고 어떤 대상이 문화자원이 되기 위해서는 누군가에 의해 가치를 먼저 인정받아야 한다.[1] 역사도 그것에 대한 가치를 인식할 뿐만 아니라 그것을 스토리텔링할 수 있는 사람이 있을 때 비로소 문화콘텐츠로 만들어진다.

---

1)   남치호, 앞의 책, 27쪽.

누군가의 가치 인식을 통해 문화가 자원이 되는 원리를 문화과학에서는 '가치연관'이라고 말한다. 리케르트는 '가치연관'의 원리에 의해 역사가들이 역사 서술 대상을 선별한다고 보았다. 그에 따르면 역사가는 무수히 많은 역사의 많은 객체 가운데서 '가치연관' 된 객체, 즉 문화가치를 구현한 객체를 찾아서 그것을 서술한다. 역사가는 개개의 객체 중에서 문화 발전에 의미가 있는 담지자를 찾고 다른 객체들과는 다른 개성의 본질을 역사적으로 가려낸다.[2] 이때 역사가는 자신이 서술하려는 역사적 객체 안에서 '중요한 것', '의미 있는 것', '흥미로운 것'을 찾으려 하고 이때 작용하는 것이 역사가가 역사 객체에 부여하는 가치연관이다. 가치연관이 없는 사건들은 곧 '중요하지 않고' '의의가 없고' '지루하고' 우리가 이해할 만한 의미가 없는 것이다.[3]

"역사가가 '중요한 것'과 '무의미한 것'을 구별할 줄 알아야 한다."는 말은 곧 '가치연관'을 할 줄 알아야 한다는 의미이다. 리케르트에게 있어 '역사적으로 영향력 있는 것'은 역사적으로 유의미한 것이고 이는 현재의 우리가 어떤 이해 가능한 의미를 연결시킬 때 가능하다. 그래서 역사적으로 본질적인 것을 선택하는 기준은 문화가치이고 그에 대한 가치연관이다. 가치연관을 근거로 역사적으로 본질적인 것이 확립된 후에야 사람들은 시간의 시선을 과거로 돌려 원인을 묻거나 또는 앞으로 돌려 결과를 물을 수 있고 고유한 특성으로 어떤 것을 서술할 수도 있다고 리케르트는 말한다.[4]

리케르트는 문화를 "가치 있는 목적에 따라 행동하는 인간이 직접

---

[2]   리케르트, 앞의 책, 153쪽.
[3]   위의 책, 153-159쪽.
[4]   위의 책, 169쪽.

생산한 것이거나, 그것이 이미 존재하고 있는 경우에는 적어도 그것에 담겨 있는 가치 때문에 의식적으로 가꾸어 보존한 것"이라고 정의한다.[5] 이때 가치는 어떤 물리적 실재나 심리적 실재가 아니다. 그가 말하는 가치의 본질은 실재적인 사실성에 있는 것이 아니라 그 타당성에 있다. 여기에서 가치는 실재와 결합되어 있을 뿐이다. 이 결합의 성격을 리케르트는 두 가지로 정의한다. 첫째, 가치는 한 객체에 담겨 있어 이 객체가 재화가 되도록 만든다. 둘째, 가치는 주관의 행위와 결합하여 이 행위가 가치 평가가 되도록 만든다.[6] 정리하자면, 문화는 가치에 의해 인간이 보존하거나 만들어낸 것이다. 그리고 그 가치의 본질은 타당성을 확보하는 평가의 과정을 거쳐 실재와 결합되게 된다.

가치의 사전적 의미는 값, 값어치, 욕망을 충족시키는 재화의 중요 정도, 주관의 뜻을 만족시키는 객관적 당위이다. 즉 가치는 단순히 '값'이나 '값어치'의 의미뿐만 아니라, 욕망을 충족시키는 재화이자 주관을 만족시키는 객관적인 그 무엇이다. 존 듀이는 '가치'가 내포하고 있는 '욕망'과 '객관적 당위성'이라는 사전적 함의에 주목한다. 존 듀이는 영어 '가치부여(valuating)', '가치인식(valuation)'의 언어적 함의에 소중히 함(prizing), 산정함(appraising), 향유함(enjoying) 등의 의미가 함축되어 있고, 궁극적으로는 '어떤 것으로부터 쾌락이나 만족을 얻고, 그것에 동의한다.'라는 의미를 내포하고 있다고 말한다.[7] 존 듀이에게 있어 '가치를 부여하고, 평가

---

5) 위의 책, 55쪽. 문화에 대한 리케르트의 이러한 정의는 문화과학, 넓게는 딜타이의 정신과학에서도 맥락을 같이한다. 신칸트주의 입장에 서 있는 문화에 대한 이들의 정의는 기본적으로 칸트의 문화철학에 기반을 두고 있다.

6) 위의 책, 160쪽.

7) 존 듀이, 신현택 역, 『Theory of Valuation』, 이문출판사, 1987, 14-15쪽. 듀이는 'valuating(가치부여)' 및 'valuation(가치인식)'의 뜻에는 '소중히 여긴다(prizing)'라는 의미와 '산정한다(appraising)'라는 의미가 동시에 내재되어 있고 라틴어에서 파생된 'praise(칭찬하다)', 'prize(소중히 하다)', 'price(값을 매기다)'라는 뜻이 함축되어 있다고 말한다. 같은 쪽.

하고, 인식하는 것'은 곧 '소중히 하고, 향유한다는 것'을 의미한다. 그리고 그 '향유함(to enjoy)'은 만족스러운 어떤 상황을 영속시키기 위한 '수고'가 전제되어야 하고, 또 그렇게 노력해서 기쁨을 얻는 활동을 의미한다. 다시 말해 향유(enjoying)는 능동적인 의미에서 만족의 근원이 되는 상황을 유지하기 위해 들이는 '노력'이고 그런 관점에서 향유는 관능적 쾌락이 아닌 지성적 탐구의 결과로 얻어진 향유로 한정된다.[8]

이렇게 '가치 있게 여김'과 '향유함'을 연결시키는 과정에서 듀이는 '욕망'과 '흥미'라는 요소를 언급한다. 듀이는 소중히 여기고 관심을 갖는다는 것은 어떤 부족함을 채우게 하거나 외부 상황에서 요구되는 어떤 것의 존재를 보존하기 위해 가치평가가 일어나기 때문에, 가치를 평가한다는 것은 곧 무엇을 채우거나 얻고자 하는 '욕망'과 관련된다고 주장한다.[9]

한편 '흥미(interest)'는 인간 활동과 상황 사이의 능동적인 관계를 의미한다. '흥미'의 라틴어 어원은 'inter + rest', 즉 '사이에 존재하다' 또는 '관계하다'이다. 존 듀이는 이것을 개인과 그를 둘러싼 상황의 '거래 작용(transaction)'으로 해석한다. 즉 흥미는 단순한 감정 상태가 아니라 외부 상황에 대한 거래 작용에서 일어나는 행동이자 활동이라는 것이다. 예를 들어 은행원들의 흥미, 정치인들의 흥미가 단순히 마음의 상태를 의미하는 것이 아니다. 구체적인 결과를 낳기 위한 상황을 만들기 위해 그들이 어떤 행동을 할 것임을 의미한다. 따라서 어떤 사람이 어떤 것에 관심이나 흥미를 갖는다는 것은 어떤 구체적인 결과를 얻기 위해 행동을 하고 이것

---

8)   위의 책, 30-31쪽.

9)   듀이는 소망과 욕망을 노력의 유무를 기준으로 구분하는데, 노력을 해서 얻는 것이 욕망이라면 그저 바라기만 하는 것은 소망 혹은 공상이다. 예를 들어, 별을 따 달라는 아이의 소망은 그것을 채울 수 없을 때 소망이 된다. 존 듀이는 노력을 통해 욕망이 처리되는 과정을 '가치 평가', 즉 향유라고 보았다. 위의 책, 32쪽.

이 곧 '가치의 향유'로 나타나는 것이라고 말한다.[10]

그러나 흥미로운 것이 모두 가치가 있는 것은 아니다. 듀이가 말하는 가치는 어떤 사물·현상·행위 등이 인간에게 의미 있고 바람직한 것임을 나타내는 개념이다. 가치가 인간의 욕망과 이해관계를 반영한다는 것은 가치의 내용이 의식구조를 반영하면서 시대와 사회적 여건에 따라 다른 형태로 나타날 수 있음을 의미한다.[11]

리케르트는 어떤 문화에 가치연관이 이루어질 때 그것은 '문화 재화'가 된다고 말한다. 그가 말하는 문화 재화는 '공동체 구성원들에 의해 가치부여된 문화 객체'로 종교, 법률, 국가, 도덕, 과학, 언어, 문학, 예술 등 문화 전 영역에서 공동체 구성원들에 의해 가치가 부여된 것이다.[12]

역사 이야기의 스토리텔링도 이러한 가치연관에서부터 시작된다. 역사문화자원이 인간의 욕망과 정신세계를 충족시키는 어떤 가치와 연관될 때 스토리텔링이 이루어지기 때문이다. 문화콘텐츠에서 이야기되는 역사는 사람들이 공감하는 문화가치와 연관된 것이고, 이는 역사 내용을 일방적으로 주입하기보다 현대인들과 소통될 수 있는 가치의 거래 작용을 통해 문화적으로 향유된다. 가치연관의 원리에 의해 이야기할 가치가 있는 것들이 이야기되고, 이렇게 만들어진 역사 이야기를 통해 가치가

〈그림 4〉 가치연관에 의한 역사문화자원의 스토리텔링 과정

---

10)   위의 책, 35쪽.
11)   위의 책, 37쪽.
12)   리케르트, 앞의 책, 56쪽.

향유된다. 〈그림 4〉는 문화자원이 가치연관에 의해 스토리텔링을 거쳐 역사 이야기로 만들어지는 과정을 도식화한 것이다.

2 특수성의 보편화

리케르트는 객체의 문화적 의의, 즉 객체가 지니고 있는 이해 가능한 가치와 의미는 다른 현실과의 공통성에서 기인하는 것이 아니라 다른 현실과 구별되는 특수성과 개성에서 기인한다고 말한다. 그의 주장에 따르면 문화가치가 있는 현실은 특수하고 개성적인 측면이 있어야 하고, 나아가 개성적인 현상은 문화가치나 이해 가능한 의미와 연관될수록 문화적 의의가 커진다. 이런 개성적인 실재적 대상은 유일한 것, 독특한 것, 다른 어떤 현실로도 대체할 수 없는 것일 때 문화에 대해 하나의 '개체'가 된다. 이 하나의 개체는 가치연관의 여부에 의해 단순히 이질적인 것과 개성 있는 것으로 구분된다.[13]

리케르트는 모든 구성원들이 인정한 문화가치의 보편성이 문화에 대한 개인적 자의를 제거할 수 있다고 보았다. 여러 개인에게 의의가 있을 뿐 아니라 모든 사람에게 의의가 있는 것이라면 가치를 지닌 문화 객체로서 보편성이 있다는 것이다. 그래서 리케르트가 보기에 역사적으로 본질적인 것은 여러 개인에게 의의가 있어야 할 뿐 아니라 모든 사람에게 의의가 있는 것이어야 한다. 자연과학에서 보편성은 예외나 특수성을 배제한 법칙에 의해 획득된다면, 문화과학에서는 특정 개인이나 집단에 의

---

13) 리케르트, 앞의 책, 150, 152쪽.

해 표현된 특수한 문화 사례가 타인에 의해 이해되고, 체험되고, 그 체험의 영역이 확장될수록 보편성은 획득된다. 따라서 어떤 문화가치가 보편적이라는 것은 모든 사람이 그 가치를 인정하거나 아니면 적어도 문화공동체의 모든 구성원이 타당하다고 인정할 때 성립된다. 따라서 역사적으로 '보편적인 것'은 보편적인 '법칙'이나 보편적인 '개념'이 아니라 사람들이 인정하는 '문화가치'에 있다.[14] 이런 문화가치의 보편성이 역사적 개념 구성의 개인적 자의를 제거하고 '객관성'을 확보하는 기초가 된다.

딜타이는 이를 '객관정신'이라고 표현한다. 딜타이가 말하는 객관정신은 "개인들이 가지고 있는 공통점들이 어떤 의미를 중심으로 객관화된 형태"를 의미한다. 객관정신은 한 사회에서 윤리, 법, 예술, 과학, 철학의 형태로 나타나는데, 이는 그 안에서 타자에 대한 이해와 그들의 삶의 표현에 대한 이해가 이루어지기 때문이다. 정신이 객관화된다는 것은 나와 너가 공통으로 이해할 수 있는 정신세계를 공유하는 것이다. 이런 관점에서 모든 개인은 객관정신의 세계를 지향하고 있다.[15] 그리고 각각의 '나'는 문화의 담지자이고 다른 '나'들에게 향유의 대상을 전해줄 수 있는 가능성의 담지자가 된다.[16] 딜타이는 이런 '나'들의 체험에서 생겨나는 정신적 세계가 객관적 가치를 지향하고 궁극적으로는 보편성과 통일성을 갖게 된다고 주장한다.

딜타이가 주장하는바, 우리가 타자를 이해할 수 있는 것은 인간에게 이런 '객관정신'이 있기 때문이다. 이해는 한 사람이 다른 사람이 무엇을 원하는지 알아내려고 하는 관심에서부터 시작되지만 상대를 이해하게 되

---

14) 위의 책, 172-173쪽.
15) 딜타이(2002), 앞의 책, 45쪽.
16) 위의 책, 101쪽.

는 것은 서로가 공통적으로 가지고 있는 '객관정신' 때문이다. 딜타이가 말하는 객관정신은 "개인들 사이에 있는 공통점이 의미의 세계에서 객관화된 형태들"이다. 이런 객관정신에서 보면, 과거의 타자에게서 현재의 나와 공통점을 발견하는 한 과거는 우리에게 지속적으로 현존하는 현재이다.[17]

문화가치를 지닌 객체는 보편의 한 부분으로 간주되는 것이 아니라 그 개성을 보유한 유의미한 담지자로 계속 유지된다. 문화의 보편성은 자연과학의 보편성과 달리 일회적이고 개성 있는 개개의 특수성에 기인한다. 그래서 개성 있는 특수한 사례라 하더라도 모두에게 적용되는 하나의 법칙이나 원칙이 보편적인 것이 되는 것이 아니다. 일회적이고 특수한 것이 모두에게 '문화가치'를 인정받을 때 보편적이 된다.[18]

문화과학의 논리에서 볼 때 역사적으로 '보편적인 것'은 법칙이나 개념이 아니라 사람들에게 인정받는 문화가치에 있다. 그리고 문화가치는 오직 일회적인 것과 개성 있는 것에서만 나타난다. 역사를 소재로 한 문화콘텐츠가 특수하고 개성 있고 일회적인 사건이나 인물을 다루지만 그것이 문화적으로 소통될 때는 보편적이고 객관적인 의의와 가치를 인정받았기 때문이다. 스토리텔링 소재를 선택할 때도 이러한 보편성과 객관성, 다시 말해 가치의 타당성이 인정된 인물과 사건을 선택하게 된다. 따라서 문화콘텐츠에서 다루는 역사와 인물이 문화적 의의를 지니기 위해서는 그것을 개성화하는 과정이 필요하며 그 안에 내재된 문화가치나 이해 가능한 의미를 스토리텔링을 통해 표현해내야 한다.

역사적으로 나타난 현상이 단순히 이질적인 것이냐, 개성 있는 것

---

17) 위의 책, 45쪽. 가다머는 역사 현실의 차이로 인해 딜타이의 이러한 '객관적으로 타당한 인식'은 불가능하다고 비판한다. 딜타이의 '객관정신'에 대한 비판은 팔머, 앞의 책, 261쪽 참조.

18) 리케르트, 앞의 책, 174쪽.

이냐를 구분하는 것은 그 안에 담겨 있는 가치와의 연관에 의해 달라진다. 역사 이야기는 단순히 과거의 이질적인 역사 사건을 재현한 것이 아니라 문화적으로 가치 있고, 우리와 연관 될 수 있는 특수성과 개성을 이해 가능하고 공감할 수 있도록 표현한 것이다. 때문에 역사 이야기가 옛 사람들의 삶을 현대인들에게 어떻게 이해시킬 것인가를 답하기 위해서는 과거의 그들과 현재의 우리가 공통적으로 인정하고 이해할 수 있는 사고나 사상, 감정을 다루어야 한다. 이것이 딜타이가 말하는 객관정신이고 리케르트가 말한 보편성이다. 과거의 그들에게서 현재의 나를 재발견할 수 있는 것도 이러한 객관정신의 발로라 할 수 있다.

3 체험과 추체험

딜타이는 인간이 자신의 실존을 인식하는 방법 중의 하나가 '체험'이라고 보았다. 딜타이에게 있어 삶은 형이상학적인 사색을 통해 인식되는 것이 아니라 체험하는 실재에 의해 존재하기 때문이다. 살면서 단순히 겪게 되는 것이 경험이라면, 체험은 시간의 연속선상에서 가치와 의미를 부여할 수 있는 '의미 있는' 경험이다. 그 의미로 인해 체험은 과거, 현재, 미래의 시간 흐름에서 현재와 통일성을 이루게 된다.

여기에서 딜타이가 말하는 통일성은 의미의 통일성이다. 현재를 중심으로 과거와 미래를 보았을 때 공통된 의미로 결합되는 삶의 부분들이 포괄적인 통일성을 갖게 될 때 '체험'이라고 부를 수 있다. 서로 분리되어 있는 삶의 다양한 사건들이 어떤 의미로 통일성을 갖게 될 때 체험이 된다. '경험'이 그냥 살면서 겪게 되는 것이라면 '체험'은 공통된 의미를 갖고 있는 경험들이다. 다양한 경험은 공통된 의미를 중심으로 하나의 체험으로 묶일 수 있다. 따라서 딜타이는 일반적인 '경험'과 달리 보다 특수하고 제한된 용어로 '체험'이란 말을 사용하였다.[19]

예를 들어 사랑의 체험은 다양한 시간과 공간이 교차되어 일어나는 여러 사건들이다. 이 사건들이 '사랑'이라는 의미의 통일성으로 묶여 시간과 공간을 걸러내고 의미의 단위로 묶이면 '사랑 체험'으로 묶이게 되는 것이다.

이러한 체험의 속성을 딜타이는 다음의 일곱 가지로 정리한다. 첫째, 체험은 단순한 경험과 달리 의미를 통해 파악된다는 점에서 '의미성'이 있다. 둘째, 그 의미는 과거 · 현재 · 미래의 시간의 지평, 즉 역사 위에서 통일된 의미로 연관되는 '시간성 혹은 역사성'을 지닌다. 셋째, 체험은 '나'와 '너'의 삶을 객관적인 의미로 서로 이해하게 하는 '지성성'을 지닌다. 넷째, 체험은 일반적이고 보편적인 대상보다는 개성 있고 특수한 대상을 통해 구체화되는 '특수성 혹은 개성'을 지닌다. 다섯째, 역지사지(易地思之)나 전위(轉位)를 통해 역사적 인물과 그의 삶의 개성과 특수성을 감정이입을 통해 추체험하게 되는 '추체험성'을 지닌다. 여섯째, 자신과 타자의 체험 실체에 어떤 유사성이나 공통점을 가지고 있다는 점에서 '유사성'을 지닌다. 일곱째, 타자에 대한 추체험은 사회적-역사적 맥락 속에서 암시하는 상징과 의미를 파악하면서 이루어져야 한다는 점에서 '상징성'을 지닌다. 이를 정리하면 〈표 9〉와 같다.

---

19)   팔머, 앞의 책, 161쪽.

〈표 9〉 체험의 7가지 속성

요소	내용
체험의 의미성	삶의 경험들을 공통된 의미로 통합하고 재구성한다.
체험의 시간성(역사성)	현재를 과거와 미래의 시간 위에서 이해하고 통일한다.
체험의 지성성	과거, 현재, 미래의 삶을 어떤 의미로 해석한다.
체험의 특수성(개성)	의미를 담지한 인물과 사건의 개성과 특수성을 이해한다.
체험의 추체험성	역지사지와 전위의 감정이입을 통해 특수성을 이해한다.
체험의 유사성	대상의 특수성에서 현재의 나와 유사성을 찾는다.
체험의 맥락성	추체험하는 삶의 사회적—역사적 맥락과 상징을 이해한다.

체험의 일곱 가지 속성은 사람들에게 무엇을 체험시키기 위해 역사를 스토리텔링하는가의 문제와 직결된다. 딜타이에 따르면 인간이든, 작품이든 그것을 진정으로 이해하게 되면 역지사지나 전위의 모방 혹은 추체험이 일어난다. 예를 들어 하나의 시에 담긴 모든 구절은 체험의 내적 연관을 통해 그것을 읽는 사람의 삶으로 환원되고 이러한 역지사지(易地思之) 또는 전위(轉位)를 경험하면서 정신적 삶의 총체성을 이해하게 된다. 이때 작동하는 최고의 방식이 모방 혹은 추체험이다. 추체험이 일어남으로써 다른 시대와 다른 공간에서 일어난 사건이 그것을 추체험하는 사람을 통해 지속적으로 연장되는 것이다.[20]

딜타이는 이것을 '체험의 시간성' 혹은 '역사성'이라고 말한다. 그의 설명에 따르면, 과거 자료들이 밝히고 있는 '객관적으로 파악된 사실'은 과거라는 역사적 시간성 외에도 어떤 의미를 통해 현대인의 삶과 연

---

20)   위의 책, 54–55쪽.

관된다. 그 의미의 측면에서 과거의 삶이 현실에서도 중요한 의의를 갖게 되는 것이다. 그에게 있어 시간성과 역사성은 내재되어 있는 의미를 해석하는 것이고 체험 역시 하나의 의미를 가지고 현재, 과거, 미래라는 시간의 역사적 범주에서 통일성을 가지고 이루어진다.[21]

그래서 딜타이에게 '역사성'이란 과거와 미래의 지평에서 현재를 이해하는 '체험의 시간성'을 의미한다.[22] 딜타이는 체험 속에서 '나'와 '너'의 이해가 이루어진다고 보았다. 체험을 통해 이해하게 된다는 것은 체험 안에 정신적인 사고 작용이 일어나기 때문이다. 딜타이는 이것을 '체험의 지성성'이라고 불렀는데, 이는 정신적 세계에 대한 지식이 다른 사람들에 관한 이해, 공동체에 대한 역사적 파악, 객관적인 정신의 연관 속에서 만들어지기 때문이다. 이러한 지적 이해를 가능하게 하는 것이 체험이다.[23] 삶을 '의미' 차원에서 접근할 때 그 의미가 삶에서 어떻게 체험되는가를 보기 위해서는 일반자나 보편자가 아닌 특수자를 애정을 갖고서 파악해야 하고 체험에 나타난 의미들을 파악해야 한다. 체험을 하면서 의미를 파악하는 것이다.[24]

전위나 역지사지에 의한 추체험은 '감정이입'이라는 과정을 통해 다른 사람을 내적으로 체험하고 이해할 수 있도록 한다. 딜타이는 이러한 전위가 일어나기 위해서는 반드시 우리 자신의 체험과 다른 사람의 체험 사이에 유사성이 있어야 한다고 말한다. 그 유사성을 매개로 타인을 통해 자신의 내면세계를 발견할 수 있기 때문이다.[25] 딜타이는 인간의 정신적

---

21)   위의 책, 166쪽.

22)   위의 책, 166쪽.

23)   딜타이, 앞의 책, 25쪽.

24)   팔머, 앞의 책, 152-154쪽.

25)   위의 책, 156쪽.

삶들이 내적 유사성을 가지고 있다고 보았고 이렇게 정신세계에 존재하는 동종성, 내적 유사성 때문에 보편타당성에 대한 사고, 공감할 수 있는 감각, 추구하는 목적에 대한 논리적 융합, 사회적 관계에서 동질감을 느끼는 것이 가능하다고 말한다.[26] 같은 맥락에서 카시러는 이를 하나의 문화적 체험을 통해 '나'의 세계에서 '너'의 세계로 넘어가는 인식이 시작된다고 보았다.[27]

딜타이는 타자에 대한 역지사지가 제대로 이루어지기 위해서는 '사회적-역사적' 세계를 파악해야 한다고 말한다. 또한 내면적인 인간 세계를 꿰뚫어볼 수 있는 것은 내적 성찰에 의해서가 아니라 해석, 즉 삶에 나타난 표현들을 이해해야만 가능하다고 주장한다. 인간의 삶이 보여준 현상에 각인된 암호를 해독해냄으로써 내적인 인간 세계를 통찰할 수 있다고 보았기 때문이다.[28] 따라서 진정한 추체험이 이루어지기 위해서는 역사 인물 개인의 체험 자체에 주목하기보다 그러한 체험이 이루어지는 사회적-역사적 맥락에서 삶의 상징성과 암호처럼 감추어진 의미를 밝혀야 한다.

역사를 스토리텔링하기 위해서는 역사 이야기를 통해 사람들에게 어떤 의미 있는 체험을 줄 것인가에 대한 고민이 선행되어야 한다. 이야기를 통해 역사를 추체험한다는 것은 이러한 체험의 의미성, 시간성, 지성성, 특수성, 추체험성, 유사성, 맥락성을 경험하는 것이기 때문이다.

---

26)   딜타이(2008), 앞의 책, 66-67쪽.

27)   카시러, 앞의 책, 207쪽.

28)   팔머, 앞의 책, 157쪽.

4 질문, 해석, 재실행

콜링우드는 "모든 역사는 과거의 생각을 역사가 특유의 정신 속에서 다시 실행하는 것"이라고 단언한다. 역사가가 과거를 생각하는 것은 과거 시간을 다시 살기 위해서가 아니라 자신의 정신적인 사유를 위해 과거를 뒤돌아본다는 것이다.

콜링우드는 이렇게 말한다. "역사에서 물음과 증거는 짝을 이룬다. 당신의 물음, 당신이 지금 제기하는 물음에 답할 수 있도록 하는 모든 것은 증거의 가치를 갖는다."[29] 콜링우드의 이러한 생각은 리쾨르에게도 영향을 미쳤다. 리쾨르에 있어서도 과거를 다시 생각한다는 것은 과거를 다시 사는 것이 아니다. 그에게 있어 역사 탐구는 '물음과 대답의 논리'에 의한 것이다.

그 물음은 자신과 타인, 그리고 인간을 이해하기 위한 인간의 본성과 심리에 대한 질문으로부터 시작된다. 역사학자 휴즈는 역사 인물을 정신분석학적으로 접근한다. 역사 인물도 인간적으로 이해해야 하기 때문이다. 휴즈는 역사 연구와 정신분석 연구의 중요한 탐구 대상이 인간의 동기라는 점에서 역사가도 정신분석가처럼 개인이나 집단이 왜 그런 행동을 했는지의 이유를 찾아야 한다고 말한다.[30] 20세기 후반 이후 역사 인식에서 요구되는 것이 정신분석이라고 확신하는 휴즈는 역사학에서 개별 인간과 그에 대응하는 타자 간의 사상과 행위를 세밀하고 단계적으로 해명하기 위해서는 정신분석학과 같은 '왜 그랬는가?'에 대한 동기 설

---

29)   리쾨르, 앞의 책, 278쪽.

30)   휴즈, 앞의 책, 56쪽.

명이 이루어져야 한다고 주장한다.[31]

역사 이야기는 이야기를 통해 과거를 재실행한다. 하지만 그것은 과거를 그대로 묘사하는 것이 아니라 '과거를 생각하고 사유하는 것'이라고 보아야 한다. 그러면 역사 이야기의 의미는 과거를 어떻게 재현하느냐에 있지 않고 과거를 통해 어떤 생각을 하게 하느냐에 무게중심을 두게 한다.

리쾨르는 과거를 다시 '생각'하기 위해서는 과거라는 시간적 거리를 오히려 없애야 한다고 주장한다. 대신 그 죽어버린 시간들 속에서도 여전히 살아 있는 인간의 본성과 관념에 주목해야 한다.[32] '현재에도 살아남아 있는 과거의 생명력'은 그 시간성에 있는 것이 아니라 현재의 물음에 대한 답이 될 수 있기 때문이다.

한편 과거를 '실제적으로' 어떻게 재현할 것인가의 문제에 대해 리쾨르는 그것은 "역사의 사유와 관련된 것"이라고 말한다. 리쾨르가 보기에 과거가 '다시 살아남는다'는 것은 후손의 생각 속에서 '다시 실행된다'는 것이다. 과거는 흔적을 남김으로써 살아남으려 하고, 후손은 과거의 생각을 다시 실행함으로써 과거를 물려받게 된다는 것이 리쾨르가 주장하는 역사 인식이다. 그래서 그에게 있어 역사적 과정은 인간이 자기 고유의 생각을 통해 물려받은 과거를 다시 재창조함으로써 스스로를 위해 인간 본성에 대한 이런저런 관념을 창조하는 과정이고, 과거를 다시 실행한다는 것은 자기 고유의 정신 속에서 그것을 다시 창조하는 것이다.[33] 이러한 맥락에서 문화콘텐츠로 과거를 재실행하고 재창조한다는 것도 인간 본성에

---

31)   위의 책, 78쪽.

32)   위의 책, 279-280쪽.

33)   위의 책, 280쪽.

대한 사유에서부터 시작되고 그것을 재실행시키는 과정이라 할 수 있다.

　"우리는 동일자, 타자, 유사자를 통해 과거를 잇달아 생각함으로써 과거에 대해 의미 있는 어떤 것을 이야기한다." 리쾨르의 말이다. 이때 동일자의 특징을 가지고 지금 과거를 '재실행'하는 것은 '시간'이라는 거리를 없애고 예전에 존재했던 것과 자신을 동일화하는 것(identification)을 의미한다.

　과거에서 현재와의 동일성을 찾으려는 시도는 과거의 사료를 해석하는 과정에서 상상력이 작용하고 이러한 상상력이 과거를 '재실행'하게 한다. 과거의 사료를 보고 그것을 해석하고 재실행하는 과정에서 현재 자신의 생각과 욕망이 반영되고 그것이 동일화 요소로 나타나기 때문이다.[34] 그래서 리쾨르가 주장하는 과거의 재실행은 시간의 재현이라기보다 동일자와 타자, 유사자를 통해 과거를 생각하고 관념을 창조하는 행위이다. 과거를 재실행하는 사람은 자신을 과거의 인물과 동일자로 환원하고, 타자성을 식별하며, 유사한 것으로 이해함으로써 과거를 재실행하게 된다.[35]

　딜타이도 서로 다른 시대와 공간을 살았던 개인의 삶을 이해하는 것이 개인들 간의 이러한 유사성과 공통점 때문이라고 보았다. 그 이유는 앞서 말한 '객관정신' 때문이다. 객관화된 정신이 있기 때문에 시공간을 초월해 서로를 이해하고 그 삶의 표현을 이해할 수 있게 된다. 역사 속 인물에 대한 객관정신의 발견은 현재의 자신과 연관될 수 있는 가치의 발견이라 할 수 있다.

　과거 인물에 대한 접근은 동일자를 통해서만 이루어지지는 않는

34)　리쾨르, 앞의 책, 273-276쪽.

35)　위의 책, 304쪽.

다. 리쾨르는 '타자'와 '유사자'를 통해서도 역사 속 인물을 인식하게 된다고 말한다. 역사의 목표 중에 하나가 '친숙하지 않은 것과 다시 친숙해지려는 소망'이라는 헤이든 화이트의 말을 빌어 리쾨르는 다음과 같이 말한다. "선조들의 낯선 세계를 이해하기 위해서는 각 인물의 차이를 알아야 하고 때문에 동일자뿐만 아니라 그와 차이를 보이는 타자와 유사자도 각각의 개별성을 지닌 존재로 파악되어야 한다."[36]

이야기 속에서 동일자가 공감을 불러일으키는 역할을 한다면 타자는 호기심을 불러일으키는 역할을 한다. 한편 유사자는 은유와 비유를 통해 '~처럼 존재'하는 인물이다. 리쾨르는 동일자나 타자가 그려낼 수 없는 존재를 '실제-존재'하는 방식보다는 '처럼-존재'하는 '유사자'라는 비유의 방식으로 만들어낼 수 있다고 말한다. 유사자가 동일자와 타자가 그려질 수 없는 복합적인 특징을 그려낼 수 있다는 점에서 리쾨르는 그를 동일성과 타자성을 연계시켜주는 존재로 보았다.[37]

이러한 역사의 재실행과 재창작을 통해 역사는 다음 세대로 이어지고 연속되며, 사회구성원들 사이에서 회자된다. 리쾨르는 역사를 재실행하는 이러한 이야기를 통해 과거를 재형상화하고 그 시간을 체험함으로써 현재의 사람들이 선조나 후손의 시간을 인식하게 된다고 말한다. 리쾨르의 말대로 우리는 동시대인, 선조, 후손이라는 세대의 연속선상에서 관념과 같은 사유도구를 만들어내고 사료와 문서의 도움을 받아 시간을 창조적으로 재형상화한다.[38]

---

36)   위의 책, 284-287쪽.

37)   위의 책, 300-301쪽.

38)   리쾨르, 앞의 책, 203-204쪽.

5장 개인의 역사 스토리텔링

    선조가 남긴 기록물은 과거의 시간을 언어라는 표현물로 후손에게 남겨진다. 그런 의미에서 『백범일지』는 김구라는 한 개인이 자신이 살았던 시대를 스토리텔링해 후손에게 들려준 역사 이야기의 대표적인 사례이다. 이 장에서는 『백범일지』를 대상으로 개인의 역사 스토리텔링이 어떤 특징과 의미가 있는지 살펴보고자 한다.

1 김구 자서전 『백범일지』

『백범일지』는 김구의 자서전이다. 김구는 임시정부의 국무위원으로 선출된 직후인 1928년 3월에 상권을, 주석으로 선출된 이듬해인 1941년에 하권을 집필하였다. 해방 후인 1947년에 '나의 소원'을 더 첨부하여 출간본을 발행하면서 『백범일지』는 대중적으로 읽히기 시작했다. 최초의 『백범일지』는 국한문 혼용의 김구 친필로 기록되었으며, 출간본으로 나오는 과정에서 여러 번의 첨삭과 수정이 이루어졌다. 1997년 보물 1245호로 지정된 친필본은 현재 서울시 용산구의 '백범김구기념관'에 보관되어 있다.

1929년 5월에 탈고된 상권은 7월에 필사되어 미국에 있는 동포들에게 보내진다. 이것이 『백범일지』의 첫 번째 필사본인 필사본 1이다. 두 번째 필사본은 출간을 앞두고 이루어진다. 상·하권을 모두 필사한 두 번째 필사본은 출판을 위한 준비 작업을 하기 위해서였다. 두 번째 필사본에는

〈그림 5〉『백범일지』친필본(보물 1245호)

친필본이나 첫 번째 필사본에 없는 백범의 친필 메모와 인명이 기록되어 있다.

1947년 12월, 수정·보완된 필사본 2를 토대로 출판사 국사원에서 『백범일지』를 출판하는데, 이것이 『백범일지』를 대중화시킨 국사원본이다. 국사원본에는 친필본 상·하권의 국한문 혼용 내용이 한글맞춤법에 맞춰 윤문·정리되었으며, 김구의 민족국가론과 정치이념, 문화국가론을 다룬 '나의 소원'이 첨부되었다.

양윤모는 국사원본이 친필본에 없는 내용과 항목을 가지고 있다는 점에서 또 하나의 원본으로 간주해야 한다고 주장하기도 하는데, 이처럼 친필본, 필사본, 국사원본은 김구가 살았던 시대의 기록물로, 역사자료의 의미를 지닌다.

국사원본 이후에도 『백범일지』는 여러 사람들에 의해 현대어로 번역 되었다. 최근에는 도진순이 친필본의 국한문 혼용 내용을 현대문으로 교열하고 용어·개념·경구·문장 등을 풀어서 번역하였다. 현대어 번역 외에도 어린이를 위한 『만화 백범일지』, 『청소년을 위한 백범일지』, 역사

〈그림 6〉 『백범일지』 국사원본

적 배경이나 오류 부분을 수정한 『올바르게 풀어쓴 백범일지』 등 수용자의 특징에 따라 내용과 형식을 달리해 다양한 종류의 『백범일지』가 서점에 나와 있다.

백범 김구(1876. 7. 11~1949. 6. 26)는 황해도 해주 출신으로, 대한민국 임시정부 주석을 지낸 인물이다. 김구의 호 백범(白凡)은 백정(白丁)과 범부(凡夫)를 합친 말로, 신분제 최하층에 있는 백정과 같은 범부인 자신만큼의 애국심만 있으면 완전한 독립국민이 될 수 있을 것이라는 소망에서 김구가 직접 지은 것이다.[1] 그는 일본과 조일수호조약(강화도 조약, 병자수호조약)이 체결되던 1876년에 태어났고, 3 · 1운동이 일어났던 1919년에 상하이로 망명해 대한민국 임시정부에서 활동하다가 1940년에 주석이 되었다. 1945년 광복을 맞아 환국했으며, 신탁통치 반대와 통일정부 수립을 위해 활동하다가 1949년 암살로 생을 마감한다.

---

1) 김구에게는 총 아홉 개의 이름이 있다. 어릴 적 이름은 김창암(金昌巖)이었고 동학에 입교하면서 김창수(金昌洙)로 바꾼다. 탈옥을 해 삼남 지방을 여행할 때의 이름은 김두호(金斗昊), 강화의 김경득을 찾아갈 때는 김두래(金斗來)였다. 마곡사의 스님이 되어서는 원종(圓宗)이라 불렸고 윤봉길 의거 후 도망을 다닐 때는 장진구(張震球)로 행세했다. 감옥에서는 일본인들이 그를 '뭉우리돌'이라 불렀다. 연하(蓮下) 김구(金龜)는 유인석과 그의 지인들이 지어준 호와 이름이다. 그는 출옥을 2년 앞두고 백범(白凡) 김구(金九)로 바꾼다. 김구, 30, 43, 154, 166, 267, 344쪽 각주와 본문 참조.

〈그림 7〉『백범일지』현대어본

『백범일지』는 시간적으로 1870년대에서 1940년대를 포괄하고 있으며 공간적으로는 한반도와 중국 대륙을 무대로 하고 있다. 양윤모가 연구한바, 이는 두 가지 측면에서 중요한 의미를 지닌다.

첫째, 시간적으로는 그의 삶의 궤적이 동학사상, 동학농민운동, 위정척사사상, 의병운동, 기독교 수용, 구국계몽운동, 경술국치와 3·1만세운동 이후의 독립운동, 해방 후 자주통일국가 수립운동 등의 한국 근현대의 중요한 사상적·역사적 전개와 함께 이루어지고 있다.

둘째, 삶의 일대기가 펼쳐진 한반도와 중국이라는 공간이 '분리와 통합'이라는 진보적인 임시정부의 국가 이념이나 김구의 현실 인식을 해석하는 중요한 요소가 된다. 그래서 양윤모는 『백범일지』를 김구의 세계관과 현실인식의 표현이라고 정의하고 있으며, "『백범일지』는 개인 자서전으로는 드물게 한국 근대사의 여러 역사적 사건들을 포괄적으로 기술하고 있어서 연구자들의 주목을 받고 있다"고 평가한다.[2] 개인의 삶이 한 시대의 역사적 사건들을 포괄하고 있다는 양윤모의 평가는 한국 근대사를 보는 텍스트로서의 가치를 『백범일지』에 부여한다.

---

2)   양윤모, 「김구와『백범일지』」, 『한국학보』제28권(제1호), 일지사, 2002, 186-187쪽.

2 선조에 의한 시간의 이야기

리쾨르가 주장하는바, "과거의 시간은 언어적 담화로 표현됨으로써 존재할 수 있다."[3] 그에 따르면 죽은 선조들의 시간은 기억을 더듬어 들려주는 조상들의 이야기를 통해 시간이 지나는 동안에도 연속적으로 펼쳐지게 된다.[4] 리쾨르의 주장에 따르면 김구가 자신의 기억을 더듬어 기록한 『백범일지』는 우리의 조상이 들려주는 선조들의 시간이자 언어적 담화로 표현된 과거의 시간이다. 그리고 후손들은 『백범일지』를 통해 김구가 들려주는 한국 근대의 시간을 경험하게 된다.

리쾨르는 연대기적 시간에서부터 체험된 시간을 다시 만나기 위해서는 담론과 관련된 언어적 시간을 거쳐야만 한다고 말한다. 달력에 표시되는 연대기적 시간은 그것을 체험한 누군가에 의해 말해지는 언어적 시간을 거칠 때 체험된 시간이 된다는 것이다. 그래서 현재라는 시간을 갖기 위해서는 그 시간의 사건을 말하는 누군가의 담론이 동시에 일어나야 한다. 그의 주장에 따르면 아무리 완전하고 확실한 날짜라 할지라도, 이를 말하는 발언의 날짜를 모른다면 그것이 미래나 과거라고 말할 수 없다.[5]

자신이 경험한 사건과 인물을 이야기함으로써 한국 근대사라는 과거를 우리에게 체험시키고 있다는 점에서, 『백범일지』는 김구에 의해

---

3) 폴 리쾨르, 김한식 역, 『시간과 이야기 3: 이야기된 시간』, 문학과 지성사, 2004, 212쪽. 리쾨르에 따르면, 물리적으로 '현재'라는 시간은 과거화되고 미래화되는 사이에서 존재하지 않는다. 단 현재라는 시간을 갖기 위해서는 누군가 말해야 한다. 즉 어떤 사건과 그 사건을 말하는 담론이 일어남으로써 현재가 표시된다고 그는 설명한다. 따라서 달력에 표시되는 연대기적 시간이 체험된 시간으로 바뀌기 위해서는 담론과 관련된 언어 시간을 거쳐야만 하고 발언의 날짜를 모른다면 미래나 과거라고 말할 수 있는 어떠한 날짜도 없다고 그는 말한다. 같은 쪽.

4) 위의 책, 223쪽.

5) 위의 책, 212쪽.

담화된 한국 근대사의 연대기적 시간이다. 비록 그것이 『조선왕조실록』과 같이 사건이 일어난 동시에 기록된 것이 아니라 53세였던 1928년과 66세였던 1941년에 기록된 것이지만, 발언 시기가 명시됨으로써 김구의 언어적 시간을 거친 이야기된 시간이 된다.

　『백범일지』에서 김구가 이야기하는 한국 근대사는 크게 다섯 시기로 나뉜다. 첫 번째 시기는 개항이 이루어진 1876년부터 대한제국이 공포된 1897년 전까지의 조선 말 시기이다. 이 시기는 조일수호조약에 의해 부산항, 원산항, 인천항이 개항되면서 일본을 비롯해 중국, 미국, 영국, 독일, 프랑스, 이탈리아, 러시아 등과의 수호조약이 체결되고, 정치·경제·사회·문화 분야에서 급진적인 변화가 일어난 시기이다. 개항을 통해 병원, 우체국, 학교, 교회, 인쇄소 등의 새로운 문물들이 들어오고, 정치적으로는 개화파와 수구파의 정쟁이 계속된다. 사회적으로는 의병운동, 동학혁명, 민란, 콜레라 만연 등의 변화와 빈곤함에 대한 저항이 끊이지 않았다. 외교적으로도 거문도를 점령하고 있던 영국 함대가 청의 중재로 철수하는 등 국제질서의 흐름에 대응할 수 있는 준비가 되어 있지 않은 상태에서 일본, 청나라, 러시아 사이에서 갈등과 마찰을 빚게 된다.

　이 기간은 김구가 태어나서 치하포 사건으로 인천감옥에 갇혀 있던 22세까지의 기간이다. 이 기간 동안 김구는 조선시대의 민족의식, 신분제, 친족제, 과거제, 유교사상, 개화사상, 위정척사사상, 동학농민혁명, 개화정책, 민중들의 항거, 명성황후 시해사건, 의병항쟁 등을 경험한다.

　두 번째 시기는 왕의 칭호를 '황제'라 바꾸고 연호를 광무로 바꿔 대한제국 시대를 시작한 1897년부터 일본에 의해 강제 병합됨으로써 대한제국은 사라지고 다시 조선으로 불리게 된 1910년까지이다. 이 시기 동안 토지측량, 철도부설, 경인선 개통, 전화 개통 등이 이루어진다. 러시아와 일본은 한려은행과 제일은행을 설립해 화폐시장에 개입하고 러시아는 부산 절영도와 마산포를 점령해 통치권을 요구하고 일본은 철도 부설권을 장악하는 등 외세의 침탈이 본격화된다. 그리고 이들 강대국 간에는 전쟁과 동맹을 통해 통치권을 인정해주는 과정이 진행된다. 사회적으로는 만민공동회 등 외세의 침탈과 언론 통제를 저지하기 위한 운동이 일어난다. 개인과 언론단체, 학회의 활발한 신교육활동이 이루어지면서 전국에 수천 개의 사립학교가 설립되기도 한다. 군대가 해산되고 조선통감부가 설치되면서 일본의 식민지화가 본격화되고 이에 대한 항거가 일어나지만 결국 한일병합이 이루어지고 조선총독부가 들어선다.

22살부터 35살에 해당하는 기간 동안 김구는 탈옥 후 삼남 지방 여행, 불교수행, 결혼, 기독교 전파활동, 신학문 교육활동, 애국계몽활동을 하며 지낸다. 감옥 생활과 여행을 하면서 민족의 비애가 무지에 의한 것이라는 것과 신학문의 필요성을 깨닫고 신학문 교육을 시작하게 된다. 이러한 그의 행보는 신문물의 유입으로 인한 당대의 사회변화와 인식의 변화, 사립학교 설립의 확대와 맥을 같이 하면서 한국 근대기의 구체적인 삶의 모습을 보여준다.

세 번째 시기는 1910년부터 1919년까지로, 일본의 조선총독부가 식민 통치를 시작한 시기이다. 한일병합이 이루어지고 상하이 임시정부가 생기기 전까지 국내외에서는 독립의군부, 조선국권회복단, 신한혁명당, 조선사회당, 대한독립단, 대한독립군 등 국권회복을 위한 단체가 결성되어 독립운동을 시작한다. 일제는 안악 사건, 105인 사건, 제암리 학살 사건 등으로 이들 세력을 탄압하고 제압한다. 35세부터 44세에 해당하는 이 기간 동안 김구는 안악 사건으로 체포돼 수감생활을 하다가 5년 만에 감옥을 나오게 된다. 일본 경찰의 감시를 받으며 황해도의 한 농장에서 농촌계몽활동을 하다가 3 · 1만세운동이 일어난 직후인 3월 29일 상하이로 망명한다.

　　네 번째 시기는 1919년부터 1945년까지의 대한민국 임시정부 시기이다. 이 시기 동안 상하이, 서울, 러시아, 평안도, 만주에 임시정부들이 만들어진다. 이 중 상하이 임시정부를 중심으로 통합 임시정부가 구성되어 대한민국 임시정부가 출범한다. 대한민국 임시헌법이 제정되고 3권분립의 민주공화정부가 수립된다. 상하이, 만주, 미주에서 활동하는 주요 인사들이 당을 만들고 이들 당이 통합과 해체를 하는 가운데, 민족 자주 독립을 목표로 국내외 독립운동가들과 연결하여 광복정책을 전개해나간다. 한편 일본 요인 암살과 임시정부 승인 요청을 통해 국제사회에 식민지 지배의 부당함에 항거하고 대한민국 임시정부의 독립성을 인정받기 위한 정책을 추진한다. 제2차 세계대전이 발발하자 중국 · 미국과 협력하여 국내 진압작전을 계획하던 중, 전쟁의 종결과 함께 광복을 맞게 된다. 김구가 44세에서 70세가 될 때까지의 26년의 세월은 대한민국 임시정부 수립부터 광복 후까지의 시간과 흐름을 같이 한다.

　　다섯 번째 시기는 1945년부터 1949년까지의 해방정국 시기이다. 광복 이후 조선인민공화국이 수립되고 모스크바 3상회의에서 한국 신탁통치가 결의되면서 정국은 신탁과 반탁, 남북 통일정부 수립과 단독정부 수립을 두고 비상국민회의, 좌우합작운동, 미소공동위원회 등이 열리게 된다. 단독선거를 반대하는 제주 4 · 3 사건 등이 발생하지만 결국 5월 10일 총선거를 통해 남한 단독으로 대한민국 정부 수립이 선포된다. 김구는 한국전쟁이 일어나기 1년 전인 1949년 6월 26일 육군 소위 안두희에 의해 암살되는데, 그때 김구 나이 74세였다. 광복 후 환국할 당시의 70세에서 74세까지 5년의 세월 동안 김구는 비상국민회의와 반탁독립투쟁위원회 등을 조직해 반탁운동과 통일정부 수립을 위한 활동을 전개한다.

이렇듯 김구의 일대기가 한국 근대사의 연대기적 시간과 맞물림으로써 우리는 김구가 기록한『백범일지』를 통해 한국 근대사를 체험할 수 있게 된다. 한국 근대사의 연대기적 시간을 기반으로 하고 있다는 점에서『백범일지』는 한국 근대사를 인식하고 이해할 수 있는 텍스트이다.

3 기억에 의존한 이야기

『백범일지』의 상권은 김구가 53세였을 때, 하권은 66세였을 때 기록한 김구의 '기억'에 의한 기록이다. 기억은 불확실성의 한계를 지닌다. 김구도 서문에서 "다만 유감스러운 것은 오래된 사실들이라 잊어버린 것이 많다는 점이다. 그러나 일부러 지어낸 것은 전혀 없으니 믿어주기 바란다."며 기억의 한계를 분명히 하고 있다.

리쾨르가 말한 단절된 세대 간의 시간과 경험을 연결시켜주는 이야기는 선조들의 '기억'에 의존한 이야기이다. 리쾨르는 말한다. "'조상들의 입에서 얻어들은 이야기'를 통해 죽은 자들의 시간, 선조들의 시간이 역사적 과거와 '기억' 사이에 다리가 놓이고 그 기억들의 연결 고리를 거슬러 올라가 역사의 연속선상에서 보게 되면, '나'와 관련이 없었던 '너'였던 선조들이 '우리'라는 관계로 변하게 된다."[6]

『백범일지』도 김구의 기억에 의존한 이야기이지만 이 이야기는 현재의 나와 과거의 너를 연결시켜줌으로써 그들은 현재 우리의 역사 경험

---

6)   리쾨르, 앞의 책, 223쪽.

을 대변하는 '우리'의 선조가 된다.

한편 역사가 전진성도 역사연구에 있어 기억의 역할에 주목한다. 전진성이 주장하는바, '기억'은 한 주체가 자신의 과거를 현재와 관련짓는 정신적 행위이자 자기 성찰 과정이다. 그에 따르면 기억은 과거에 대한 상상적 '표상'과 지시, 또는 '재현'이 상보적으로 이루어진다. 여기에서 그는 리쾨르가 말한 시간의식의 현상학과 연결하여, 기억한다는 것을 과거, 현재, 미래의 관계를 세우는 시간성의 성찰이라고 정의한다.[7]

전진성은 '기억'이라는 방법론을 역사연구에 보다 적극적으로 끌어들인다. 그에게 있어 "역사가 권력자의 이해관계를 대변하는 이데올로기라면 기억은 억압되고 잊혀진 진실이다."[8] 그의 설명에 따르면, '기억'은 개인이 자신의 과거를 현재화하는 정신적이고 심리적인 현상이다. 또한 현대사회가 과거를 대하는 방식이 개인화되고 있기 때문에 1980년대 이후 역사학계에서 '기억'에 대한 관심이 지속되고 있다고 전진성은 주장한다.[9]

전진성은 기억과 역사의 관계에 대해 둘 다 과거, 현재, 미래를 매개하는 시간성의 성찰이라는 공통점을 가지고 있지만 역사는 기억을 대상화해 비판적으로 재구성해낸 가공물, 즉 기억의 조작이라고 말한다. 기억과 역사의 차이를 보여주는 〈표 10〉에서도 알 수 있듯이 역사는 내용과 형식, 매체, 재현방법, 구성원리, 지향점, 담지자의 모든 측면에서 기억과 다른 형태로 존재한다.[10]

전진성은 기억이 역사학의 결함을 보완할 수 있다고 주장한다. 그

---

7) 전진성, 『역사가 기억을 말하다』, 휴머니스트, 2005, 47쪽.
8) 위의 책, 15쪽. 전진성의 설명에 의하면, 1980년대 이래 국제 역사학계에서 역사를 기억에 접근시키는 경향이 주요한 흐름으로 나타나고 있다.
9) 위의 책, 39쪽.
10) 위의 책, 78쪽.

구 분	기 억	역 사
내 용	개인이나 집단의 체험	기념비적 사건 또는 구조의 전개
형 식	이미지: 본원적, 자발적, 주관적, 비정형적, 복수적(複數的), 구체적, 감상적, 일상적	지식: 인위적, 강제적, 객관적, 체계적, 단일적, 추상적, 지성적, 전문적
매 체	말, 문자, 활자, 전자매체, 여타의 문화적 행위(예술, 축제 등)	책(활자), 공공기관(박물관), 부분적으로 전자매체
재현방법	상상력(기억술), 기념	증거의 분석, 비판, 논증
구성원리	공간 스키마의 반복적 재생	시간 스키마의 창조
시간구조	지속성(무시간성)	연속성(균질성), 역사성(시간의 절대화)
지향점	전통(과거의 신성화)	진리(과거의 탈주술화)
담지자	개인이나 특정집단	보편집단(민족, 계급, 인류)

출처: 전진성, 『역사가 기억을 말하다』, 휴머니스트, 2005, 78쪽.

에 따르면, "역사가 기억과 구별되는 가장 큰 권위는 그것이 '과학적'이라는 데 있다. 하지만 역사학이 본래의 의도와 달리 우리의 현재 삶과 과거를 분리시키는 결과를 가져왔다. 역사학은 과거를 순수한 인식대상으로 객관화하여 특정한 시간좌표 위에 고정시켜 오직 전문가만이 취급할 수 있는 특수한 대상으로 박제화되었다."[11] 그리고 역으로 "누구의 기억이 보존되어야 하고, 누구의 고통에 대해 생각해야 하며, 누구의 역사가 서술되어야 하는가?"라는 문제를 풀기 위해서는 다양한 체험 양상들을 가능한 한 공정하고 상호 비교 검토할 수 있는 역사학이 일시적 현재들 속에 있는 인간 실존의 고유성을 해명할 수 있다고 주장한다.[12]

---

11) 위의 책, 78-80쪽.

12) 위의 책, 82쪽.

기억을 이야기하거나 기록하는 것은 현재 시점에서 과거를 재현하는 것이다. 하지만 그 기억에는 한계가 있다. 망각과 오해가 그 예이다. 전진성은 기억은 반드시 '선택적 망각'을 요구하고 그것은 과거와 현재의 거리를 확보해줌으로써 과거의 직접적 체험을 기억으로 전환시키는 구성적 계기를 마련해준다고 말한다.

『백범일지』에서 망각은 과거를 재현하고 이야기하는 과정에서 기억하지 못하거나, 이야기할 필요가 없어서 누락시킨 것으로 파악된다. 예를 들어 김구는 명성황후가 시해된 을미사변 직후 국모보수를 위해 치하포에서 일본인을 살해한다.『백범일지』에는 전후 상황 설명 없이 김구가 서옥생을 만나러 청국으로 가다가 다시 돌아오는 길에 수상한 일본인을 만나면서 우발적으로 일어난 사건처럼 기록하고 있다.[13] 하지만 배경식의 설명에 따르면 김구는 치하포 사건 전에 산포수들과 함께 을미의병을 일으키고 경성 진격 거사 계획을 추진하다가 실패해 도망 다니던 상황이었다. 또한 치하포 사건도『백범일지』에서는 혼자 일본 사람을 살해하는 것으로 묘사되어 있지만 심문조서에는 동행한 일행 세 명의 도움을 받아 사건을 일으킨 것으로 기록되어 있다. 이 사건은 김구의 선택적 망각에 의한 기록이라 할 수 있다.

기억은 오해나 착각도 일으킨다. 역사적 내용을 보충해『백범일지』를 다시 엮은 배경식은 그의 저서『올바르게 풀어쓴 백범일지』에서 기억의 혼동이나 착오로 인한 오류 여덟 곳을 지적하고 있다. 오류의 대부분은 치하포 사건으로 감옥생활을 하게 된 20세 전후의 서술에서 많이 나타난다. 김구도 상권 저술 마지막에 "내가 지나온 기록 중에 연월일자

---

13)   김구, 배경식 주해,『올바르게 풀어쓴 백범일지』, 너머북스, 2008, 150쪽.

를 기입한 것은 나는 기억하지 못하겠으므로 본국의 어머님에게 서신으로 물어서 쓴 것이다."라고 밝히고 있는 것처럼, 김구의 잘못된 기억은 연월일에 대한 오류에서부터 인명 한자의 오기(誤記), 감옥에서 읽은 신문명의 혼동, 자신이 받은 형기(刑期)의 착각 등에서 나타난다.

기억과 역사에 대한 리쾨르와 전진성의 주장에 비추어볼 때, 『백범일지』는 선조의 기억에 의존한 한국 근대사 이야기이다. 기억이 이야기되는 과정에서 망각과 오해, 착각이 일어나지만 이러한 현상은 기억의 한계와 특성에서 기인한 것이다.

4 개인 삶의 표현

딜타이는 인간을 연구하는 정신과학의 가장 중요한 기본 단위가 '개인'이라고 말한다. 개별화된 개인은 역사의 본질이며 개인에 대한 경험의 관점에서 과거사를 고찰할 수 있기 때문이다. 그에게 있어 개인은 역사의 원세포이며 역사와 관련된 환경 속에서 개인의 삶의 과정이 구성된다.[14] 왜냐하면 인간의 삶은 이성적으로 생각해서 알 수 있는 형이상학적인 개념이 아니라 국가 · 법 · 경제 · 예술 · 종교 · 과학 · 철학 등의 사회적 · 역사적 구조와 정신적인 연관성을 가지고 개인이 체험해야 하는 것이기 때문이다.[15]

그래서 딜타이는 개인의 삶의 체험을 기록한 자서전에 큰 의미를

---

14)   양해림, 「딜타이에 있어서 개인, 사회 그리고 상호작용의 변증법」, 『철학연구』 제44권, 철학연구회, 1999, 291쪽.

15)   양해림, 「후설의 생활세계와 딜타이의 삶의 경험」, 『철학연구』 제50권, 철학연구회, 2000, 150쪽.

두었다. 딜타이는 말한다. "자서전은 그 안에서 우리가 삶의 이해와 마주치게 되는 최상의, 그리고 가장 유익한 형식이다."[16] 그에게 자서전이란 단순히 한 인간의 개인적인 생애가 아니라, 작가적인 표현을 통해 이룩한 자기 성찰이다. 그가 말하는 자기 성찰은 자신을 역사적으로 바라보는 행위이다. 역사적인 조망이 있어야 자기 삶의 힘과 폭, 성찰의 에너지를 회고할 수 있으며 이런 자서전이야말로 피가 흐르지 않는 과거의 그림자에 제2의 생명을 줄 수 있다. 그래서 자서전의 생애를 '이해'하는 사람은 자서전의 저자와 동일함을 느끼며 특별히 친밀감을 갖게 된다.[17]

딜타이는 삶의 개념을 역사와 동일한 의미로 사용한다. 그가 생각하는 인간은 '역사적인 인간'이다. 그래서 인간을 파악하기 위해서는 개별적인 존재로 인식할 것이 아니라 그가 처한 역사 속에서 인간 본성의 특징을 총체적으로 파악해야만 한다.[18] 자서전은 이러한 역사적인 삶의 전체 속에서 자기를 성찰해 표현한 것으로 개인의 사회적-역사적 현실을 글로 추상화함으로써 한 사람의 개인이 하나의 개체로서 역사와 사회 속에서 무엇을 원하고, 느끼고, 사고하고, 판단하였는가와 같은 정신적인 부분을 개인의 관점에서 직접적으로 드러낸다. 결국 자서전은 단순한 개인의 행적에 대한 기록이 아니라 사회-역사적인 맥락 안에서의 개인 삶에 대한 표현이라 할 수 있다.

김구는 그 시대의 종교, 사상, 국가, 정치적 · 사회적 상황과 같은

---

16) 빌헬름 딜타이, 이한우 역, 『체험 · 표현 · 이해』, 책세상, 2002, 32쪽. 전기(傳記)도 개인의 삶을 다루었다는 점에서 역사적으로 인간을 성찰할 수 있는 문학적인 예술작품이지만 그것이 자기 자신이 아닌 타인에 의해 낯선 삶으로 그려진다는 점에서 자서전과 차이가 있다. 그럼에도 불구하고 전기는 자서전과 함께 딜타이가 최상의 체험 표현으로 간주하는 예술작품이다. 같은 책, 106-115쪽.

17) 위의 책, 32쪽.

18) 위의 책, 152쪽.

시대적 맥락 속에서 자신의 삶을 표현하고 있으며 이러한 개인과 사회의
상호작용 속에서 김구 자신이 어떻게 사유하고, 느끼고, 원하고, 행동하
였는지를 사회-역사적 환경 속에서 기술하고 있다.

예를 들어 『백범일지』에는 신분제로 인한 가문의 상처, 못난 관상
의 운명, 조혼과 같은 비인간적인 풍속, 동포의 배신과 변절 등의 주변 환
경에 김구가 어떤 심리적 · 육체적 방법으로 대응했는가가 나타나 있다.
그의 삶은 독립, 자유, 자주, 문화, 교육의 가치와 목적을 실현하기 위한
삶이었고 그것을 실현하는 가운데 그가 체험하고 이해한 것들을 자서전
의 내용으로 기록하고 있다. 이처럼 『백범일지』는 개인의 삶을 통해 당대
의 역사를 파악할 수 있는 자서전의 대표적인 예이다.

자서전 연구가 필립 르죈(Philippe Lejeune)의 정의에 따르면, 자서전
은 "한 실제 인물이 자기 자신의 존재를 소재로 하여 개인적인 삶, 특히
자신의 인성의 역사를 중심으로 이야기한 산문으로 쓰인 과거회상형의
이야기"이다.[19] 이러한 정의를 토대로 자서전의 조건을 정리하면 〈표 11〉
과 같다.[20]

〈표 11〉 자서전의 조건

항목	내용
언어적 형태	이야기, 산문으로 되어 있을 것
다루어진 주제	한 개인의 삶, 인성의 역사
작가의 상황	저자(그 이름이 실제 인물을 지칭함)와 화자의 동일성
화자의 상황	화자와 주인공의 동일성, 이야기가 과거회상형으로 쓰일 것

19) 필립 르죈, 윤진 역, 『자서전의 규약』, 문학과 지성사, 1988, 17쪽.
20) 이가야, 「자서전 이론에 대한 몇 가지 고찰: 필립 르죈의 이론과 그 반향을 중심으로」, 『프랑스문화예술연
구』 제23집, 2008, 284쪽.

『백범일지』는 이 네 가지 조건을 모두 만족시킨다. 언어적 형태에 있어 산문 형식으로 되어 있다. 개인의 삶을 다루면서 그의 인성을 보여 준다. 저자와 화자가 '김구'의 동일 인물이고 화자도 주인공과 같은 '김구'이다. 화자는 과거회상형으로 이야기를 쓰고 있다.

특히, 르죈은 저자, 화자, 주인공이 동일해야 한다는 것을 자서전의 가장 중요한 조건으로 제시한다.[21] 『백범일지』의 저자, 화자, 주인공이 '김구' 동일인이라는 사실은 그것이 자서전의 표현 형식임을 확증한다.

자서전 『백범일지』에서 김구는 자신을 대상화하여 사회적-역사적 맥락에서 자신의 삶을 성찰하고 표현한다. 『백범일지』를 이해한다는 것은 김구의 생애를 이해하는 것이고 동시에 그가 살았던 사회와 역사를 이해하는 것이다. 한 시대와 한 인물에 대한 이러한 이해는 궁극적으로 사회적-역사적 맥락에서 살아가는 인간과 그의 삶을 이해하는 것이라 할수 있다. 김구의 삶은 조선 말부터 한국전쟁 발발 전까지의 역사적 흐름 속에서 펼쳐지고 김구는 『백범일지』에서 자신을 포함해 그 시대를 살아가는 다양한 인간들의 삶을 표현하고 있다. 이런 의미에서 『백범일지』는 개인의 기록임에도 불구하고 한국 근대사의 사회적 · 역사적 구조와 정신적인 연관성 속에서 이해될 수 있으며 『백범일지』의 수용자는 김구 개인의 삶을 통해 한국 근대시기의 한 인간의 삶을 역사적-사회적 맥락 속에서 이해할 수 있게 된다.

---

21)   위의 책, 284쪽.

5 동시대인들의 유형화

『백범일지』에서 실명이 거론된 인물은 약 580여 명이다. 실명이 거론되지 않은 인물도 수십 명에 이른다. 이들 인물들은 이름만 언급된 경우와 구체적인 삶이 이야기 된 경우 두 가지로 나뉘는데, 후자의 경우가 약 100여 명에 이른다. 김구는 자신과 동시대를 살면서 자신이 만나고 경험한 사람들의 이야기를 들려주고 있다. 이들은 한국 근대기를 살았던 사람들의 다양한 삶의 모습을 보여주고 있다. 그렇다면 『백범일지』에 등장하는 이 많은 인물들은 한국 근대사와 관련하여 어떤 의미를 지니는가?

리쾨르가 말하는바, 동시대인들의 세계, 선조들의 세계, 후손들의 세계는 개인의 사적인 시간과 역사의 공적인 시간 사이에서 익명성을 매개로 서로 연결된다. 예를 들어 나와 같은 세대를 사는 동시대인의 경우, 각각의 인물들에게 익명성을 부여하게 되면 그들은 아버지, 어머니, 형제, 친구, 의사, 목사와 같은 역할이 남게 된다. 앞 세대의 그들의 역할과 현재 그들의 역할을 비교하는 것은 단순히 역사적인 고찰이 아닌 사회적인 고찰이 되는 셈이다. 때문에 리쾨르는 역사 속에 등장하는 선조들을 익명화시켜 그들의 역할과 유형, 상징, 삶과 죽음 뒤에 존재하는 민족, 국민, 국가, 계급, 문화와 같은 지속되는 실체들을 파악할 때 그들의 세계를 접하게 된다고 말한다.

리쾨르가 보기에 역사에는 매번 새로운 배우들에게 부여되는 역할들만이 존재하고, 이들 인물을 익명화시키면 그 직접성이 사라진 자리에 상징과 해석이 들어가 그들의 역할과 유형, 상징성을 파악할 수 있게 된다.[22] "내가 그들을 향해 있을 때, 나는 유형(types)을 상대하는 것이다."

---

22)   위의 책, 225쪽.

라는 베버의 말을 빌어 리쾨르는 우리가 유형화된 '역할'을 통해서 동시대인이나 선조들의 세계를 접한다고 말한다. 왜냐하면 이들은 서로가 직접적인 경험을 공유할 수 없으며 어떠한 영향이나 상호작용을 미칠 수 없는 세계에 존재하기 때문이다. 이들은 다만 "결코 인격체가 될 수 없는 인물들의 진열장"으로 이루어진 세계에 살고 있는 사람들이다.[23]

　　김구가 언급한 인물들도 이렇게 모두 익명화시켜 그들의 역할과 유형, 상징, 지속되는 실체를 파악해 한국 근대사를 살았던 동시대인들의 세계를 그려볼 수 있다. 역사 속에서의 그들의 역할과 삶과 죽음 뒤에 지속되는 실체들, 즉 그들이 죽어서도 누군가에 의해 계속되는 역할들을 중심으로 『백범일지』의 등장인물들을 익명화시켜보면 거기에는 아버지, 어머니, 친인척, 부인, 자식, 동지, 적, 스승, 후원자 등이 등장한다.

　　이렇게 개별화된 익명의 인물들을 공통된 특징으로 유형화하면 열 가지로 정리할 수 있을 것이다. ① 김구를 키우고 가르치는 등 그의 육체적, 정신적, 도덕적, 심리적 성장에 도움을 준 양성자, ② 김구와 같은 뜻을 지니고 교육운동, 농촌운동, 독립운동을 한 동지자, ③ 김구가 안악 사건, 일명 안명근 사건과 연루되어 수감생활을 하게 되는 안명근과 그에게 기독교 개종을 전파한 우종서 등 사건이나 상황 변화의 계기를 만들어주는 촉매자, ④ 김구가 구해주거나 교육시킨 수혜자, ⑤ 어린 시절 김구를 구타하는 양반 자제들 같이 김구에게 해를 끼친 가해자, ⑥ 김구 자신과 직접적인 연관은 없으나 김구가 관심을 가지고 이야기하는 관심자, ⑦ 일본인 스치다와 같이 김구가 적대적으로 대했던 적대자, ⑧ 궁궁농장에서 그에게 반항하고 도전한 노형극과 같은 도전자, ⑨ 안태훈 진사에게

---

23)　위의 책, 221쪽.

<표 12> 김구를 중심으로 한 한국 근대사 인물 유형

구분	의미	인물의 예
양성자	김구를 키우고 가르침을 준 사람	부모, 고능선, 안태훈, 하은당, 유인무
동지자	김구와 같은 뜻으로 활동한 사람	오인형, 최광옥, 안창호, 양기탁
촉매자	김구를 사건에 매개시키는 사람	우종서, 안명근
수혜자	김구가 도와준 사람	선객, 수감 동료, 백남훈, 학생
가해자	김구에게 해를 입히는 사람	강씨, 이씨, 이생원 집 아이들, 김치경
관심자	김구가 관심을 가지고 의식한 사람	동포, 고정화, 도인권, 활빈당 김진사
적대자	김구가 적대적으로 대하는 사람	스치다, 와타나베, 왜병
도전자	김구에게 도전한 사람	양반들, 노형극, 일본인
제안자	김구에게 과제를 제안하는 사람	김이언, 전효순, 김용진
지원자	김구를 지원하고 지지하는 사람	김주경, 이재정, 김윤정, 면회자

몸을 의탁하라고 권하는 김이언이나 교육연설을 요청하는 황해도 군수들처럼 김구에게 어떤 과제를 제안하거나 권하는 제안자, ⑩ 김구의 구명활동에 전 재산을 내놓는 김주경처럼 적극적으로 돕거나, 수감 중인 김구를 면회 오거나 사식을 넣어주는 등 소극적으로 돕는 김구의 지원자 등이 그들이다. 이를 정리하면 <표 12>와 같다.

　　이러한 개인적인 차원의 역할이 아니라 사회적인 차원에서 역할을 부여하기 위해서는 각 인물에 대한 역사적인 개별화 작업이 이루어져야 한다. 예를 들어 양성자와 동지자를 역사적으로 개별화하면 김구의 양성자에는 고능선과 같은 유교사상가와 안태훈과 같은 개화사상가가 있고, 동지자에도 오인형과 같은 애국계몽운동가와 안창호와 같은 독립운동 동지자로 구체화된다.

『백범일지』의 인물들을 통해 한국 근대사를 체험하기 위해서는 이런 역사적 개별화 과정이 필요하다. 그렇다면 인물에 대한 역사적 개별화는 어떻게 이루어지는가?

딜타이는 "부분과 전체, 개별성과 전형성의 유기적 관계를 통해 예술작품과 역사 서술에 등장하는 개인이 전체 역사를 그려낸다."고 말한다. 먼저 딜타이가 의미하는 '개별화 또는 개별성(indivisuation)'은 일회적이고, 유일하고, 독특하고, 개성 있는 특징을 의미한다. 하지만 이것은 하나의 독립적인 객체라기보다 전체에 대한 부분으로서의 개념이다. 그래서 개별성은 전체 속에서 그들만의 공통된 고유의 속성을 대표하는 유형을 나타내게 된다.[24]

리쾨르는 딜타이가 말하는 개별성의 '전형화'를 '개념화'와 연결하여 설명한다. 역사적 개별화가 역사에 실존하는 사람, 장소, 특이한 사건들의 이름, 즉 고유명사로 표현되는 것이고, 개념화가 전쟁, 혁명, 위기 등과 같은 추상명사로 표현되는 것이라면 역사의 '개별화(individualisation)'는 필연적으로 역사의 '개념화(conceptualisation)'를 지향하게 된다는 것이다.[25] 이는 딜타이가 말한 개별성의 전형화 및 유형화와 같은 맥락이라 할 수 있다.

또한 딜타이가 말하는 개인의 '개별성'은 하나의 개별자를 그 자체로 파악하기보다 그것이 속해 있는 전체와의 관계 속에서 이해되어야 한다. 이때 이해의 대상은 고정불변의 존재라기보다 역사적 상황과 맥락에서 시시각각 변하고 재구성된다.[26] 왜냐하면 부분이라 할 수 있는 개별자

---

24) 빌헬름 딜타이, 이기홍 역, 『정신과학과 개별화』, 지식을만드는지식, 2008, 24쪽.
25) 리쾨르, 앞의 책, 286쪽.
26) 딜타이(2008), 앞의 책, 25쪽.

들의 내적 경험들이 모여 다시 하나의 전체 관계를 형성하기 때문이다. 이것이 가능한 이유는 사회-역사적 환경 속에서 각각의 경험들이 서로 동질적인 것을 가지고 있기 때문이다.[27] 서로의 개별성을 이해하는 것은 이러한 내재된 동질성 때문에 가능하다고 딜타이는 설명한다.

딜타이가 말한 인간의 개별화는 크게 네 가지의 의미를 지닌다. 첫째, 전체의 부분으로서 개인을 개별화한다는 것이고, 둘째, 개별화된 부분은 전체와의 관계 속에서 이해되어야 하며, 셋째, 개별화된 인간들 사이에는 동질성이 존재하고, 넷째, 동질성을 지닌 부분화된 개인은 전체 속에서 전형화된 유형이 된다.

『백범일지』에 등장하는 각 개인은 김구와 동시대를 살았던 한국근대 인물들로, 일회적이고 유일하고 독특하고 개성 있는 존재들이다. 개별화된 인물은 전체의 부분으로서 전형화될 수 있다고 가정할 때, 『백범일지』의 인물들은 한국 근대를 살았던 사람들 전체 중에서 공통된 속성에 따라 그것을 대표하는 전형화된 인물 유형으로 삼을 수 있다.

예를 들어, 치하포 사건으로 인천 감옥에 갇혀 있던 김구는 함께 수감되어 있던 죄수들에게 글을 가르치고, 억울한 사건에 대한 송사에 대한 소장(訴狀)을 써주었다. 김구는 '이들 중 대부분은 문맹'이었다고 적고 있는데,[28] 이들은 한국 근대인들 중에서 문맹과 무지, 이로 인해 억울한 삶을 살아가는 공통된 속성의 한국 근대인들을 대표한다. 김구의 경우, 그의 삶의 행적들 중에 다른 개인들과 공통적으로 나타나는 활동 중 하나가 독립운동이다. 이 동질성으로 김구는 독립운동가의 한 전형이 되는데 이때 '독립'은 리쾨르가 말한 역사의 한 개념이라 할 수 있다. 또한 김구가

---

27)   위의 책, 54쪽.

28)   김구, 앞의 책, 116쪽.

가르쳤던 손두환이라는 학생은 신학문의 가르침이 사람들의 일상생활에 어떤 변화를 가져왔는가를 보여주는 대표적인 사례로 신학문 교육이 전국적으로 크게 일어났던 한국 근대사회의 변화의 공통된 속성을 지니는 개인들을 대표하는 인물이자 배움을 통해 삶이 변하는 인간의 한 전형이라 할 수 있다. 이 외에 김구가 상하이로 망명하기 전에 등장하는 인물을 역할별로 역사적 전형을 설정하면 〈표 13〉과 같다.

한국 근대사의 대표적인 인물 유형인 개화파와 수구파, 독립운동가와 친일인사, 변절자와 후원자 등 한국 근대사의 전체적인 맥락 속에서 어떤 부분을 차지하고 어떤 역할을 했는가를 살펴보면 사람들의 역할이 지속되거나 교체되는 현상이 나타난다. 과거의 인물과 사건을 본다는 것은 거기에 투영된 현재 사회의 인물과 사건을 보는 것이다. 다시 말해 인물을 통해 근대 선조들의 삶을 보는 것은 그 안에서 지속되거나 교체되는 다양한 실체들을 통해 현재 우리 사회의 인물을 탐색하는 것이라 할 수 있다.

『백범일지』에 등장하는 인물들을 익명화, 개별화, 유형화, 전형화하면 한국 근대사의 다양한 인물상이 나타난다. 김구가 들려주는 이들 인물들 속에서 우리는 한국 근대사회를 살아간 인간의 다양한 삶의 모습을 엿볼 수 있다.

〈표 13〉 한국 근대 인물의 역할과 역사적 전형

인물		역할	역사적 전형
백 범	김창암	상민 소년	구한말의 신분제로 차별을 받는 인물
		과거시험 포기자	구체제로의 편입을 시도하다가 실망하는 인물
	김창수	동학 참여자	변혁을 꿈꾸며 동학혁명에 참여하는 인물
		일본인 살해자	일본에 적대감을 보이는 인물
	김구	독립운동가	독립국가 국민이 되기 위해 노력하는 인물
김순영		양반 구타자	가정에는 충실, 사회 불만으로 폭력적인 인물
김준영		집안 폭력자	사회에 대한 불평과 불만으로 폭력적인 인물
강씨, 이씨		토착양반	구체제에 안주해 있는 인물
오응선, 최유현		동학 참여농민	동학에서 희망을 찾는 농민
우종서, 정덕현		반외세 운동가	외세의 침입을 우려하는 인물
안태훈		개혁성향 양반	개혁을 지향하는 자유주의적 인물
고능선		유학자	위정척사사상을 대표하는 인물
동포 이주민		만주 동포	청일전쟁 피난, 민란 주동, 공금 유용, 생활고 등의 이유로 이민한 동포
서경장		중국인 관료	일본에 대한 반감과 복수심을 지닌 중국인
김이언		의병	용맹하나 의견을 듣지 않는 의병장
스치다		위장한 일본인	조선인으로 위장해 행동하는 일본인
직원과 관리		조선인 공무원	독립운동가들을 바라보는 일반인
와타나베		일본인 경감	일본의 지배 권력을 행사하는 인물
수감 동료		조선인 죄수	문맹, 억울한 송사, 어려운 생활고의 전형
김주경(경득)		강화 무관	자신의 전 재산을 털어 구국활동하는 인물
문지래		전주 임실 서리	친일을 이유로 죽임을 당하는 인물
최재학		정통 유학자	조선조 최후의 유학자의 전형
전효순		평양진위대 관료	군대 해산 후 관료의 모습
시객들		평양성 유학자들	여전히 대접받기만을 원하는 양반층
유인무 외		유학자	인재를 찾아내고 길러내는 인물

(계속)

인 물	역 할	역사적 전형
우종서, 송종호, 김태성 외	신학문과 예수교 헌신자들	구학문에 조예가 있으면서 신학문과 함께 예수교를 받아들이고 애국사상을 갖게 된 후 교육사업과 포교활동
오인형	갑부 장손	재력가의 장손으로 재산을 헌납한 교육사업가
방기창	평양 목사	기독교를 전파하는 목사
안신호	신여성	자유의지로 결혼하는 신여성
윤구영	장련 군수	성실하고 청렴하게 공공사업을 수행하는 관료
신창희	양의사	제중원의 의과생이었다가 의사가 된 인물
전덕기 외	신민회원	을사늑약 체결 후 신민회를 결성한 청년들
김용제 외	안악군 교육 동료	신교육에 헌신하는 애국사상 고취자
최광옥 외	강사	신교육을 받은 후 교육사업하는 청년
박혜명	승도(僧徒)	스님 신분으로 신교육을 받은 인물
김효영	개혁 양반	기우는 가세를 다시 세운 인물
나석주	독립운동 청년	중국 망명, 옥고, 교육사업자
노백린	퇴역 장교	일제에 강제 해산된 군대의 퇴역 군인
이재명	이완용 저격자	매국노에 대한 감정과 분노 대변자
안창호 외	독립운동가	국내외를 오가며 활동하는 독립운동가
한순직	수감자 감시자	용감한 청년이었지만 위기에 꺾이는 인물
이원형	거짓 실토자	일본 검사의 신문으로 거짓 실토를 하는 학생
손두환	개화된 중학생	신교육으로의 변화과정을 보여주는 인물
우기범	양산학교 학생	학교해산령으로 교육 기회를 잃는 학생
장녀, 김화경, 김은경	김구의 첫째, 둘째, 셋째 딸	가난과 추위 속에서 죽어간 아이들
안득은, 곽귀맹	도와주는 부녀자	독립운동가 가족을 도와주는 인물
노형극	동산평 감독관	도박과 탈취를 일삼는 악덕 감독관
노형극 6형제	집단 폭행자	계몽화 변화에 저항하는 세력
안악 청년들	만세운동 선동	만세운동을 선동하는 인물

6장 기록과 해석의 스토리텔링

　『백범일지』에 기록된 김구의 이야기는 이후 영화와 소설로 다시 스토리텔링된다. 하지만 영화와 소설은 감독과 작가가 해석한 김구의 이야기로, 이야기의 소재는 같지만 이야기되고 있는 내용과 주제, 메시지는 서로 다르다. 이 장에서는 하나의 역사 시간이 각각 어떻게 다르게 해석되고 이야기되는가를 살펴보고자 한다.

1 하나의 역사, 세 개의 이야기

김구의 자서전은 이후 여러 주해본으로 출판되고 영화와 소설 등으로도 만들어진다. 이 장에서는 도진순 주해본의 『백범일지』(1997)와 전창근 감독의 영화 〈아아 백범 김구 선생〉(1960), 김별아의 소설 『백범』(2008)을 통해 하나의 역사 시간이 세 명의 발화자에 의해 기록되고 해석되는 과정을 살펴보고자 한다.[1]

자서전 『백범일지』는 한국 근대사 당대에 기록된 역사 이야기이다. 〈아아 백범 김구 선생〉과 소설 『백범』은 후대 사람들이 자신의 해석, 지식, 상상력을 더해 창작한 역사 이야기이다. 세 개의 작품은 모두 김구가 작중 화자가 되어 한국 근대사를 이야기한다. 하지만 서사의 실체는

---

[1] 필자가 연구 대상으로 삼은 텍스트는 『백범일지』의 원본이나 국사본이 아니라 1997년에 초판된 도진순 주해본임을 밝혀둔다. 영화 〈아아 백범 김구 선생〉은 한국영상자료원의 한국영화데이터베이스 http://www.kmdb.or.kr에서 시청하였다.

〈그림 8〉『백범일지』, 〈아아 백범 김구 선생〉,『백범』표지

서로 다르다. 세 작품에서 한국 근대사와 김구는 모두 이야기 소재와 주인공이지만 이야기를 하는 주체, 즉 스토리텔링의 주체가 다르기 때문에 각각 다른 역사 이야기라 할 수 있다.

　세 작품은 한국 근대사를 이야기의 형식으로 독자나 관람자 같은 수용자에게 전달한다. 현재의 수용자는 한국 근대사의 사건과 인물을 직접 접할 수 없지만 이 작품들을 통해 한국 근대의 시간을 경험하게 된다. 『백범일지』가 김구의 직접 체험을 독자들에게 이야기해주고 있다면, 영화 〈아아 백범 김구 선생〉과 소설『백범』은 작가들이『백범일지』에서 간접 수용하고 추체험한 한국 근대사를 그들의 해석을 통해 수용자에게 전달한다. 세 작품은 모두 같은 한국 근대사를 이야기하고 있지만 그 서사 내용과 조건은 다르다고 할 수 있다.

　세 개의 작품은 이야기를 통해 한국 근대사를 지금의 후손들에게 전달하는 역사의 매개체이다.『백범일지』는 당대를 살았던 김구가 매개자가 되어 한국 근대사를 들려준다. 〈아아 백범 김구 선생〉과『백범』은 전창근과 김별아가 매개자가 되어 자신들의 해석과 이야기 방식으로 한국 근대사를 지금의 우리들에게 전달한다.

이 작품들은 하나의 역사가 소재가 되어 어떻게 서로 다른 서사물로 창작될 수 있는가를 보여주는 사례이다. 여기에서 자서전『백범일지』는 하나의 '열린 텍스트'로서 다른 서사물 창작의 원천이 된다. 영화 〈아아 백범 김구 선생〉과 소설『백범』은 자서전『백범일지』를 수용한 전창근과 김별아가 인물과 사건을 자신의 방식으로 해석하고 표현한 서사물이기 때문이다.

역사의 개성과 특수성이 영상 미학과 문학적 미학으로 창작된 것이 〈아아 백범 김구 선생〉과『백범』이다. 이들 작품에서 전창근과 김별아는 자신들의 직관적 상상력을 사용해 한국 근대사와 김구의 보편가치를 이야기하려고 한다. 자신들이 말하고자 하는 보편가치를『백범일지』에 기록된 역사 인물과 사건을 새롭게 해석하고 표현해 이야기하고 있는 것이다.

전창근은 영화에서 김구의 인간미를 표현하고 김별아는 소설에서 김구의 슬픔을 표현한다. 이들이 표현한 김구의 인간미와 슬픔은 역사적으로 그 사실 여부를 확인할 수 없는 창작자들의 직관적 상상력의 결과이다. 하지만 그 직관적 상상력을 통해 전창근과 김별아는 인간이 보편적으로 인정할 수 있는 감정과 본성을 김구를 통해 이야기한다. 역사 사실을 이야기의 진실성과 결합시켜 당대의 사회구성원들이 인정하고 공감할 만한 보편가치로 이야기하고 있는 것이다.『백범일지』가 역사 사실에서 당대인의 삶의 진실성을 이야기하려고 했다면 〈아아 백범 김구 선생〉과『백범』은 그 안의 역사 사실을 재구성하고 새롭게 해석해 또 다른 진실을 이야기하고 있는 것이다.

김구가 스토리텔링한 한국 근대사 이야기는 하나의 텍스트가 되어 다른 작품의 창작에 사용된다.『백범일지』를 읽은 수용자가 이제는 창작자가 되어 자신이 해석한 한국 근대사 이야기를 들려주고 있는 것이다.

2 텍스트의 수용과 창작

영화 〈아아 백범 김구 선생〉과 소설 『백범』은 『백범일지』의 텍스트를 해석한 후 다른 형태의 서사물로 만들어진 백범 이야기이다. 이같이 하나의 역사 이야기를 전거로 또 다른 작품들이 만들어지는 것을 필자는 롤랑 바르트의 텍스트론에 기초해 '역사 이야기의 수용에 따른 의미의 해석과 창작을 통한 향유'라는 관점에서 파악하였다.

바르트의 텍스트론에 따르면 텍스트의 수용은 새로운 창작으로 이어진다. 일반적으로 후기 구조주의 서사학자들은 문학작품의 텍스트가 작가의 글쓰기에서 끝나는 것이 아니라 수용자인 독자의 글 읽기에 의해 완성된다고 말한다. 롤랑 바르트는 독자 혹은 수용자의 글 읽기가 새로운 글쓰기로 이어질 때 텍스트 수용자는 자신이 이해하고 해석한 대로 텍스트를 구체화하거나 재창작하는 단계에서 텍스트의 유희를 경험하게 된다고 말한다. 바르트의 텍스트론이 가장 잘 적용되는 것이 역사 텍스트를 수용한 이후의 창작이다. 왜냐하면 역사 이야기의 경우, 역사 기록물이나 서사물을 먼저 수용한 후에 이야기를 만들 수 있기 때문이다.

서사학자 패트릭 오닐에 따르면 문학 텍스트는 작가와 독자와의 상호작용에 의해 쓰인다. 다시 말해 이야기는 작가의 글쓰기에서 끝나는 것이 아니라 독자의 글 읽기를 통해 완성되고 확장되면서 다시 쓰인다. 모든 문학 텍스트는 반응, 해석, 번역, 읽기, 다시 쓰기 등으로 끊임없이 연속되고 모든 독서는 늘 새롭고 잠정적인 메타텍스트를 생산한다. 독서가 텍스트에서 새로운 메타텍스트를 생산한다는 것은 독자의 역사의식, 문화에 대한 이해, 이데올로기와 같은 텍스트 외적인 요소와 작품의 문학성, 장르, 시대 구분 등이 상호텍스트성으로 작용하면서 새롭게 재창조

된다는 것을 의미한다.

한편 롤랑 바르트가 주장하는 텍스트는 작품의 단순한 소비가 아닌 작품에 대한 유희·노동·생산·실천을 의미한다. 이때 독자는 텍스트 자체에서 유희를 체험하지만 동시에 재생산을 실천하면서도 유희를 체험한다. 그래서 그는 글쓰기의 실천이 있어야만 텍스트론이 성립된다고 전제한다.

텍스트와 독자와의 상호작용성은 볼프강 이저가 주장한 독자반응 비평이론에서도 볼 수 있다. 독자반응 비평이론의 핵심은 "작품이란 독자 의식 속에서 텍스트가 재구성되어 이루어진다"는 것이다. 독자반응 비평이론은 1960년대 말에서 70년대 초 독일에서 형성된 문예이론인 수용미학의 한 분야로, 텍스트가 무엇을 의미하느냐보다 텍스트를 읽는 독자에게 무슨 일이 일어나는가가 새로운 문제로 제기되면서 연구된 학문 분야이다.

이론에 따르면, 독자인 수용자는 작가가 허구화라는 창작행위로 만들어낸 텍스트를 상상하는 행위를 거쳐 텍스트를 구체화하는데 그렇게 구체화된 텍스트가 작품으로 탄생하게 된다. 이 구체화 행위는 주로 논문, 비평, 서평 등과 같은 언어를 매체로 이루어지기도 하지만 소설의 영화화, 시의 연극화, 소설의 오페라화, 시의 노래화 등 비언어적 매체로도 이루어진다. 이런 수용자의 창작행위가 가능한 이유는 독자의 상상력 때문이다.[2] 이저가 말하는 수용자에 의한 텍스트의 구체화가 '작품'이라는 또 다른 결실물로 나타난다는 점에서 롤랑 바르트의 텍스트론과 같은 결론에 도달한다. 수용자에 의한 재생산 혹은 창작이 그것이다. 다시 말해 수용자에 의해 텍스트의 내용이 새로운 형식으로 다시 이야기되는 것이다.

---

2)   차봉희 편, 『독자반응비평』, 고려원, 1993, 88쪽.

이는 텍스트의 수용자가 텍스트 수용을 통해 다시 창작자가 될 수 있음을 의미한다. 문학 텍스트의 허구화 행위에 대해 이저는 그것이 사실과 허구의 이분법적이고 대립적인 구도로 이루어지기보다 사실적인 것, 허구적인 것, 상상적인 것이 삼각관계를 이루며 서로 연결되어 있다고 주장한다. 그래서 그는 "허구화 행위의 본질적인 특성은 삶의 세계의 사실이 텍스트로 되풀이되어 돌아올 수 있게 하는 데 작용한다."라고 말한다. 이저는 허구화 행위는 단순한 사실과 허구의 한계를 넘어서 상상적인 것과 결합하게 된다고 보았다. 무엇보다도 허구화는 나름대로의 목표설정이 있고 설정된 목표를 관철시키기 위해 환상, 투사, 백일몽과 같은 모든 상상적인 것들이 작용하게 된다는 것이다.

롤랑 바르트의 텍스트론과 이저의 독자수용 비평이론, 즉 수용미학의 핵심은 텍스트에 대한 수용자의 해석이 또 다른 창작행위로 이어진다는 점이다.[3] 이 창작행위는 언어, 공연, 미술, 음악 등 다양한 표현으로 나타날 수 있지만 본질적으로는 그 텍스트의 서사 세계, 즉 이야기가 확장되는 것이라 할 수 있다.

---

3) '텍스트'와 '작품'의 개념과 용어에 있어서는 이저와 바르트가 유사한 개념을 다른 용어로 사용하고 있다. 전자가 독서로 수용행위가 끝난다면 후자는 글쓰기라는 창작행위까지 수용자의 영역을 확장시킨다. 이저는 작가가 쓴 텍스트가 독자의 독서에 의해 작품으로 완성된다는 차원에서 텍스트와 작품을 구분한다. 반면 바르트는 작가가 쓴 글이 독자의 독서에서 끝나면 작품이지만, 그것을 가지고 독자가 새로운 글쓰기를 한다면 그 글은 창작의 전거인 '텍스트'가 된다고 말한다. 이 글에서 필자가 사용하는 '작품'과 '텍스트'의 개념은 롤랑 바르트의 '텍스트론'에 근거한다. 바르트가 「작품에서 텍스트로」에서 밝히고 있는 텍스트론에 따르면 '작품'이 저자의 정신세계만을 담고 있는 닫힌 공간이라면 '텍스트'는 독자에 의해 해석될 수 있는 다각적이고 무한한 의미생산이 가능한 열린 공간이다. 예를 들어 미셸 투르니에의 소설 『방드르디, 태평양의 끝』은 대니얼 디포의 『로빈슨 크루소』를 열린 텍스트로 사용해 새로운 이야기를 하고 있다. 작가 투르니에는 인류학자인 클로드 레비스트로스의 강의를 들으면서 인류학, 언어, 야만인과 문명인의 개념에 대해 배웠고 레비스트로스의 인류학적 관점에서 적용해 야만인 프라이데이, 원주민 이름인 방드르디의 세계를 중심으로 『로빈슨 크루소』 이야기를 재구성하였다. 『방드르디, 태평양의 끝』이 창작됨으로써 『로빈슨 크루소』는 작품에서 텍스트의 의미를 갖게 되었다. 김화영, "『방드르디, 태평양의 끝』의 신화적 해석", 미셸 투르니에, 김화영 역, 『방드르디, 태평양의 끝』, 민음사, 2007, 작품해설 내용 참조.

『백범일지』가 하나의 열린 텍스트로서 독자에 의해 수용되고, 다른 서사물로 창작된다는 것은 이러한 이론에 근거하고 있다. 이러한 상호작용의 결과가 〈아아 백범 김구 선생〉과 『백범』이라 할 수 있다.

3 추체험의 표현

김구가 『백범일지』의 상·하권을 쓰던 1928년과 1941년은 그가 53세, 66세가 되던 해이다. 그 시점에서 자신의 과거와 앞으로의 미래를 생각하며 기록한 것이 『백범일지』이다. 자신이 경험했던 많은 사건과 인물 중에서 특별히 '의미 있다'고 여기는 것들을 기록한 것이다. 그것이 바로 김구의 체험의 기록이자 체험의 표현이다. 자신이 경험한 모든 사건들을 기록한 것이 아니라 그 시간의 경과 속에서 연속되거나 연결되는 의미 있는 경험들만을 선별해 그 의미의 맥락에서 자신의 삶을 표현한 것이다.

『백범일지』가 김구의 삶의 표현이라는 점은 앞서 언급하였다. 김구가 체험한 한국 근대사의 표현이 『백범일지』라면 전창근과 김별아는 『백범일지』를 통한 추체험을 〈아아 백범 김구 선생〉과 『백범』으로 표현하였다. 〈아아 백범 김구 선생〉에서 전창근은 김구로 등장한다. 영화에서 전창근은 동학운동부터 광복을 맞기까지 김구가 체험한 배신, 갈등, 희생, 참회, 용서, 성공과 실패 등을 역사적 사건 속에서 풀어간다. 한국 근대사라는 역사적 특수성 속에서 전개되는 사건과 상황은 전창근이 공감하고 이해할 수 있는 삶의 의미 속에서 이야기되고 있다. 한편 소설 『백범』의 경우, 김별아는 '작가의 말'에서 자신이 『백범일지』를 읽으면서 분노나 슬픔을 느꼈다고 말한다. 김별아의 이러한 감정은 부정과 불의의 역사를 살아야 하는 인간의 보편적인 감정이다. 그 감정이입은 김구라는 한 개인의 개성과 특수성을 이해하는 과정에서 일어난다.

　　타인의 위치에서 타인의 사고와 감정을 내부로부터 체험하는 것이 딜타이가 말하는 추체험이다.[4] 그의 주장에 따르면, 이 추체험이 시인이나 예술가 혹은 역사가의 의식을 통해 관통되고 마침내 하나의 작품으로 만들어져 우리 앞에 놓이게 되고 이를 통해 역사가 지속된다. 소설가나 역사가는 자신의 글을 통해 우리 속에서 하나의 추체험을 불러일으키고, 이러한 추체험을 통해 생애의 단편들이 채워지며 그 결과 우리가 역사의 연속성을 갖게 된다.[5] 그런 의미에서 특히 우리 시대 발간된 소설 『백범』은 『백범일지』에 대한 김별아의 추체험의 결과가 그녀의 상상력과 문학성을 통해 또 하나의 작품으로 만들어져 우리에게 김구의 삶을 다시 지속시켜주고 있다.

　　김별아는 소설 『백범』에서 근대 시기를 살았던 사람들의 절망, 공포, 두려움, 분노, 배신감 등을 이야기하고 있다. 이들은 『백범일지』의 등장인물에 대한 김별아의 역지사지 혹은 전위의 결과물이다. 다시 말해 『백범일지』에서 김별아가 추체험한 것을 소설에서 표현한 것이다.

　　김별아는 소설에서 『백범일지』의 등장인물들이 느꼈을, 물에 빠져 죽을 수도 있다는 공포, 나라를 빼앗긴 수치심과 패배감, 남의 나라에서 이방인으로 떠도는 향수, 절망, 외로움, 만세운동을 할 때의 분노, 변절자들에 대한 배신감, 독립을 위해 목숨을 바치는 용기, 고문의 고통, 신분제의 억울함과 명성황후 시해사건, 강화도 조약의 억울함을 이야기한다.[6]

---

4)　　전영길, 앞의 책, 150쪽.

5)　　딜타이, 앞의 책, 54-55쪽.

6)　　김별아, 앞의 책, 29, 33, 51, 103, 105, 107, 129, 138, 139, 189쪽.

다른 시대와 다른 공간에서 일어난 사건에 대해 느끼는 이러한 감정은 『백범일지』와 한국 근대사 관련 자료와 기록들을 읽으면서 경험한 김별아의 추체험이라 할 수 있고 이것을 소설에 표현함으로써 그 추체험은 지금의 우리에게까지 연장되고 지속된다.

김별아가 감정이입으로 추체험한 것은, 앞서 말한 문화과학의 관점에서 보면, 한국 근대사의 사회적-역사적 맥락에서 감추어진 삶의 상징과 의미 속에서 느낄 수 있는 보편적인 감정이다. 김별아가 이야기하는 한국 근대사의 억울함, 분노, 절망, 용기와 신념은 제국주의 침략과 일본의 식민지배로 상징되는 불공정하고 부당한 권력에 대한 김별아의 감정이자 추체험이라 할 수 있다.

작가의 말에서 밝히고 있는바, 김별아는 "불공정한 역사를 인간은 어떻게 살아가는가?"의 질문에서 한국 근대사와 김구라는 특정한 시기와 인물을 주목하였다.[7] 불공정한 역사 속 인간의 길에 대한 질문을 가지고 있었던 김별아는 김구의 삶을 현재 자신의 삶과 연결하여 그 시간에 존재하는 유사성과 특수성을 파악하고 그 추체험의 결과를 소설 『백범』에 표현하였다. 소설 『백범』은 김구의 삶에서 김별아가 찾은 답이라 할 수 있다. 김별아는 자신의 예술가적 직관과 상상력으로 김구의 생애를 다시 형상화하는데, 여기에서 한국 근대사는 불공정과 불의라는 사회적-역사적 맥락과 상징으로 해석된다. 그리고 김구는 불의의 시대를 살아낸 인간의 한 전형을 대변한다.

김별아에 비해 전창근의 영화에서는 추체험의 요소가 제한적이다. 영화에서 감독은 그 시대의 사건들, 예를 들어 동학운동, 망명 생활, 동지

---

7)   김별아, 앞의 책, 286쪽.

들의 의심과 갈등, 윤봉길의 폭탄의거, 중일전쟁, 피격사건 등의 시대 상황을 연대기순으로 평이하게 그려낸다. 관객들도 그 과정을 긴장감 없이 따라가게 된다. 오히려 감정이입은 김구를 도와 독립운동을 하는 이동지를 통해 이루어진다. 이동지는 일본 밀정인 한태규의 협박과 회유를 받으며 끊임없이 갈등하는 인물이다. 한태규는 이동지에게 "조선의 독립은 이제 희망이 없고 일본을 이용해서 잘살면 된다."는 논리로 가난하고 독립의 가능성을 의심하는 이동지를 이용해 김구를 체포하려고 한다. 이동지가 한태규의 회유와 협박으로 갈등하는 과정은 무려 30분이 넘게 그려진다.[8] 관객은 이동지의 복잡한 심리 상태와 김구의 설득과정을 통해 당대 독립운동가들이 겪었을 갈등과 번민을 추체험하게 된다.

역사를 추체험한다는 것은 과거, 현재, 미래를 관통하는 하나의 의미 안에서 구체적인 무언가를 체험하는 것이다. 우리가 역사를 소재로 한 소설, 드라마, 영화를 보면서 주인공이나 등장인물들에게 표현된 성취감이나 사랑, 두려움, 고통, 슬픔, 분노를 느끼거나 그들의 주장, 이념, 철학에 동조한다면 이는 인간으로서 시간과 시대를 초월해 인간이 경험할 수 있는 하나의 의미로 통일되었기 때문에 가능하다. 역사 이야기에서 이야기되는 시간의 사회적-역사적 세계는 현재와 다르지만 거기에 감추어진 인간 본연의 특징과 상징성을 이해하게 될 때 진정한 역사 체험이 이루어지게 되는 것이다.

이러한 추체험은 단순히 역사 지식을 습득하는 것이 아니라 가치 연관된 의미를 가지고 역지사지의 상황을 체험함으로써 이루어진다. '우리가 『백범일지』에서 무엇을 체험할 것인가?'의 문제는 현재의 내가 의미

---

8)   〈아아 백범 김구 선생〉, 00:50:00-01:30:00.

부여하고 있는 것이 무엇인지 인식하고 그 의미를 삶의 실체로 보여준 특수한 사례를 『백범일지』에서 찾는 것에서부터 시작된다. 그리고 한국 근대사의 한 인물과 그의 삶을 자신이 부여한 의미에서 해석하고 자신이 그 사람이 되어보는 역지사지를 통해 추체험해보는 것이 필요하다. 이때 추체험은 감정이입이라는 감정적 요소와 사회적-역사적 맥락을 파악하는 지적인 활동과 함께 이루어져야 한다.

역사의 문화적 소통은 이처럼 역사 이야기를 텍스트로 한 수용과 창작 과정을 의미한다. 한국 근대사를 직접 경험한 김구는 자신의 이야기를 『백범일지』로 표현했다. 한편 전창근과 김별아는 『백범일지』를 통해 추체험한 한국 근대사를 영화와 소설로 각각 표현하였다. 추체험은 다른 사람의 체험을 자기의 체험처럼 느끼는 것이다. 이러한 추체험을 바탕으로 역사 이야기는 새로운 창작으로 이어진다.

〈아아 백범 김구 선생〉과 『백범』은 김구에게서 인간 삶의 전형을 발견한 창작자가 김구를 개별화하여 인간과 역사의 의미를 새롭게 스토리텔링한 것이라 볼 수 있다. 딜타이는 예술가들이나 철학가들이 대상을 개별화하여 세계의 의미를 표현하고, 동형성과 전형성을 토대로 개별성을 표현함으로써 전체적인 삶의 현실을 보여준다고 말한다. 개별화를 통해 역사 속 인간의 모든 세계는 삶 자체와 예술적 묘사, 과학적 탐구가 따로 분리되지 않고 총체적으로 우리에게 주어지게 된다는 것이다.[9] 『백범일지』의 추체험을 표현한 〈아아 백범 김구 선생〉과 『백범』은 삶 자체에 대한 예술적 묘사이자 과학적 탐구가 총체적으로 이루어진 결과이다. 그 작품들을 통해 우리는 한국 근대사에 대한 문화적 소통이 체험과 추체험의 표현, 예술적 형상화를 통해 이루어지고 있음을 알 수 있다.

---

9)   딜타이(2008), 83, 98쪽.

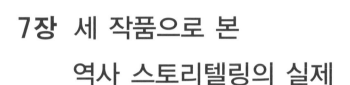

7장 세 작품으로 본
역사 스토리텔링의 실제

하나의 역사 시간이라도 누가 누구를 위해 무엇을 어떻게 왜
이야기하느냐에 따라 각기 다르게 이야기 된다. 그것을 이야기
하는 방법과 목적이 다르기 때문이다. 이 장에서는 『백범일지』,
〈아아 백범 김구 선생〉, 『백범』을 대상으로 각각의 장르와 이야
기 주체의 가치연관에 따라 한국 근대사라는 한 시대의 역사
가 어떻게 다르게 이야기되는가를 살펴보고자 한다.

STORY
TELLING

1 이야기를 통한 역사의 소통과 향유

1947년 출판 이후 현재까지 『백범일지』가 국내외 많은 사람들에게 읽히고, 영화와 소설로 만들어져 계속 이야기되는 이유는 무엇일까? 문화과학의 개념으로 보면 이는 한국 근대사와 김구의 삶에 내재되어 있는 의미가 시공간의 범위를 뛰어넘어 소통되고 있기 때문이다. 다시 말해 한국 근대사와 김구에게 문화적으로 향유하고 소통할 만한 가치가 있기 때문이다.

전창근은 〈아아 백범 김구 선생〉에서 서로 의심하는 동지들에게 서로 믿을 것을 당부하고, 동지들과 함께 잠을 자면서 그들의 마음을 다독이고, 병환 중인 어머니를 간호하고, 아이들을 귀여워하는 등 김구의 인간적인 면모를 많이 보여준다. 이는 전창근이 한국 근대사와 김구의 존재에 용서와 믿음이라는 의미를 부여했기 때문이다. 한편 김별아는 역사를 사는 데 필요한 '슬픔의 힘'을 김구와 한국 근대사에서 부여한다.

두 작품은 김구와 한국 근대사가 가지고 있는 '슬픔의 힘'과 '믿음의 힘'을 이야기한다. 이것이 전창근과 김별아가 한국 근대사의 특수성 속에서 발견한 보편적이고 객관적인 의미이다. 그 의미에 인간의 객관정신을 지향하는 보편적인 측면이 있기 때문에 누구나 공감할 수 있는 이야기가 될 수 있었던 것이다.

자서전 『백범일지』, 영화 〈아아 백범 김구 선생〉, 소설 『백범』은 한국 근대사를 체험하거나 추체험한 개인이 이야기의 주체가 되어 보편적으로 타당하고 객관적인 가치를 다른 사람들에게 이야기하고 있는 작품들이다. 그들이 이야기하는 한국 근대사의 사건과 인물들은 일회적이고 특수한 것이지만 시공간을 넘어서 소통될 수 있는 가치를 지니고 있다. 이렇게 소통되는 것을 문화과학에서는 '문화가치'라고 한다. 역사 이야기에서 수용자가 수용하는 것은 이 문화가치이다. 특히 전창근과 김별아 같은 창작자들은 영화와 소설을 통해 김구의 생애에서 발견한 삶의 가치를 다시 예술로 표현함으로써 그것을 독자들과 공유한다.

먼저 자서전 『백범일지』는 김구가 한국 근대사에서 남기고 싶었던 사건과 인물의 이야기이다. 그중에서 활빈당이었던 김진사나 도인권 같은 인물은 김구와 직접적인 관련은 없지만 김구가 관심을 가졌던 인물들이다. 김진사와 도인권은 김구가 안악 사건으로 서대문에서 수감되어 있을 때 만난 사람들로, 김진사는 활빈당의 두목이었다. 김구는 활빈당의 게릴라식 활동방법과 조직 운영법을 김진사에게 자세히 물어 듣게 되는데, 이는 나중에 독립운동을 위한 조직 운영과 활동에 김구가 관심이 있었고 조국의 독립을 이루려는 욕망이 있었기 때문이다. 한편 도인권은 일본에 기죽지 않고 자신의 종교적·민족적 신념과 자존심을 보여준 인물로 그러한 강인함과 자존심에 대한 김구의 관심과 욕망을 대변하고 있다.

영화 〈아아 백범 김구 선생〉에서 감독이 주목하고 있는 부분은 배반과 용서의 과정이다. 영화에는 배반과 관련해 세 가지의 유형이 나온다. 배반한 사람, 배반하려는 사람, 배반하지 않는 사람이 그것이다. 한태규가 이미 배반한 사람으로, 이동지가 배반하려는 사람으로, 윤봉길이 절대 배반하지 않는 사람으로 나온다. 이동지는 한태규의 회유를 받아 마음이 흔들리지만 윤봉길은 한태규의 회유에도 전혀 흔들림이 없다. 이동지는 한태규의 꼬임으로 김구를 유인하기도 하는데 김구의 설득으로 회심하고 독립운동에 앞장서게 된다. 영화에서 김구는 가난과 미래에 대한 소망이 사라지는 가운데 배신과 서로에 대한 의심이 깊어져가고 있을 때 그 상황을 해결하고 마음을 위로해주는 역할로 그려진다.

감독은 임시정부 주석이었던 김구의 가치를 이러한 인간적인 통합의 역할에 두었던 것이다. 또한 감독은 웃음을 잃지 않고 동지들에게 해방된 조국의 미래를 꿈꾸게 하는 김구의 모습을 강조함으로써 이러한 통합이 독립에 대한 김구의 믿음과 확신에 근거하고 있음을 보여주고 있다. 김구에 대한 감독의 이러한 시선을 당시의 신문들은 '한 애국자에의 감상적 흠모'로 보았을 정도로 그것은 김구에 대한 '인간적'인 시선이었다.[1]

한편 소설 『백범』에 나타나는 김구의 '인간적인 면모'도 김별아가 가치 있게 여기고 흥미와 관심을 두는 대상이다. 김별아가 본 김구의 인간적인 면모는 슬픔이었다. 그리고 그것은 비단 김구에만 국한되지 않고 그 시대를 살았던 아버지, 어머니, 부인, 동지들 모두에 해당하는 것이었다. 그 슬픔을 주제로 쓴 것이 소설 『백범』이다. '작가의 말'에서 김별아는 그 슬픔이 자신과 어떻게 상호작용해서 삶의 결과로 나타났는가를 말한다.

---

1)　　"한 애국자에의 감상적 흠모", 한국일보, 1961년 1월 10일자; "애국적 인간상", 동아일보, 1961년 1월 13일자.

> 이십 년 후에 다시 그것(『백범일지』)을 읽은 나를 지배한 감정은 슬픔이다. 슬픔은 분
> 노만큼 뜨겁지는 않지만 낮고 질기고 도도하다. (중략) 기어이 슬퍼하고 기꺼이 슬퍼
> 하기 위해, 나는 좀 더 배우고 쓰고 살아내야 한다. (김별아, 287)

『백범일지』에 대한 독서가 김별아로 하여금 "좀 더 배우고 쓰고 살
아내야 한다."는 결심과 변화를 가져온 것은 김구의 생애와 한국 근대사
인물들이 가지고 있는 이야기의 가치이다. '역사 속 인간의 길'에 대한 답
변을 얻고자 했던 김별아의 욕망이 역사에서 가치를 발견하게 한 것이다.
김별아가 발견한 가치는 또 있다. 새로운 시대를 위한 개인의 희생이 그
것이다. 새로운 시대를 위한 자기 희생은 김별아가 『백범일지』에서 자신
과 연관시키고 있는 가치이자 객관정신이라 할 수 있다. 이 가치는 김구
의 목소리를 빌어 본문에 다음과 같이 표현된다.

> 하지만 새로운 시대, 새로운 세상은 저절로 오지 않는다. 그 황홀한 것들은 도저한 희
> 생을 요구했다. 아름다울수록 더 많은 피를 원했다. 자유와 평등, 민권의 이름은 그토
> 록 붉었다. 나는 가진 것이 없기에 나 자신을 던지기로 하였다. 내가 가진 모두를 바치
> 기로 하였다. 더 이상 상놈인 나를 거부하거나 외면치 않고 상놈다운 상놈이 되기로
> 했다. (김별아, 68)

김별아는 작가의 말에서 이렇게 말한다. "왜 그렇게 살고 왜 그렇
게 죽어야 했냐고. 그에게 묻고, 내게 물었다. 오직 끝없는 질문 속에서만
그를 이해할 길을 찾을 수 있기에, 이미 안다고 믿었던 답들을 거듭 묻고
재차 확인했다."[2]

역사 인물에 대한 관심은 인간 본질에 대한 호기심과 관심에서 시

---

2)   김별아, 앞의 책, 286쪽.

작된다. 또한 현실의 자신을 들여다보거나 타인을 관찰해서는 알 수 없는 인간에 대한 이해를 과거 사람들의 삶을 추체험함으로써 파악하려고 한다. 사람들은 역사 이야기에서 역사의 '교훈'을 얻으려고 하기보다 자기 자신과 타인, 궁극적으로 인간을 이해하고 추체험하기 위해 역사를 이야기한다. 소설『백범』은『백범일지』를 통해 김별아가 추체험하고 이해한 인간 김구의 모습을 문학적으로 재형상화하고 있다. 김별아는 김구를 통해 재발견한 자신의 모습, 즉 자신이 이해한 인간의 모습을 소설 속 김구에 투영해 표현하고 있다.

문화과학자들은 문화 재화가 외부상황에 대한 하나의 거래 작용으로 일어나는 '흥미'에 의해 발생하고, 그 흥미에 부응하여 무언가를 채우거나 얻고자 하는 '욕망'을 추구하는 과정에서 자신이 가치 부여한 객체를 '향유'하게 된다고 보았다.『백범일지』, 〈아아 백범 김구 선생〉,『백범』은 김구, 전창근, 김별아가 가치 부여한 한국 근대사 이야기이며, 이야기를 통해 자신들이 추구하는 욕망을 독자와 관객들과 함께 향유하고 있는 것이라 할 수 있다.

2 스토리텔링의 '나'와 '너'

독일의 인문학자 에른스트 카시러(Ernst Cassirer)는 "하나의 작품이 창조의 결과물에서 끝나지 않고 문화적 삶의 의미를 지니기 위해서는 그것을 자신의 삶에 내적으로 연관시켜 이 작품을 다시 활성화시키는 존재, 즉 작품을 받아들이는 다른 주관인 '너'가 있어야 한다."고 말한다.[3] 그에

---

3) 카시러, 앞의 책, 265쪽.

게 있어 문화적 삶의 과정이란 문화를 창조하는 '나'와 그를 상대하는 '너'가 있음으로써 존재하는 이중의 성격을 지닌다.[4] 다시 말해 예술가, 과학자, 종교 창시자 등 문화를 창조하고 표현하는 '나'와 함께 그것을 수용하고 이해하는 '너'가 있어야 한다는 것이다. 그래서 하나의 업적이나 작품은 나와 너를 연결하는 매개체이고 상호관계를 통해 존재하기 때문에 작품들의 내용은 끊임없이 새롭게 되새겨지고 재창조된다.

『백범일지』, 〈아아 백범 김구 선생〉, 『백범』도 '나'와 '너'의 관계로 엮여 있다. 김구, 전창근, 김별아는 창작자로서의 '나'이다. 동시에 전창근과 김별아는 『백범일지』를 수용하는 '너'이기도 하다. 창작자에 '나'의 기호를 부여하고, 수용자에 '너'의 기호를 부여해 『백범일지』, 〈아아 백범 김구 선생〉, 『백범』의 창작과 수용의 주체가 한국 근대사를 어떻게 다루고 있는지 살펴보자.

먼저 자서전 『백범일지』에서 김구는 창작의 주체인 '나'인 동시에 창작의 대상, 이해의 대상이 된다. 자서전이 자신의 성찰을 전제로 하고 있기 때문이다. 딜타이는 "나 자신을 마치 타인처럼 대함으로써 나를 해석하는 일을 추가로 수행하지 않고는 나 자신을 제대로 파악할 수 없다."고 말함으로써 역사의 한 부분인 '나'와 그 '나'들이 모인 전체 역사를 이해하는 순환성을 이야기한다.[5] 그래서 개별성의 대상이 '나' 자신일 경우에도 부분과 전체의 순환론을 적용해 자신을 사회 · 문화 · 역사적 시각으로부터 대상화해야 한다. 즉 자기 자신을 이해하기 위해서 타인의 시선으로 나를 바라봐야 한다는 것이다. 그런 측면에서 『백범일지』는 김구 자신을 대상화하고 성찰함으로써 '나' 자신이 역사의 담지가로서 자기 자신

---

4) 위의 책, 266-267쪽.

5) 딜타이(2008), 앞의 책, 19쪽.

을 서사적으로 표현한 것이라 할 수 있다.

자서전을 통해 김구는 자신의 삶의 의미를 이야기한다. '너'는 그
것을 읽는 수용자인 전창근과 김별아이다. 이들이 다시 스토리텔링의 주
체인 '나'가 되어 김구의 삶을 이야기 한다. 〈아아 백범 김구 선생〉의 '나'
는 전창근이고, 『백범』의 '나'는 김별아이다. 두 작품은 김구에 대해 이야
기하고 있지만 우리는 그 안에 있는 창작의 주체인 전창근과 김별아의 존
재를 의식해야만 한다. 왜냐하면 우리는 전창근과 김별아의 눈과 목소리
를 통해 김구의 이야기를 수용하게 되기 때문이다.

전창근과 김별아는 『백범일지』의 내용을 수용하는 '너'이자 그것
을 다시 해석하고 구성해 스토리텔링하는 창작 주체로서의 '나'이다. 따
라서 〈아아 백범 김구 선생〉과 『백범』은 『백범일지』의 사실 여부와 진위
를 밝히거나 그것을 그대로 재현하기 위해 창작되었다기보다는 창작 주
체로서 자신이 담론화하기를 원하는 이야기를 역사적 사실을 빌어 전달
하고 있다고 보아야 한다. 한국 근대사에 대한 문화적 소통은 그것을 하
나의 작품으로 창작하는 '나'와 그것을 수용하는 '너' 사이에서 이루어지
는 끊임없는 수용과 창작으로 이루어지고 있음을 알 수 있다.

3 역사와의 가치연관

『백범일지』에 기록된 사건과 인물은 김구의 가치연관에 의해 선택
되고 선별된 객체들이다. 자신의 삶을 돌아보면서 김구는 '중요한 것', '의
미 있는 것', '흥미로운 것'을 골라 서술했다. 『백범일지』에 기록된 것은
한국 근대사의 사건, 인물, 공간 중에서 김구가 가치연관한 것들이라 할

수 있다. 〈아아 백범 김구 선생〉과 『백범』이 『백범일지』의 내용을 해석해 그 가치를 확대하고 확장시킨 예술적 창작물이라면 그 가치는 『백범일지』와 어떤 차이가 있으며 그 의미는 무엇일까?

두 작품은 『백범일지』에 있는 한국 근대사 인물과 사건의 가치를 재인식하고, 전환하고 창조하고 극대화하고 융합한 결과물이다. 특히 소설 『백범』에서 김별아가 사색적인 독백 형태로 서술한 부분들은 『백범일지』에는 없는 내용들로 김별아가 새롭게 창조해낸 김구의 내면세계이다.

그렇다면 소설 『백범』에서 이야기하고 있는 확대된 가치에는 무엇이 있을까? 역사의 주인으로 살아가는 주체로서의 개인이 있다. 김별아는 김구에게서 기존 질서의 가치관과 한계를 극복하고 자기 자신을 역사의 주체로 인식하는 의식화된 개인을 발견한다. 신분제와 한일합방으로 인해 개인의 주권과 국가의 주권을 빼앗긴 채로 살아가야 했던 한국 근대사는 개인과 국가가 주권을 빼앗긴 상황에서 자유와 권리가 얼마나 큰 인간의 욕망이자 추구 대상인지 이야기할 수 있는 시대적 배경이 된다. 김별아는 빙산에 갇힌 선박에서 동요하는 사람들을 설득해 위기를 넘긴 이야기, 치하포에서 일본인을 살해한 이야기, 상놈 신분으로 살아야 했던 김구와 그의 아버지 이야기를 통해 주인의식을 가지고 역사를 살아가면 그런 내가 주인이 되는 시대가 온다고 이야기한다.

> 스스로 높아지기 위해서는 자신부터 똑바로 바라보아야 했다. 긍정을 위해 부정하고, 부정하기 위해 더 강력히 긍정해야 했다. 아버지는 상놈이었다. 아버지의 아들인 나도 상놈이었다. 그러나 더는 쥐어박는 대로 쥐어박히고, 차는 대로 채이는 상놈이 아니었다. … 그러나 이제 세상이 바뀌고 있다. 왕과 그 일가가 지배하는 시대는 저물고 인민이 나라와 자기 운명의 주인인 시대가 다가오고 있다. … 더 이상 상놈인 나를 거부하거나 외면치 않고 상놈다운 상놈이 되기로 했다. (김별아, 68)

백범의 목소리를 통해 김별아는 신분이 상놈이라도 그러한 사회적 미천함이 개인 삶의 미천함이 될 수 없다고 말한다. 자신을 범부(凡夫)의 기준으로 삼고 살았던 김구의 이야기에서 김별아는 새로운 시대와 새로운 세상의 주인공이 되는 평범한 개인들의 가치를 발견한다. 평범한 사람이 주인공이 될 수 있는 상황은 한국 근대사라는 특수하고 개성 있는 시대적 배경의 특징이다. 백범과 같은 평범한 개인들이 빼앗긴 나라를 되찾기 위해 자신을 버렸기 때문이다. 김별아가 발견한 김구의 가치는 평범했던 한 개인이 역사의 주인공이 되는 과정이다. 아래의 인용문은 이러한 가치연관이 드러나는 본문의 표현들이다.

> 이미 나는 백범이었으므로, 가장 천한 신분인 백정이자 가장 평범한 사내인 범부로서 그보다 더 낮아질 수 없었으므로, 가장 낮은 자리에서 가장 드높은 꿈을 꾸었으므로, 나만큼만 민족을 생각하면 되는 것이다. 나만큼만 공부하고 싸우고 꿈꾸면 문제가 없는 것이다. 나보다 못한 사람은 우리나라에 없을 것이니, 현명함과 우둔함, 귀함과 천함, 가난함과 부유함, 강함과 약함을 다 떠나 나만큼만 살며 사랑하면 되는 것이다. 이 다지 못난 나조차도 한없이 높을 수 있는 나라, 남의 것이 아닌 우리의 나라를 만들면 되는 것이다. (김별아, 69)

> 국가 흥망이 필부유책일지니, 필부에 지나지 않는 이라도 나라가 흥하고 망하는 데 책임이 있다. 스스로 반성하고 떨쳐 일어나지 않고서야 나라를 빼앗긴 죄인, 망국의 노예를 모면할 길이 없다. 팔아넘기는 자는 따로 있고 되찾고자 싸우는 이는 따로 있다. 그렇다고 싸우기를 포기하겠는가? 누군가 대신 해주길 기대하며 뒷짐을 지고 물러서겠는가? (김별아, 105)

> 내가 아니면 다른 누가 하겠지, 지레짐작으로 미루고서야 빼앗긴 나라를 되찾을 길이 없다. (김별아, 131)

김별아는『백범일지』에서 자신만의 가치연관을 통해 새로운 가치를 발견하고 그것을 소설『백범』에 표현하였다. 그것은 역사의 주인공으로 살아가는 평범한 개인의 가치와 주권의 가치였다. 김별아에게 있어 한국 근대사와 김구의 일대기는 신분제 질서에서 상실되어 있던 개인의 주권을 근대화 과정에서 회복하려는 인간의 욕망과 그 과정이 구현된 역사 사실이었다. 그리고 소설『백범』에는 이러한 역사적 상황에서 나타나는 절망과 낙담, 슬픔과 상념 등이 미학적으로 표현되어 있다.

과거의 역사는 후손들의 가치연관에 의해 다시 이야기된다. 선조가 스토리텔링한 역사는 후손의 가치연관에 의해 또 다른 창작물로 만들어진다.『백범일지』는 김구가 스토리텔링한 한국 근대사이다. 하지만 후대의 작가들에게 그것은 창작의 자원이 되었다. 창작자들은『백범일지』에서 가치를 재인식하고, 새로운 이야기로 창조했으며, 자신이 연관 짓는 가치를 영화와 소설이라는 또 다른 장르의 이야기로 만들어냈다. 그래서 똑같은 인물과 사건이라도 스토리텔러의 가치연관에 따라 서로 다른 이야기가 만들어지는 것이다.

4 역사에 대한 질문과 담화

영화 〈아아 백범 김구 선생〉에서 감독은 자신이 주연을 맡아 김구를 연기한다. 소설『백범』에서도 작가 자신이 김구가 되어 과거를 회상하는 방식으로 이야기를 전개한다. 이야기의 전달 방식에서 나타나고 있는 인물과의 동일화는 수용의 중요한 현상 중 하나이다. 특히 소설『백범』의 경우, 김별아는 김구와 자신을 동일시하고 다른 인물들을 타자화하여 한국 근대사를 이야기한다. 예를 들어 구한말 신분제를 극복하는 선조들에 대해, 김구인 '나'와 김구 이외의 '그들'이 어떻게 '다르게' 대처했는지 이야기한다.

> 스스로 높아지기란 얼마나 어려운가. 그것은 자기가 가진 것을 버리는 것으로부터 시작된다. 최제우는 도를 얻은 후 맨 먼저 두 사람의 노비를 해방해 한 사람은 양녀로, 한 사람은 며느리로 삼았다. 유인식과 이상룡은 동속 유림들의 비난을 감수하며 노비를 풀어주었고, 이희영은 그에 더하여 남의 노비에게도 존댓말을 썼다. 여운형은 부친이 사망한 후 집안의 노비문서를 모두 불태웠고, 김좌진은 호주가 되자 수백 명의 노비들을 해방시키고 소작인들에게 땅을 나눠주었다. 꿰어찬 주머니들의 금덩이를 돌멩이로 여겨 풀어놓고서야 가볍게 솟구칠 수 있는 법이었다. (김별아, 67)

김별아가 생각하기에 '스스로 높아지는 것'이 선조들이 신분제를 극복하는 방법이었고, 최제우, 유인식, 이상룡, 김좌진 같이 신분제 권력을 가지고 있었던 '그들'과 그러한 신분 질서에서 상놈으로 억압받아왔던 김구가 각자의 방법으로 '스스로가 높아지는' 새로운 시대를 어떻게 준비하고 있었는가를 이야기한다.

딜타이는 "자서전의 생애를 이해하는 사람은 자서전의 인물과 동일시 된다."고 말한다. 왜냐하면 그가 자기 삶의 가치라고 느꼈던 것, 삶의 목적으로 실현했던 것, 삶의 계획으로 기획했던 것들을 자서전 인물의 삶에서 발견했기 때문이다.[6] 전창근과 김별아는 김구와 자신을 동일화함으로써 한국 근대사를 이해하게 된다. 동일화를 통해 그들은 한국 근대사 인물의 삶의 의미를 체험하게 되는데, 전창근은 그 의미를 영화에, 김별아는 소설에 각각 표현하고 있다. 현재의 수용자들이 『백범일지』, 〈아

---

6)   딜타이, 앞의 책, 32쪽.

아 백범 김구 선생〉, 『백범』에서 의미를 발견하는 한 한국 근대사는 우리에게 지속적으로 현존하는 현재가 된다. 그 의미를 발견하는 과정은 한국 근대사에 대한 질문과 답변을 통해 이루어진다.

　　김별아의 물음은 '공명정대함보다 불의가 더 판을 치는 세상에서 인간은 어떻게 사는가?'이다. 이 문제에 대한 답을 찾기 위해 김별아는 한국 근대사를 주목한다. 이는 리쾨르와 콜링우드가 말한 역사가의 역사 인식 과정과도 같다. 이 질문을 가지고 김별아는 김구가 태어난 1876년부터 광복 후 환국하는 1945년까지의 70여 년의 시간 동안 강화도 조약, 한말 조선의 외교정책, 청일전쟁, 명성황후 시해 사건, 안악 사건과 105인 사건, 임시정부의 수립, 폭탄의거, 남경대학살 등의 과거를 재실행한다. 이때의 재실행은 과거를 그대로 묘사하고 설명해 다시 복원하는 방식이 아니라 새롭게 인식하고 사유하는 방식으로 이루어진다. 예를 들어 남경대학살을 이야기할 때 김별아는 사건이 실제로 어떻게 일어났는가가 아니라 그에 대한 자신의 생각을 이야기한다.

> 중국은 섬나라 딸깍발이들이 감히 삼킬 수 없는 대륙이다. 하지만 고래처럼 대번에 삼키지 못한다면 누에처럼 부단히 뜯어먹겠다는 것이 일본의 간교한 전술이었다. 희망사항들만 늘어놓기 바쁜 언론에 속아 사태의 심각성을 깨닫지 못한 중국인들은 결국 그 대사를 치러야 했다. 그것이 바로 삼십오만 명이 사망하고 이만 명이 강간당한 전대미문의 남경대학살이었다. 나는 그 참상을 미리 보았다. (김별아, 221)

남경대학살은 1937년 중일전쟁 중에 일본군에 의해 자행된 사건이다. 『백범일지』에서 김구는 중일전쟁이 시작되면서 남경에 폭격을 당해 피난한 사실만을 기록하고 있을 뿐 남경대학살에 대해서는 이야기하지 않는다. 남경대학살은 김별아가 재실행한 과거이다. 남경대학살 사건을 통해 김별아는 "오랜 투쟁을 통해 일본의 잔악성과 집요함을 알고 있는 우리와 달리 섣부른 낙관주의의 빠진 중국이 어떤 대가를 치러야 했는가?"에 대한 자신의 생각을 덧붙인 것이다.[7]

이런 질문들을 통해 김별아는 불공정과 불의가 판치는 시대에도 인간은 살아갈 수 있다는 증거를 찾는다. 그 삶의 증거는 비단 김구만이 아니었다. 윤봉길, 안창호, 신규식, 안태국, 안중근, 이재명, 이봉창 등과 같은 인물들의 삶을 더 추가시켜 이야기해준다.[8] 이들은 김별아가 삶의 이야기를 더 찾아낸 사람들이었다. 이처럼 김별아는 자신이 제기한 물음에 답하면서 『백범일지』를 수용한다. 그리고 소설 『백범』에서 한국 근대사의 인물과 사건으로 과거를 재실행함으로써 물음에 대한 답을 찾아간다.

『백범일지』가 동시대인의 입장에서 한국 근대사를 이야기한 것이라면 영화 〈아아 백범 김구 선생〉과 소설 『백범』은 후손의 입장에서 한국 근대사를 이야기한 것이다. 이때 두 작품에서 반복되는 한국 근대의 시간은 후설의 표현에 따르면, '겹쳐진 시간'에 해당된다. 이처럼 이야기에서 겹쳐진 시간들을 통해 역사는 반복적이고 지속적으로 이야기된다.

후설은 아우구스티누스가 말한 세 겹의 현재, 즉 과거의 현재, 미래의 현재, 현재의 현재라는 개념을 시간 흐름의 '겹침' 현상으로 이해한다. 그는 '현재'가 '최근의 과거'라는 과거 지향 지대와 '곧 다가올 미래'라는 미래 지향 지대로 확장되어 서로 겹쳐질 때 현재가 단절되지 않고 시간적 흐름 속에서 통일된다고 말한다. 그리고 과거 지향과 미래 지향이 서로 겹쳐 맞물리는, 시간의 '기와 얹기'가 현재를 더 생생하고 두텁게 만

---

7) 김별아, 앞의 책, 220쪽.
8) 위의 책, 273-276쪽.

든다고 주장한다.[9] 리쾨르는 이러한 기와 얽기가 상상이라는 허구적 방법을 통해 가능하다고 보았고 현재와 미래가 연결될 수 있는 과거를 찾는 가운데 옛날의 시간은 '반복적'으로 이야기되거나 '영원히' 지속될 수 있다고 말한다.[10]

영화와 소설에서는 『백범일지』에서만큼 많은 인물과 사건을 이야기하지 않는다. 영화에서의 주요인물은 김구를 포함해 약 열다섯 명에 불과하다. 소설에서도 서사의 중심이 되는 인물은 김구, 김구의 아버지 김순영, 어머니 곽낙원, 부인 최준례, 여인 여옥과 주옥생, 동지였던 이봉창과 윤봉길 모두 여덟 명 정도이다. 여기에서 이야기되는 인물들은 역사적으로 중요한 인물이라기보다 한국 근대사를 살아낸 그 시대의 아버지, 어머니, 부인, 여인, 사나이들의 전형이다.

영화 〈아아 백범 김구 선생〉과 소설 『백범』은 『백범일지』에 나왔던 인물과 사건을 재구성하고 있지만, 거기에 언급되지 않은 것들도 이야기하고 있다. 예를 들어 영화에서 김구가 서로 의심하는 동지들에게 믿음을 가르치는 부분이나 일본군 밀정인 한태규와 윤봉길이 만나는 부분, 강화도조약, 조선말의 외교정책, 왕권의 무력함 등은 『백범일지』에는 없는 내용들이다. 이는 창작자의 역사 지식, 감정, 생각이 추가된 것이라 할 수 있다. 다시 말해 영화와 소설은 김구가 『백범일지』에서 이야기하고 있는 내용을 재구성했을 뿐 아니라 작가의 역사 지식, 생각과 감정을 덧붙여서 창작했다는 것이다.

이는 세 작품이 같은 김구의 이야기임에도 불구하고 그것이 영화와 소설로 다시 쓰이는 과정에서 일어난 수용자와 창작자 간의 상호작용

---

9)   위의 책, 254-255쪽.

10)   위의 책, 256-262쪽.

의 결과라 할 수 있다. 패트릭 오닐은 문학 텍스트가 작가와 독자 간의 상호작용에 의해 쓰이는데 텍스트 속의 이야기가 작가의 글쓰기에서 끝나는 것이 아니라 독자의 글 읽기를 통해 완성되고 확장되면서 다시 쓰이게 된다고 말한다. 독서가 텍스트에서 새로운 메타텍스트를 생산한다는 것은 독자의 역사의식, 문화에 대한 이해, 이데올로기 같은 텍스트 외적인 요소와 작품의 문학성, 장르, 시대 구분 등의 텍스트 내적 요소가 상호작용하면서 새롭게 맥락화된다는 의미이다.

서사 담화는 텍스트의 '내부'와 '외부'에서 동시에 일어나는 상호작용에 의해 완성된다.[11] 텍스트 내적 담화와 텍스트 외적 담화가 어떻게 새로운 이야기를 만들어내는가는 윤봉길 이야기에서 단적으로 나타난다. 김구는 『백범일지』에서 그와의 짧은 만남을 기록하고 있다. 자서전에 표현된 윤봉길은 상하이에 있는 동포의 공장에서 일하던 노동자로 홍구시장에서 채소공장을 하다가 김구를 찾아가 김구에게 자신의 '큰 뜻'을 보인다. 그 뜻을 보고 김구는 폭탄을 제조해 윤봉길에게 주고 천장절 축하식이 있는 홍구공원에서 폭탄을 던질 수 있도록 해준다. 윤봉길의 거사 과정을 사건 위주로 이야기한 것이다.[12]

한편 김별아는 윤봉길의 일대기를 전반적으로 소개한다.[13] 윤봉길의 태몽, 별명, 자퇴, 독서회 조직, 야학 운영, 『농민독본』 보급 등 국내에서의 활동과 윤봉길의 심경을 자세하게 이야기하고 있다. 이는 김별아가 『백범일지』에 등장하는 한국 근대사 인물을 텍스트 내적으로만 해석하지 않고 텍스트 외적으로도 해석하고 있음을 보여준다.

---

11)   패트릭 오닐, 이호 역, 『담화의 허구』, 예림기획, 2004, 209쪽.

12)   김구, 앞의 책, 331-337쪽.

13)   김별아, 앞의 책, 185-196쪽.

영화 〈아아 백범 김구 선생〉과 소설 『백범』은 『백범일지』를 텍스트로 삼아 한국 근대사의 인물과 사건을 해석하고 그것을 다시 자신의 이야기로 풀어낸 창작물이다. 창작은 『백범일지』의 텍스트 내적 요소를 담고 있는 한편, 거기에 언급되지 않은 역사 지식이나 감정과 같은 텍스트 외적인 내용을 더 추가해 한국 근대사에 대한 창작자의 담화를 만들어내고 있다.

5 역사 인물의 탐구와 인간 이해

정신분석학자 아들러는 "인간 이해는 단순히 책 속의 지혜가 아니라, 실제 경험을 통해 습득된다."고 말한다. 인간을 이해할 수 있는 경험은 한 사람의 정신세계에 나타난 모든 현상들을 자신의 것으로 체험하고 그 안에 자신을 투사시켜 기쁨과 불안을 함께 나눌 때 가능하기 때문이다. 이것은 훌륭한 초상화 작가가 모델로부터 받은 느낌을 그림 안에 표현하는 것과 흡사하다.[14]

소설 『백범』에서 김별아는 작중 화자인 김구가 눈을 감고 과거를 회상하는 방식으로 한국 근대사를 돌아봄으로써 '인간은 왜, 어떻게 그렇게 살았는가?'에 대한 정신적인 고찰을 시도한다. 예를 들어 『백범일지』에서 김구는 사람들이 무엇을 했는가를 적었다면 김별아는 '왜 그랬는가?'를 추적한다. 김별아는 독립이라는 공동체의 소망과 목표를 향한 개인의 희생, 용기, 결단의 과정을 한국 근대사 인물들에게서 발견한다.

정신분석학자 아들러는 이러한 특징을 인간의 본질 중의 하나라

---

14) 알프레드 아들러, 라영균 역, 『인간이해』, 일빛, 2009, 17쪽.

고 말한다. 아들러에 따르면 "인간은 공동체에서 우위를 차지하기 위한 목표를 지향하며 행동한다." 아들러의 개인심리학에 따르면 "인간의 모든 정신 현상들은 목표를 지향한다." 그 목표를 이루기 위해 인간은 스스로 자신의 법칙을 만들어 행동하게 되는데, 그 목표 중에 하나가 공동체에 적응하는 것이다. 이때의 공동체는 가정, 조직, 사회, 국가의 범주로 확대될 수 있으며 개인은 이 공동체에서 권력을 갖기 위해 다양한 방식으로 행동하는 '사회적 특성'을 지닌다. 그래서 인간의 정신은 개인이 각자 마음대로 움직일 수 있는 것이 아니라 공동체의 요구와 필연적으로 연결되어 있다. 공동체에서 안전과 적응을 보장해줄 수 있는 우위를 차지하기 위해 개인은 자신의 과제를 해결할 수 있다는 낙관적인 태도를 갖게 된다. 그 예가 용기, 열린 마음, 신뢰감, 부지런함 같은 것이다.[15]

김별아는 '역사 속 인간의 길'이라는 관점에서 김구를 주목하였다. 그리고 김구의 심리를 꿈과 자의식 같은 내면의 모습을 통해 보여준다. 예를 들어 『백범일지』에서 호랑이는 김구가 살았던 산골에 나타나는 짐승일 뿐이지만, 소설에서 호랑이는 김구의 꿈에 나타나는 본인의 자의식이다.

> 내 안에는 짐승 한 마리가 살고 있었다. 호랑이 꿈에 시달리던 세상 처음의 기억 속에서, 나는 내 안에서 들썩이던 그것을 눈치챘다. 놈은 사납고 거셌다. 내 좁은 가슴골에서 마구발방으로 부대꼈다. 그런가 하면 놈은 냉정하고 치밀했다. (김별아, 22)

김별아는 호랑이가 나오는 산골에서 부모님이 일을 나간 동안 이

---

15)   아들러, 앞의 책, 24-39쪽. 반면 공동체 적응에 실패한 개인은 소심함, 수줍음, 폐쇄성, 불신 등과 같은 비관적인 태도와 성격을 갖게 된다. 같은 쪽.

웃 양반집 아이들과 놀다가 억울하게 매질을 당한 후 부엌칼을 들고가 복수하려 했던 일을 김구의 심리와 성격으로 연결해 이야기한다. 김별아는 다섯 살 소년의 경험과 정서를 김구의 성장과정과 연결해 과거제의 실패담, 동학운동에 가담해 저항과 반역을 꿈꾼 일, 그리고 복수의거를 위해 일본인을 살해한 일을 겪게 되는지 이야기한다. 여기에서 주목할 점은 김구가 외적 상황을 위주로 사건을 기술했다면 김별아는 김구의 내적 고백을 통해 그의 심리적 상태를 이야기하고 있다는 점이다.

김구의 내면세계에 대한 김별아의 이러한 표현은 김구에 대한 심리적 해석을 시도한 것이라 할 수 있다. 『백범일지』에서 김구는 "우리 집은 적막한 산 입구 호랑이 길목이 있어서 밤에는 종종 호랑이가 사람을 물고 우리 집 문 앞으로 지나가므로 문 밖을 나갈 수 없었다."라고만 이야기하고 있다. 김별아는 이 호랑이를 김구가 두려움과 외로움을 극복하는 행동 패턴과 김구의 공격적인 성향을 설명하는 비유와 상징으로 사용하고 있다.

또한 김별아는 김구가 속해 있는 공동체 속에서 김구가 어떻게 행동하는가를 주목한다. 김별아가 주목하는 김구의 모습은 공동체에 적응하고 거기에서 우위를 차지해가는 한 인간의 모습이다. 김별아의 이러한 해석은 "인간의 정신과 행동이 공동체와 연결되어 있고, 개인은 공동체가 요구하는 과제를 해결하는 방향으로 행동을 취함으로써 인간 정신이 공동체 지향의 행동패턴을 지니고 있다."는 아들러의 사회심리학적 인간형으로 이해될 수 있다.

김구가 보여준 인간 본성의 또 한 측면은 열등감의 극복이다. 아들러는 "열등감, 불안감, 무력감이 삶의 목표를 세우게 하고, 그 목표가 구체화되도록 도와주고, 정신은 늘 열등감 때문에 생기는 괴로운 감정을 극

복하기 위해 노력한다."고 말한다.[16]

　　김구도 '상놈'이라는 사회적 열등감을 극복하기 위해 과거시험을 보고, 천격과 빈격이 있는 못난 외모를 극복하기 위해 마음 좋은 사람이 되기로 결심한다. 김구는 17세가 되던 청소년기에 『마의상서』에서 자신의 상이 좋지 못함을 알게 되고 한동안 절망했다가 이를 극복하는 과정을 거친다. "이것을 보고 나는 상 좋은 사람보다 마음 좋은 사람이 되어야겠다고 결심하였다. 이제부터 밖을 가꾸는 외적 수양에는 무관심하고 마음을 닦는 내적 수양에 힘써 사람 구실을 하겠다고 마음먹으니, 종전에 공부 잘하여 과거하고 벼슬하여 천한 신세에서 벗어나겠다는 생각은 순전히 허영이요 망상이요, 마음 좋은 사람이 취할 바 아니라고 생각되었다."[17]라는 회상에서 알 수 있듯이 김구는 자신의 열등감을 극복해 내적 수양이라는 새로운 삶의 목표를 갖게 되었다.

　　김별아는 김구의 이러한 결심과 삶의 목표가 이루어졌다고 보았다. 김별아는 자신과 같은 후대 사람들이 김구의 얼굴에서 천격과 빈격을 보는 대신 그의 삶을 보게 되고, 그것이 삶의 길을 따르는 표식이 되고 있고, 그를 통해 자기 자신을 보게 된다고 이야기한다.

> 생긴 대로 못난이로 살지 않기 위하여 나는 서산대사의 선시를 마음에 새겼다. 시를 외울 때면 내 마음에 설원이 펼쳐졌다. 나는 사라지고 끝없이 흰 눈밭에 오롯한 발자국만 남는다. 언젠가는 내 삶이 내 얼굴이 된다. 내 발자국은 뒷사람이 길을 찾는 표식이 된다. 마음씨 올바른 사람이 될 테다. 어지러이 갈팡질팡 헤뜨리지 않고 뚜벅뚜벅 내 길을 따라 걷는, 진실로 마음 좋은 사람. (김별아, 76)

---

16)　　위의 책, 76쪽.

17)　　김구, 앞의 책, 39쪽.

김별아는 『백범일지』에서 김구라는 역사 속 인물만을 본 것이 아니라 그 안에서 인간의 본성을 보고자 하였다. 그가 발견한 김구는 자신의 삶의 목표를 민족의 독립에 두고 한 평생을 살아간 인간의 모습이었다. 민족의 독립을 위해 자신의 열등감을 극복하고 목표를 달성하기 위해 노력하고 행동하는 김구의 모습에는 아들러가 말하는 사회적 존재로서의 인간 본성이 존재한다. 한국 근대사에 등장하는 많은 인물들을 인간 본성을 탐색하는 정신분석학적인 방법으로 해석한다면 우리는 그 안에서 지금의 나와 너와 같은 인간의 모습을 발견할 수 있게 될 것이다.

2부

역사 스토리텔링의
서사학적 이론과 실제

8장 서사학에 기초한 스토리텔링 이론

문화콘텐츠에서 스토리텔링은 콘텐츠의 내용물을 만들어 내는 하나의 방법론이다. 하지만 스토리텔링의 본질은 이야기의 형태나 형식에만 있는 것이 아니라 이야기를 하는 행위 자체에 있다. 이야기를 하는 스토리텔링의 결과물이 곧 문화콘텐츠가 되기 때문이다. 이 장에서는 서사학 이론을 바탕으로 스토리텔링의 개념을 살펴보고 앞서 언급한 세 작품들의 서사적 특징을 살펴보고자 한다.

STORY
TELLING

1 문화콘텐츠와 스토리텔링의 관계

스토리텔링은 문화콘텐츠 안에 들어가는 콘텐츠를 생산하기 위해 이야기를 만들어내는 것이다.[1] '스토리텔링'이라는 용어는 교육학, 경영학, 커뮤니케이션학, 광고학 등 여러 분야에서 다양하게 사용되고 있지만 문화콘텐츠학에서 정의하는 의미는 〈표 14〉와 같다.[2]

문화콘텐츠 스토리텔링 정의의 특징 중에 하나는 매체 종속적이라는 점이다. 특히 상호작용성, 네트워크성, 복합성, 현장성 등은 디지털 매체의 특성이다. 디지털 스토리텔링에서 매체는 이야기를 전달하는 하드웨어의 전달 조건과 환경을 의미한다. 이인화와 최혜실이 언급한 네

---

1) 정창권, 『문화콘텐츠 스토리텔링』, 북코리아, 2008, 24, 32-35쪽.

2) 정창권은 문화콘텐츠별 스토리텔링의 유형을 세 가지로 분류해 제시한다. ① 엔터테인먼트 스토리텔링 − 소설·동화, 만화, 드라마, 영화, 애니메이션, 게임, 캐릭터, 공연, 전시, ② 인포메이션 스토리텔링 − 축제, 테마파크, 다큐멘터리, 에듀테인먼트, 데이터베이스, 인터넷콘텐츠, 가상현실, ③ 기타 스토리텔링 − 광고, 브랜드, 상품, 디자인, 기업경영. 위의 책, 39쪽.

학자명	정 의
이인화	사건에 대한 진술이 지배적인 담화 양식으로 상호작용성, 네트워크성, 복합성의 특성이 있다.
최혜실	'story', 'tell', 'ing'의 결합어로, 이야기성, 현장성, 상호작용성의 특성이 있다.
박기수	매체환경의 특성을 적극 반영하고 있고, 스토리 중심에서 탈피해 말하기와 상호작용성을 중심으로 한 향유 중심의 전략적이고 구체적이고 실천적인 콘텐츠 생산 방식이다.
김성리	스토리(story)와 텔링(telling)의 합성어로, 스토리는 이야기이고 텔링은 매체적 특성과 표현의 방법, 기술적 측면을 포함한다. 스토리텔링은 이야기와 그것을 담아내는 매체의 특성을 포함하는 포괄적인 개념이다.
김의숙 · 이창식	협의적으로는 재미있고 감동적인 스토리를 만들어내는 능력이고 광의적으로는 문학적 상상력, 예술적 심미안, 공학적 기술을 아우르는 통합적 능력이다.

출처: 정창권, 『문화콘텐츠 스토리텔링』, 북코리아, 2008, 37쪽 참조.

트워크성, 시공간 초월성(현장성), 멀티미디어성(복합성)은 이러한 디지털 매체의 속성을 반영한 것이다. 때문에 문화콘텐츠 스토리텔링에 대한 정의는 다분히 매체 종속적인 경향이 있다. 이는 디지털 매체에서 이야기를 창작하고 수용하는 방식이 기존과 달라지면서 스토리텔링이라는 개념이 부각되었기 때문이다.

하지만 넓은 의미에서 스토리텔링은 사람들 사이의 의사소통 행위이며 소통하는 매체의 변화에 따라 방식이 변할 뿐이다. 이러한 맥락에서 류은영은 의사소통의 전통적인 방식이라 할 수 있는 구술방식에서부터 스토리텔링의 정의를 시도한다. 류은영은 스토리텔링을 다음과 같이 정의한다. "스토리텔링은 구술적 전통의 예술로서, 사실적 및 허구적 사건을 시각이나 청각 등에 호소하며 실시간적으로 재연해 전달하거나 소통하는 시공간적 또는 다감각적, 상호작용적 담화 양식이다. 스토리텔링은 20세기 말 이후 점차 서사적으로 기교화되면서 정치, 경제, 사회 문화전반, 특히 대중소비문화를 주도하는 미디어 및 엔터테인먼트 산업의 토대가 되고 있는 담화 기법이다."[3] 다소 긴 정의지만 스토리텔링을 변화하는 미디어 기술에 기반해 구술과 예술이 결합한 담화기법으로 봤다는 것은 그것이 디지털 스토리텔링이건 아니건 간에 스토리텔링의 본질이 담화에 있음을 짚어주고 있다.

스토리텔링의 본질은 이야기의 형식에 있는 것이 아니라 스토리텔링을 하고 그것을 수용하는 담화자 사이의 행위에 있다. 다시 말해 스토리텔링은 이야기된 작품을 의미한다기보다는 이야기되는 과정, 이야기하는 행위 자체를 의미한다. 그렇다면 스토리텔링과 담화는 어떤 관계인가?

김기국은 "스토리(story, 이야기)가 담론(discourse)을 거치면 스토리텔링(storytelling, 이야기하기)이 된다."고 말한다. 그에 따르면, 연속된 시간 순으로 되어 있는 이야기가 작가의 담론에 의해 변형되고 조직되어 원래의 시간을 초월해 만들어지면서 플롯(plot)을 지닌 이야기가 되는 것이 곧 스토리텔링이다.[4] 플롯에 의한 스토리의 담론화 과정이 곧 스토리텔링이라는 것이다. 결국 '스토리'와 '스토리텔링'의 차이는 '이야기'와 '이야기하기'의 차이로, 스토리가 서사행위에 사용되는 서사 정보나 소재라면 스토리텔링

---

3)　류은영, 앞의 책, 248쪽.

4)　스토리가 플롯으로 변화된 담론과 더불어 이야기가 담론으로 변화하는 과정에서 필연적으로 파생되는 스토리텔링의 현재성(디지털 매체에서는 공간성)과 현장성, 그리고 상호작용성이 존재한다. 김기국, 「스토리텔링의 이론적 배경연구: 기호학 이론과 분석 모델을 중심으로」, 한국프랑스학회 2007년 춘계학술발표회, 2007, 152쪽.

은 스토리를 사용해 화자가 자신의 메시지를 만들어내는 것이다.

스토리텔링을 담화기법이라 했을 때 기존의 스토리텔링과 지금의 스토리텔링의 차이점은 무엇일까? 가장 중요한 차이는 매체 특성에서 기인한다. 아날로그 매체에서는 담화가 일방적으로 이루어졌다면 디지털 매체에서는 상호작용적으로 이루어진다. 즉, 수화자도 담화에 참여할 수 있게 되었다는 점이다. 이는 디지털 매체의 특징이 누구나 언제, 어디서든 글, 사진, 동영상을 올릴 수 있게 되면서 가능해진 것이다. 이러한 측면에서 스토리텔링의 상호작용성, 즉 수화자의 참여는 디지털 스토리텔링에 있어 중요한 특성이며 기존의 스토리텔링과 지금의 스토리텔링을 구분 짓게 하는 중요한 요소가 된다.

디지털 스토리텔링은 여러 사람이 참여해 함께 이야기를 만들어간다거나 수화자, 보다 정확하게는 디지털 매체 사용자의 선택에 의해 이야기가 만들어지는 것이다. 아날로그 매체의 스토리텔링이 이미 만들어진 이야기를 일방적으로 수용하는 것이었다면 디지털 매체의 스토리텔링은 그것을 상호작용의 방식으로 창작하고 수용하는 것이다.

디지털 스토리텔링이 가져온 중요한 변화는 누구나 이야기하기에 참여할 수 있게 되었다는 점이다. 이야기를 한다는 것은 이야기를 만드는 행위라는 점에서 하나의 '서사행위'이다. 따라서 문화콘텐츠의 스토리텔링을 언급할 때도 그것을 디지털 매체에서 이야기했느냐가 아니라 어떻게 서사행위를 했느냐의 관점에서 접근되어야 한다.

문화콘텐츠가 디지털 매체에 국한되지 않는 한, 스토리텔링도 담화에 참여하는 모든 서사행위를 포괄할 수 있어야 한다. 역사를 스토리텔링한다는 것도 특정 역사 소재에 대해 누군가 이야기를 함으로써 담화를 만들어내고 참여했다는 것을 의미한다. 누군가 이야기를 한다는 것은 서사행위를 한다는 것이고 담화에 참여하는 것이기 때문이다.

스토리텔링의 관점에서 봤을 때『백범일지』는 김구의 서사행위 결과물이다. 이를 수용한 전창근과 김별아는 수화자에서 다시 발화자가 되어 〈아아 백범 김구 선생〉과『백범』을 서사행위 결과물로 만들어 김구와 한국 근대사에 대한 담화에 참여하였다. 이처럼 스토리텔링은 사람들의 서사행위에 의해 이루어지는 모든 과정과 기법이며, 문화콘텐츠는 이러한 스토리텔링을 통해 늘 새롭게 만들어진다.

2 스토리텔링의 서사와 담론

서사에 대한 서사학의 기본 정의는 누군가에 의해, 누군가를 위해 이야기되는 것이다. 왜냐하면 모든 스토리는 수화자가 전달받을 것을 목적으로 하기 때문이다.[5] 서사는 이야기를 하는 화자와 그것을 받아들이는 수화자가 있다는 점에서 일종의 커뮤니케이션이다. 이때 서사물은 서사가 이루어진 구체적인 형태이자 결과물이다. 때문에 롤랑 바르트는 서사물의 형식을 언어에 국한하지 않는다. 그는 신화, 전설, 우화, 설화, 소설류, 서사시뿐만 아니라 역사, 비극, 추리극, 희극, 무언극, 회화, 스테인드 글라스, 영화, 지역 뉴스, 일상 대화 등 모든 형식의 의사소통을 다 서사물로 간주한다. 그가 말하는 서사물은 문학성 여부와는 무관하며 시대, 장소, 사회를 초월해 삶에서 항상 존재하는 것이다.[6]

역사 이야기는 이러한 서사물의 일종이며 역사 스토리텔링은 역

---

5)   오닐, 앞의 책, 25쪽.

6)   제럴드 프랭스, 최상규 역,『서사학이란 무엇인가』, 예림기획, 1999, 5쪽.

사를 이야기하는 서사행위를 통해 이루어진다. 그리고 이 서사행위는 담화에 의해 만들어진다. 그렇다면 무엇이 서사이고 무엇이 담화일까? 이를 서사학에서의 서사층위를 통해 구분하고자 한다.

서사층위는 서사학에서 가장 기초가 되는 개념이다. 서사의 층위는 아리스토텔레스가 제시한 로고스(logos)와 미토스(mythos)에서부터 시작된다. 로고스는 제시된 사건들인 스토리를 의미하고 미토스는 플롯, 사건의 재배열, 담화를 의미한다. 이것이 서사의 2층위 모델이다. 그 후로 서사층위에 대한 다양한 개념 정의가 이루어진다. 서사층위는 2층위 모델과 3층위 모델로 구분되는데 학자마다 사용하는 용어와 개념이 각기 다르다. 학자별 용어를 정리하면 〈표 15〉와 같다.[7]

이 글에서는 2층위 모델을 적용해 서사층위를 크게 서사와 담화로 나누어 살펴보고자 한다. 서사는 '무슨 일이 일어났는가'이고 담화는 '일어난 일을 어떻게 이야기하는가'이다.[8] 발화자가 이야기에 사용하는 사건들이 서사라면, 담화는 발화자가 사건의 의미와 메시지를 전달하기 위해 일정한 서사 목적과 주제를 가지고 사건들을 구성하고 표현하는 것이다. 스토리텔링에서 '스토리(story)'가 서사라면 '텔링(telling)'은 담화의 차원이라 할 수 있다.

예를 들어 자서전 『백범일지』를 서사와 담화의 층위로 나눠 살펴보자. 앞서 언급했듯이 르죈은 자서전의 언어적 형태가 이야기(recit)라고 하였다. 하지만 자서전이 이야기로만 구성되는 것은 아니다. 르죈의 말처럼 자서전의 내용은 주로 이야기지만 자서전을 서술할 때는 당연히 담

---

7)   위의 책, 34-42쪽
8)   패트릭 오닐, 앞의 책, 35쪽.

〈표 15〉 서사층위의 학자별 용어 체계

학 자	용 어			
아리스토텔레스	로고스		미토스	
쉬클로프스키 (1921/1965)	파불라 fabula		수제 sjuzhet	
토도로프(1966)	이야기 histoire		담화	
주네트(1972)	이야기 histoire	서사 récit		서술
발(1977)	이야기 histoire	서사 recit		서술된 텍스트
채트만(1978)	스토리		담화	
주네트(1980)	스토리	서사 narrative		서술하기 narrating
프랭스(1982)	서술된 것	서술하기		
리몬-케넌(1983)	스토리	텍스트		서술
발(1985)	파불라	스토리		텍스트
코핸/샤이어스 (1988)	스토리		서술	
툴란(1988)	스토리	텍스트		서술

출처: 패트릭 오닐, 이호 역, 『담화의 허구』, 예림기획, 2004, 35쪽.

화(discours)가 들어간다.[9] 르죈의 이론을 바탕으로 자서전을 연구한 윤진 은 자서전의 이야기와 담론의 관계를 이렇게 설정한다. "일련의 사건들이 하나의 총체를 이루며 그 나름의 구조 속에서 주어진 것을 '이야기(recit)' 라고 한다면 자서전은 그 총체적 층위에서 '이야기'이다.

하지만 '나-주인공'의 삶이 '나-화자'의 주관성을 통해 그려진다는 점에서, 그리고 그를 통해 작가가 독자에게 자기의 메시지를 전달한다는

---

9)   필립 르죈, 앞의 책, 18쪽.

점에서 하나의 '담론(discours)'이다. 따라서 자서전 글쓰기의 핵심은 바로 이 이야기(recit)와 담론(discours)의 관계맺음을 통해 드러나는 자아의 글쓰기이다."[10]

『백범일지』에서 서사는 한국 근대사의 여러 사건들이다. 하지만 김구가 이러한 사건들을 이야기로 구성해 전달하고자 했던 메시지는 '민족의 생명력'이었다. 이것이 사건들을 연결하는 플롯이자 사건들이 배열되는 담화의 주제이다. 김구가 이야기하는 많은 인물과 사건들은 모두 민족의 생존을 위해 헌신한 사람들이었다. 그가 『백범일지』를 저술한 이유 중에 하나도 다음 세대에 그 생명력이 이어지길 바랐기 때문이다. 이러한 서사 목적은 책의 서문에 잘 나타나 있다.

> 이 책에 나오는 동지들 중에 대부분은 생존해서 독립의 일에 헌신하고 있으나 이미 세상을 떠난 이도 많다. 최광옥 · 안창호 · 양기탁 · 현익철 · 이동녕 · 차이석. 이들은 모두 이제 없다. 무릇 난 자는 다 죽는 것이니 할 수 없는 일이거니와, 개인이 나고 죽는 중에도 민족의 생명은 늘 있고 늘 젊은 것이다. 우리는 우리의 시체로 성벽을 삼아서 우리의 독립을 지키고, 우리의 시체로 발등상을 삼아서 우리의 자손을 높이고, 우리의 시체로 거름을 삼아서 우리의 문화의 꽃을 피우고 열매를 맺어야 한다. 나보다 앞서 세상을 떠나간 동지들이 다 이 일을 하고 간 것을 나는 만족하게 생각하고 감사하게 생각한다. 내 비록 늙었으나 이 몸뚱이를 헛되이 썩히지 아니할 것이다. (김구, 15)

『백범일지』는 김구가 경험한 사건들 중에서 독립이라는 담화에 해당하는 것을 선택적으로 구성해 서사물로 만든 것이다. 김구가 자신이 경험한 한국 근대사의 사건을 자신의 담화로 이야기하고 있다면 전창근과

---

10) 윤진, 「진실의 허구 혹은 허구의 진실: 자서전 글쓰기의 문제들」, 『프랑스어문교육』 제7집, 한국프랑스어 문교육학회, 1999, 269쪽.

김별아는 김구가 이야기한 사건에 자신들의 지식과 감성을 더해 자신들의 담화로 사건들을 재구성한다.

예를 들어 김별아는 소설『백범』에서 소제목, 본문, 작가의 말을 통해 일관되게 '슬픔'을 이야기한다. 소설의 소제목에는 모두 '슬픔'이 들어가 있다. 소설 본문의 결말에서 김구의 목소리를 통해 다음과 같은 독백을 한다. "슬픔을 아는 순간 슬픔을 참을 수 없었기에, 끝끝내 거대한 슬픔으로 살아남았다. 나는 이인(異人)이거나 영웅이 아닌, 다만 한 마리의 슬픈 짐승일 뿐이다." 작가의 말에서도 김별아는『백범일지』를 읽은 자신의 감정이 슬픔이었다고 말한다.[11] 기자와의 인터뷰에서도 자신이 추체험한 '슬픔'에 대해 언급한다. "작품을 쓰면서 1년여 시간을 백범과 함께 살았다. 그 시간을 통해 그의 생이 슬픔으로 채워져 있다는 걸 느꼈다. 그래서 '슬픔'이라는 키워드로 김구를 읽어내려 했다. 범상한 사람이 아닌 이의 슬픔은 그 슬픔까지도 범상치 않다는 것 또한 알게 됐다."[12]

소설에서 언급되고 있는 슬픔은 이야기 속 인물들의 감정이 아니다. 그 인물과 사건을 해석하는 김별아의 슬픔이다. 소설 속 등장인물들이 말하는 슬픔도 발화자인 김별아의 목소리이다. 이러한 목소리는 한국 근대사를 보는 김별아의 역사 해석의 결과이다. 예를 들어 구한말 조선의 외교정책을 두고 소설 속 화자는 이렇게 말한다.

전쟁이 일본의 승리로 끝나자 왕비는 원교근공의 정책을 내세워 러시아에 의지했고, 지팡이에 의지하지 않고는 걷지도 못하는 늙은 대원군은 전쟁의 승리를 물거품으로 돌리려는 왕비를 제거하고자 음모를 꾸민 일본에게 이용되었다. 여기에 무슨 소신이

---

11) 김별아, 앞의 책, 277, 287쪽.

12) "촛불집회에서 본 희망이 나를 돌아오게 했다", 오마이뉴스, 2008년 8월 15일자.

있고 원칙이 있는가? 세계 질서와 왕조의 미래를 내다보는 식견이 있는가? 어리석은 어머니가 자식의 숨통을 졸랐다. 버릇을 가르친다며 짓두들겼고, 물에 빠지니 바위를 던졌다. (김별아, 37)

역사의 사건을 말하는 소설 속 화자의 독백은 김별아의 목소리로, 여기에는 역사 사실에 대한 '담론의 허구'가 들어가 있다. 다시 말해 역사 사실에 대한 해석은 작가의 담화에 의한 허구라는 점이다. 패트릭 오닐이 주장하는바, 모든 담론은 잠정적이다. 김별아의 역사 해석과 담론 역시 잠정적이다. 이는 한국 근대사가 화자에 의해 다르게 해석되고, 각기 다른 관점과 가치관으로 스토리텔링되기 때문이다.

서사 전달 방식에서 우리는 서술자의 목소리, 즉 발화자가 김구가 아닌 김별아라는 점을 의식해야 한다. 소설『백범』에서 '나'는『백범일지』의 '나'인 김구와 다르다. 같은 치하포 사건에 대한 서사를 전달하는 데 있어 김구가 외부 상황의 재현에 충실하다면 김별아는 내적 사유를 재현해 전달하고 있다. 하지만 그 사유는 김구 자신의 것이 아니라 김별아의 자의식이 침입한 것이다.

서사학에 따르면 스토리는 말하는 '목소리'와 보는 '눈'을 매개로 풀어진다. 목소리는 서술자에 속하고 보는 눈은 초점자에 속하는데, 둘은 서로 동일할 수도 있고 아닐 수도 있다. 여기에서 초점자는 지각되는 의식의 중심에서 '누가 지각하고, 생각하고, 추정하고, 이해하고, 욕망하고, 기억하고, 꿈꾸는가?'를 의미한다.[13] 그런 의미에서 소설『백범』에서 이루어지는 김구의 생각은 화자인 김별아의 자의식의 결과이다. 두 작품 모두 텍스트 내의 서술자는 김구이지만 초점자는 다르다. 목소리는 같지만

---

13) 패트릭 오닐, 앞의 책, 151-153쪽.

보는 눈은 다른 셈이다.

김별아는 자신이 느낀 '슬픔'을 담화로『백범일지』의 이야기를 재구성해 한국 근대사의 담론에 참여하고 있다. 소설을 통해 김별아는 김구와 한국 근대사의 슬픔을 이야기하고 있지만 이 슬픔은 사건의 인과관계를 구성하는 플롯의 기능은 하지 않는다. 다시 말해 슬픔 때문에 사건이 일어나지는 않는다. 다만 인물과 사건을 슬픔을 주제로 재구성하고 있을 뿐이다.

한편 영화 〈아아 백범 김구 선생〉은 김구의 생애를 시간순으로 보여준다. 영화에서 다루어지고 있는 역사 사실은 김구의 피살, 동학혁명, 안태훈과 고능선과의 만남, 치하포 사건, 인천 감리서에서의 감옥 생활, 양산학교 교육사업, 상하이 임시정부 생활, 피격 사건, 중일전쟁, 윤봉길 의거, 광복 등이다. 영화를 통해 전창근은 역사적 상황 속에서 김구가 어떻게 처신하였는가를 이야기한다. 배고프고, 희망이 없고, 서로를 믿지 못하고, 배신하는 상황에서 김구는 상대를 배려하고, 믿고, 용서하는 모습을 보여준다. 독립운동가들에게는 그것이 활동의 힘과 원동력이 된다. 하지만 이러한 사실은『백범일지』에 나와 있지 않다. 김구를 인간적으로 표현하고자 했던 감독의 상상력의 결과이다.

영화 〈아아 백범 김구 선생〉의 특징은 의심, 절망, 기만과 같은 플롯을 중심으로 허구적 이야기가 만들어졌다는 점이다. 이는 자서전『백범일지』와 소설『백범』이 역사 사실의 구성을 통해 담화를 전달하고 있다는 것과 차별되는 부분이다.

3 사실서사와 허구서사의 결합

『백범일지』, 〈아아 백범 김구 선생〉, 『백범』은 역사를 서사적으로 구성한 역사 이야기이다. 여기에는 실제 사실서사와 작가가 만들어낸 허구서사가 공존한다. 앞서 언급했듯이 『백범일지』에서 김구는 기억에 의존해 자신이 경험한 사건들을 자신의 담화로 이야기한다. 이때 담화를 만드는 과정에서 '허구성'이 발생한다. 패트릭 오닐은 이것을 '담화의 허구'라고 말한다. 즉 사건과 사건을 이야기로 엮는 담화 과정에서 허구성이 작용한다는 것이다.

예를 들어 치하포 사건의 경우 김구는 자신이 살해한 일본인이 무기를 소지한 군인이었다고 말한다. 하지만 역사 사실과 『백범일지』의 내용을 비교한 배경식의 추정에 따르면 김구는 심문 과정에서 자신이 살해한 일본인이 군인이 아니라 상인이라는 사실을 알게 된다. 그렇게도 김구는 그가 국모를 시해한 미우라(三浦梧樓)이거나 적어도 미우라의 공범일 것이라는 자신의 오해를 수정하지 않는다. 그리고 사람들이 보는 앞에서 밥 일곱 공기를 먹고 일본인을 혼자 응징하는 당시 상황을 이야기한다. 배경식은 이것을 '자기 정당화'를 위한 의도된 서술이라고 해석한다. 즉 살해된 일본인이 민간인이라는 것을 인정하면 자신의 살해 동기인 '국모 보수'의 의미가 희석되기 때문에 재판 과정에서 드러난 사실을 언급하지 않았다는 것이다.[14]

이야기 과정에서 나타나는 이러한 현상을 담화에 의한 허구로 볼 수 있다. 치하포 사건은 김구가 자신의 구국 의지를 행동으로 드러내 보

---

14) 배경식, 앞의 책, 159쪽.

인 사건이다. 이 사건은 한국사라는 공적인 영역보다 김구의 개인사에서 보다 중요한 의미를 지닌다. 김구는 치하포 사건의 전후 상황을 모두 서술하기보다 '자신의 나약함을 극복하고 구국의 의지를 실천했다'는 담화로 이야기하면서 사건을 생략하고 재구성한다. 김구는 치하포 사건을 서술하는 서두에 "나 한 사람만 자유자재로 연극을 연출하는 방법을 쓰기로 했다."라고 말한다. 사건의 정황을 연극처럼 각색해 재현하겠다는 것이다.

배경식에 따르면 당시 치하포 사건이 있을 때 김구 곁에는 다른 동료들도 함께 있었다. 그럼에도 혼자 사건을 주동한 것으로 기록하였다. 여기에서 우리는 김구가 역사적 기록을 남기기 위해 『백범일지』를 기록한 것이 아니라 후손들에게 선조들의 구국 의지를 전하기 위해 썼다는 서사 목적을 상기해야 한다. 김구가 치하포 사건을 사실적으로 기록하기보다 극적으로 표현한 이유도 자신의 구국의지를 전달하기 위해서였다. 이러한 서사 목적에서 이야기가 시작되었고 그 메시지를 전달하는 과정에서 담화의 허구가 이루어진 것이다.

『백범일지』가 역사 텍스트라 할지라도 여기에는 역사 사실을 이야기하는 사실서사와 허구를 이야기하는 허구서사가 공존하고 있다. 김구가 일본인을 살해했다는 것은 사실이지만 그 과정을 묘사한 것에는 허구가 포함되어 있다.

영화와 소설에서는 사실서사와 허구서사가 보다 분명하게 구분된다. 영화 〈아아 백범 김구 선생〉은 다음과 같은 열한 가지의 역사 사실을 다루고 있다.

① 김구가 피살되다.

② 김구가 동학운동을 하다.

③ 김구가 일본인을 살해하다.

④ 김구가 교육사업을 하다.

⑤ 김구가 상하이에서 임시정부 활동을 하다.

⑥ 윤봉길이 의거하다.

⑦ 김구가 피신 생활을 하다.

⑧ 김구가 저격을 당하다.

⑨ 일본이 중일전쟁을 일으키다.

⑩ 김구가 광복군을 창설하다.

⑪ 광복이 되어 귀국하다.

전체 이야기의 뼈대가 되는 열한 가지의 핵심 서사는 사실이지만 주변 이야기에는 허구가 들어간다. 예를 들어 ⑤와 ⑧은 서로 다른 인물이 등장하는 사건이지만 영화에서는 한태규라는 동일한 인물이 일본군 밀정이자 김구의 피살자로 등장한다. 『백범일지』에 나오는 한태규는 프랑스 조계지의 임시정부에서 일하던 경호원이었다. 일본 정부에 매수되어 밀정활동을 하다가 동거녀에게 발각되자 그녀를 살해해 체포된 인물이다. 김구가 임시정부 시절에 저격을 받은 것은 사실이다. 하지만 그를 쏜 것은 한태규가 아니라 임시정부에 불만을 품은 조선혁명당원 이운환이었다.[15] 감독은 두 역사 인물의 역할을 한태규 한 사람에 통합해 역사 사실을 이야기한다. 고능선의 손녀도 『백범일지』에서는 김구와 약혼했다

15)   김구, 앞의 책, 307-309, 369쪽.

가 파혼한 후 언급되지 않지만, 영화에서는 다른 사람과 결혼해 부부가 함께 김구의 교육사업을 돕는 것으로 그려진다. 이처럼 〈아아 백범 김구 선생〉에서는 사실서사와 허구서사가 혼재되어 이야기되고 있다. 여기에는 영화의 제한된 상영시간 내에 김구의 삶에서 중요한 사건들을 압축적으로 보여주기 위한 장르와 매체상의 특성이 작용했을 것이다.

하나의 역사 이야기에 공존하는 사실서사와 허구서사는 서사의 핵심이 되기도 하고 서사의 주변이 되기도 한다. 때문에 우리가 인식해야 하는 것은 역사 이야기는 사실과 허구의 조합으로 만들어진다는 점이다.

채트먼은 서사적 사건들이 연관의 논리뿐 아니라 위계(hierarchy) 논리도 지니고 있다고 말한다. 즉 어떤 사건들은 나머지 사건들보다 더 중요하다는 것이다. 채트먼은 그것을 중핵과 위성으로 구분한다.[16] 중핵은 사건들을 야기시키는 서사적인 순간들이다. 이것은 구조 내의 중심점이나 이음 부분이고 서사가 한 방향으로 진행하도록 하는 분기점들이자 중요한 플롯이 된다. 그래서 중핵이 생략되면 서사적 논리가 파괴된다. 위성(satellite)은 부차적인 사건이다. 위성은 플롯의 논리를 파괴하지 않고도 생략될 수 있다. 대신 위성을 생략하면 미학적으로 서사물을 빈곤하게 한다. 위성들은 중핵들을 선행하거나 그 뒤를 따르는 방식으로 중핵과 연결된다. 이를 도식화하면 〈그림 9〉와 같다.

이러한 채트먼의 '서사 사건의 위계 논리'에 비추어봤을 때 〈아아 백범 김구 선생〉에서 서사의 흐름을 결정하는 중핵은 사실서사로 이루어진다. 하지만 위성은 허구서사로 이루어지고 있다.

그 반대의 경우도 있다. 즉 허구서사가 중핵을 이루고 사실서사가 위성을 이루는 경우가 있다. 류승완 감독의 〈다찌마와 리: 악인이여 지옥

---

16)   채트먼, 앞의 책, 61-65쪽.

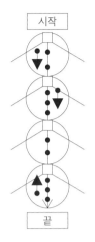

- □ - 중핵
- 수직선 상의 ● - 위성
- 수직선 밖의 ▲ - 화살표 방향의 위성
  (회고나 예견)
- ↓ - 이야기와 논리의 주요 방향
- / \ - 가능하긴 하지만 취해지지 않은
  서사적 경로

〈그림 9〉 서사 사건의 위계 논리

출처: 채트먼, 김경수 역, 『영화와 소설의 서사구조: 이야기와 담화』, 민음사, 1990, 63쪽.

행 급행열차를 타라(이하 다찌마와 리 2)〉가 그것이다.[17] 〈다찌마와 리 2〉는 군자금을 조달하는 독립운동가들의 비밀명단이 적힌 황금불상을 찾으려는 일본군의 첩보원, 중국의 마적단, 그것을 지키려는 임시정부 비밀요원들 사이에 벌어지는 첩보 액션 영화이다. 시간적 배경은 1942년, 공간적 배경은 북경, 상하이, 일본, 만주이다.

여기에서 김구는 독립운동가들의 명단이 있는 황금불상을 확보하기 위해 첩보원을 파견하는 임시정부 대표로 등장한다. 100분의 러닝 타임 중에 김구는 세 번 등장한다. 첫째, 두만강에서 김좌진 장군을 만나 황금불상을 구하는 데 비밀요원인 다찌마와 리를 파견하기로 결정할 때 (00:13:17), 둘째, 흑룡강에서 김좌진 장군을 만나 황금불상이 마적단의 손

---

17) 〈다찌마와 리〉는 류승완 감독의 연작 영화이다. 1편은 2000년, 2편은 '악인이여 지옥행 급행열차를 타라'는 부제와 함께 2008년에 제작되었다.

〈그림 10〉 〈다찌마와 리 2〉에 등장하는 김구

에 넘어갔다는 위기상황을 알게 될 때(00:37:50), 셋째, 황금불상을 확보한 후 압록강에서 김좌진 장군을 만날 때(01:29:36)이다. 영화 〈다찌마와 리 2〉에서 김구와 독립운동은 첩보 영화의 서사 배경과 플롯을 제공한다. 다른 모든 등장인물은 허구지만 김구와 김좌진 장군과 같은 실제 역사 인물이 등장함으로써 수용자는 일본군, 마적단, 임시정부의 삼각 구도 안에서 황금불상을 확보하려고 벌이는 서사의 흐름을 자연스럽게 받아들이게 된다. 창작자는 허구의 이야기 속에 역사 사실을 언급하고 수용자는 역사적 사실의 인식 속에서 허구서사의 개연성을 자연스럽게 이해하게 된다. 영화는 한국 근대사를 그대로 재현하고 있다기보다 언급하고 있을 뿐이다.

  그렇다면 역사 이야기에서 사실서사와 허구서사는 어떻게 결합되는가? 역사드라마 장르를 연구한 주창윤은 그 결합 방식에 따라 역사드라마 서술방식이 달라진다고 주장한다. 그는 역사적 개연성과 허구적 상상력을 기준으로 기록적 서술, 개연적 서술, 상상적 서술, 허구적 서술을 구분한다. 기록적 서술은 정사에 기록된 역사를 최대한 모방하는 서술방식이다. 개연적 서술은 역사 사건의 내적 개연성에 더 치중한 역사 이야기이고 상상적 서술은 실제 일어난 사건을 허구적 상상력에 더 의존해 이야기하는 방식으로 야사를 반영하는 경우가 많다. 허구적 서술은 실제 일

<표 16> 역사드라마의 서술방식

항 목	기록적 서술	개연적 서술	상상적 서술	허구적 서술
역사기술	모방	개연성 〉 허구성	개연성 〈 허구성	전설, 설화, 활극
역사자료	정사(正史)	정사의 활용	야사	전설, 설화 등
역사적 해석	외적 개연성	내적 개연성	상상적 해석	규범적 해석
작가의 역할	역사가	역사에 대한 보완자	역사에 대한 배경 설명자	이야기 전달자
대표적 드라마	〈풍운〉, 〈개국〉, 〈독립문〉, 〈조선왕조 500년〉	〈용의 눈물〉, 〈태조 왕건〉, 〈무인시대〉	〈여인천하〉, 〈허준〉, 〈상도〉, 〈대장금〉	〈전설의 고향〉, 〈춘향전〉, 〈암행어사〉

출처: 주창윤, 2004, 175쪽; 2007, 375쪽 재구성.

어나지 않은 사건을 단지 과거를 배경으로 한 역사 이야기를 의미한다. 이를 정리하면 〈표 16〉과 같다.[18]

주창윤이 구분한 역사서사물의 서술방식에 따르면 『백범일지』는 한국 근대사에 실제 했던 사건과 인물을 기록했다는 점에서 기록적 서술에 해당한다. 〈아아 백범 김구 선생〉은 역사 사실을 주요 사건으로 다루고 있지만 사건 전개의 플롯이 감독의 상상력에 의한 상상적 서술에 해당한다. 『백범』은 당시의 역사 사실을 추가하면서 한국 근대사 사건들의 개연성 속에서 인물들의 심리를 보완해 역사를 해석했다는 점에서 개연적

18) 주창윤의 역사 서술 방식에는 '전형적 서술'이 있다. 그가 말하는 전형적 서술은 루카치의 역사소설론에 기초한다. 루카치는 톨스토이의 『전쟁과 평화』가 역사소설의 가장 보편적이고 궁극적인 원리인 민중성의 원리를 보여주는 역사소설의 전형이라고 보았다. 게오르크 루카치, 이영욱 역, 『역사소설론』, 거름, 1987, 110쪽. 주창윤은 이것이 역사 서술의 전형이라고 보았기 때문에 민중사적 내용을 전형적 서술이라고 말한다. 〈토지〉, 〈천둥소리〉, 〈대망〉 등 민중들의 삶을 다루는 드라마가 그 예이다. 이때 작가는 역사적 진실의 전달자로 역사의 총체성을 보여주고자 하고, 역사적 개연성은 진실을 추구하면서 서술한다. 하지만 상술한 바, 이글에서 필자는 모든 역사 이야기가 보편의 가치를 추구하고 있다고 전제하고 있다. 따라서 주창윤이 설정한 전형적 서술은 역사의 진실을 파악하려는 개연적 서술과 같은 맥락으로 파악해 생략하였다.

〈표 17〉 서술방식 측면에서 본 작품들의 성격

서사 구분	사실서사 → 허구서사			
역사 서술	기록적 서술	개연적 서술	상상적 서술	허구적 서술
역사 이야기	『백범일지』	『백범』	〈아아 백범 김구 선생〉	〈다찌마와 리 2〉

서술이라 할 수 있다. 〈다찌마와 리 2〉는 한국 근대사를 언급만 하는 허구적 서술이다. 『백범일지』와 『백범』이 사실서사에 가깝다면 〈아아 백범 김구 선생〉, 〈다찌마와 리 2〉는 허구서사에 가깝다. 〈표 17〉은 이를 정리한 것이다.

　팩션과 같은 역사 이야기에는 사실과 허구가 공존한다. 사실을 허구적으로 이야기하기도 하고 허구를 사실적으로 이야기하기도 한다. 『백범일지』, 〈아아 백범 김구 선생〉, 『백범』, 〈다찌마와 리 2〉에서 알 수 있듯이 정도의 차이는 있지만, 누군가 역사를 이야기할 때는 사실과 허구가 섞이기 마련이다. 그렇다면 역사를 이야기하지 않아야 할까? 누군가 역사를 이야기하지 않는다면 사람들은 역사를 인식하지 못하게 된다. 극단적으로 말하면, 이야기되지 않는 역사는 존재하지 않게 된다. 현재 우리 사회에서 이야기되지 않는 역사, 소통되지 않는 역사는 지금 우리의 현실에서는 존재하지 않는 역사인 것이다. 역사는 늘 있는 것이지만 그것이 이야기로 소통될 때 사람들은 인식하게 된다.

　김기봉의 말처럼, 사실서사와 허구서사는 모든 시대에 공존해왔다. 사실서사와 허구서사를 통해 인간이 역사를 통해 궁극적으로 이야기하고, 추구해야 하는 것은 인간 삶의 진실이 무엇이고, 역사의 진실이 무

엇이며, 인간의 꿈이 무엇이냐는 것이다. 역사를 이야기한다는 것은 역사를 통해 인간의 삶을 이해하는 것이다. 다만 역사 사실이 이야기하는 삶의 의미와 메시지를 전달하는 과정에서 발화자의 허구가 개입된다. 이것이 역사 이야기에 사실과 허구가 공존하는 이유이다.

9장 스토리텔링의 요소와 구조

　역사문화콘텐츠의 서사를 분석하고 개발하기 위해서는 서사행위를 위한 스토리텔링 요소, 서사물의 서사형식 구조와 서사성을 이해해야 한다. 그래야만 역사 사실이 역사 이야기로 만들어질 수 있기 때문이다. 이 장에서는 서사학 이론을 기초로 작품을 분석하고 스토리텔링의 요소, 구조, 서사성에 대하여 살펴보고자 한다.

1 서사행위 요소

1) 서사행위 요소의 이해

스토리텔링은 이야기를 하는 서사행위에서부터 시작된다. 하지만 스토리텔링은 단순히 이야기를 만드는 것이 아니라 이야기를 가지고 의사소통을 하는 데 그 목적이 있다. 이는 서사에 대한 정의에 잘 나타나 있다.

서사학자 패트릭 오닐은 서사를 다음과 같이 정의한다. "서사는 누군가에 의해서 그리고 누군가를 위해서 이야기되는 것이다. 왜냐하면 모든 스토리는 이야기를 하는 자가 자기 자신에게만 이야기를 한다고 할지라도 수신자가 전달받을 것을 목적으로 이야기되기 때문이다. 따라서 모든 서사는 무엇을 어떻게 이야기하느냐의 문제이고, 서사는 반드시 이야기되는 스토리를 포함한다."[1]

이러한 서사의 관점에서 스토리텔링에서 고려되어야 하는 것은 "누가 누구를 위해 무엇을 어떻게 왜 이야기하는가"이다. 스토리텔링을 하기 위해서는 서사행위를 위한 행위자와 대상, 방법이 있어야 한다. 서사학자 프랜스는 이러한 서사행위의 요소를 다음의 네 가지로 제시한다. 화자, 수화자, 서사, 서사대상 제시방법이 그것이다.

첫째, 화자는 이야기를 하는 '나'의 존재이다. 화자는 인물구성, 작품의 해석과 반응에 있어 간섭의 정도, 자의식의 정도, 서사 대상과 수화자로부터의 거리에 영향을 미친다. 화자는 자기 자신일 수도 있고 타자일 수도 있으며, 단수일 수도 있고 복수일 수도 있다. 사람일 수도 있고, 동식물이나 물체일 수도 있고, 신과 같은 영혼의 존재일 수도 있다. 또한 이 화자의 존재는 서사에 침입하거나 자의식을 나타낼 수 있다. 화자의 말이 어느 정도 믿을 만한 것인가 하는 신빙성의 문제도 고려되어야 한다. 그리고 화자와 이야기되는 대상, 즉 사건과 인물들 간의 거리, 수화자 간의 거리도 서사에 영향을 미친다. 이처럼 화자의 침입 정도, 자의식의 정도, 신빙성, 서사 대상이나 수화자로부터의 거리는 화자의 인물 구성에 영향을 미칠 뿐만 아니라 서사물에 대한 수용자의 해석이나 반응에도 영향을 미친다.[2]

둘째, 수화자는 '나'의 이야기를 듣는 '너'의 존재이다. 하나의 서사물 내에서 수화자의 인물, 태도, 지식 또는 그가 처해 있는 상황을 지시하는 신호는 어떤 것이나 '너'의 기호가 된다. "수화자가 화자에 대해 얼마만큼 알고 있는가?" 하는 지식의 정도는 각기 다른데, 이는 서사 내용에

---

1)   오닐, 앞의 책, 25-26쪽.
2)   프랜스, 앞의 책, 17-23쪽.

영향을 미칠 수 있다. 또한 수화자는, 정도의 차이는 있지만, 자신에게 이야기되는 서사 내용에 감동을 받고 영향을 받는다. 수화자는 개인일 수도 있고 집단일 수도 있으며 동질 집단일 수도 있고 이질적인 구성원들의 집단일 수도 있다. 그리고 화자와의 유사성이나 상이성의 차이와 등급에 따라 서사물의 해석과 반응이 달라지게 된다.[3]

셋째, 서사이다. 서사는 서사의 시간, 공간, 조건, 층위를 의미한다. 서사의 시간은 서사 발생 시간과 서사 대상의 발생 시간 사이의 전후 관계를 기준으로 사후(事後) 서사, 사전(事前) 서사, 동시 서사로 나뉜다. 일반적으로 과거의 일을 이야기하는 사후 서사가 많지만 예언이나 가상 같은 미래의 일을 이야기할 때는 사전 서사이다. 동시 서사는 사건의 진행과 함께 이야기하는 것을 의미한다.[4] 또한 사건을 언제 썼느냐에 따라 '시간적 거리'가 발생한다. 사건이 일어난 지 얼마 후 또는 얼마 전에 서사가 되었느냐 하는 시간적 거리는 작중 인물의 캐릭터를 구성하고 테마의 의미를 강화하는 기법으로 기능한다. 서사와 서사 대상 사이의 시간 거리의 변화는 서사물의 말하는 톤이나 전개 방식, 현장감에 영향을 미칠 수 있고 같은 사건이라도 다른 시기에 이야기한다면 그때마다 화자의 관점과 서사 내용은 바뀔 수 있다. 또한 지속 기간도 서사에 영향을 미친다. 서사는 실제 사건 시간에 비해 짧을 수도 있고 길 수도 있다.[5]

공간으로도 서사를 제시할 수 있다. 공간은 서사물에서 인물이나 소재의 특징을 구성하는 역할을 한다. 인물이 어디에 있고 사건이 어디

---

3)   위의 책, 33-40쪽.

4)   문학작품에 한해 서사를 설명하고 있는 프랭스는 동시 서사를 문법적 시제에 한해 설명한다. 과거의 사건도 생동감을 위해 현재 시제를 사용할 수 있고, 서술에서 일정하게 시간적 순서가 나타나지 않기 때문에 동시 서사는 명확하게 구분하기가 힘들다. 위의 책, 43-44쪽.

5)   위의 책, 47-49쪽.

에서 발생하느냐에 따라 서사 대상은 다르게 표현될 수 있다.[6] 게임은 유저들이 공간을 이동하면서 이야기가 전개되는 공간 서사에 의해 주로 이루어진다. 또한 답사나 관광도 공간으로 서사를 제시한다. 서사에 작용하는 조건은 서사의 발단이나 원인, 화자와 서사와의 관계, 서사를 전개하는 매체 등 서사행위에 영향을 미치는 것들이다. 매체에 있어서도 문학이 인쇄매체라는 단일 미디어를 통해 제시된다면 문화콘텐츠는 인쇄매체를 포함해 드라마와 영화 같은 영상매체와 공연, 전시, 축제와 같은 공간매체, 웹과 온라인 게임과 같은 디지털 매체 등을 아우르고 있기 때문에 서사를 어떤 매체로 전달하느냐는 조건은 중요하게 고려되어야 한다. 서사의 층위는 하나의 서사물 안에 여러 줄기의 서사를 의미한다.[7]

넷째, 서사 대상을 제시하는 방식이다. 프랭스는 문학의 경우, 명시적인 방법이나 암시적인 방법, 직접화법과 간접화법, 서사의 순서, 시점, 속도 등을 통해 서사 대상을 제시한다고 말한다.[8] 이를 역사 이야기에 적용해보았을 때, 다큐멘터리, 답사, 전시가 정보를 명시적으로 제시한다면 소설, 영화, 공연, 회화 등은 암시와 상징적인 제시에 가깝다. 서사 순서는 선형적으로 제시될 수도 있고 수용자가 원하는 순서로 비선형적으로 이루어질 수도 있다. 상술한 서사행위의 요소를 정리하면 〈표 18〉과 같다.

스토리텔링은 서사행위를 통해 이루어진다. 스토리텔링이 어떻게 이루어졌는가는 서사행위 요소를 통해 분석이 가능하다. 다음 장에서는 『백범일지』, 〈아아 백범 김구 선생〉, 『백범』을 서사행위 요소로 분석해봄으로써 세 작품의 행위자와 서사 대상, 제시 방식을 살펴보고자 한다.

---

6) 위의 책, 51쪽.
7) 위의 책, 52–54쪽.
8) 위의 책, 55–92쪽.

<표 18> 서사행위 요소

항목		내용
화자	'나'의 기호	이야기를 하는 존재
	화자-인물	화자의 서사 참여 여부
	고려사항	정보 해석에 대한 자의식과 간섭의 정도, 신빙성의 정도
	복수 화자	서사에 참여하는 두 사람 이상의 화자
수화자	'너'의 기호	이야기를 듣는 존재
	수화자-인물	수화자의 서사 참여 여부
	지식	수화자가 화자에 대해 알고 있는 지식
	변화	수화자가 서사에서 받는 감동과 영향
	규모	개인 단독이나 집단의 다수와 같은 수화자의 규모
	단계	최종 수화자와 중간 수화자
서사	시간	서사와 서사 대상 사이의 시간 거리
		사전 서사, 사후 서사, 동시 서사
	공간	인물이나 소재의 특징을 구성하는 공간
	조건	서사의 발단이나 목적
		서사를 전개하는 매체
		화자와 서사와의 관계
		기타 서사행위에 영향을 미치는 조건
	층위	서사물 안에 있는 여러 줄기의 서사
서사정보 제공방식	표현방식	전달되는 정보의 명시성과 암시성
	전제정보	정보를 끌어들이기 위한 전제
	화법	말하는 방식
	순서	선형적 · 비선형적으로 이루어지는 서사 순서
	시점	서사의 시점
	속도	사건을 제시하는 속도

2) 세 작품의 서사행위 요소 분석

(1) 자서전『백범일지』의 서사행위 요소

먼저 자서전『백범일지』를 서사행위 요소별로 분석해보자.『백범일지』의 화자는 김구이고 수화자는 두 아들인 인과 신이다. 서사 목적은 어린 두 아들에게 자신의 생애를 알려주기 위함이었다. 화자인 김구는 작중 인물의 주인공으로 서사에 참여하는데, 이는 앞서 언급한바, 자서전 연구자 르죈이 정의한 자서전의 고전적 표현 형식이다. 저자와 화자의 동일성은『백범일지』의 자서전적 형식을 보다 명확히 규정짓는 서사행위 특징의 하나이다. 화자는 작품의 주인공으로 적극적으로 서사에 개입해 참여하고 있으며 거기에서 거론된 인물들과의 직간접적인 관련을 맺고 있다. 서술된 내용과 실제 역사 사실과도 많은 부분 일치된다는 점에서 화자의 신뢰도와 서사의 신빙성은 높은 편이다.[9]

김구가『백범일지』를 쓴 이유, 즉『백범일지』의 서사 목적은 자신의 삶을 자식들에게 남기기 위해서였다. 출간본 서문에서 김구는 "어린 두 아들에게 자신의 지난 일을 알리고자 하는 동기에서 유서 대신 쓴 것이 상편이고, 하편은 미주와 하와이에 있는 동포들을 염두에 두고, 민족 독립운동에 대한 경륜과 소감을 알리기 위해 쓴 유서이다."라고 밝히고 있다. 수화자는 시간이 경과하면서 점차 확대되는 특징을 보인다. 상권과 하권을 집필하던 1928년과 1941년의 수화자는 자식들과 해외 동포들이었지만 국사본으로 출판이 된 이후 수화자는 일반 대중이 되었고 외국어

---

[9] 자서전이 화자와 저자, 주인공이 모두 동일하다고 해서 서사가 항상 믿을 만한 것은 아니다. 주진오는 서재필의 자서전 내용과 실제 역사 사실을 비교 검토해 역사적으로 왜곡된 부분을 지적하고 있다. 자서전 화자의 신빙성 부분은 서사 내용의 역사 사실 검토를 통해 먼저 확인되어야 한다. 주진오, 「유명인사 회고록 왜곡 심하다 서재필자서전」,『역사비평』제16호, 1991 참조.

로 번역되면서 그 범위는 더욱 확대되었다.

집필이 이루어진 1928년부터 1929년은 임시정부의 활동 침체기로 독립운동가들은 임시정부를 떠나고 재정상황도 악화된 시기였다.[10] 1927년 국무위원에 선출된 김구는 임시정부를 다시 일으키기 위한 재정확보를 위해 미주 교포들에게 편지를 보내면서 지원을 호소했다. 임시정부 존폐의 위기상황, 독립운동의 위기상황, 생존의 위기상황 속에서 김구는 『백범일지』에 자신의 전 생애를 기록한 것이다. 이 역시 김구가 서사행위를 하게 된 조건이라 할 수 있다.

『백범일지』 서사의 발생 시간은 과거를 회상한다는 점에서 사후 서사이다. 하지만 서사행위가 이루어지는 시점과 서사내용과의 시간 거리는 한국 근대라는 동시대이다. 김구가 『백범일지』를 집필한 서사공간은 망명지인 상하이(1928, 상권)와 중경(1941, 하권)이다. 하지만 이야기되고 있는 공간은 한말 조선, 대한제국, 식민지 조선의 세 시대를 거치는 동안의 공간이다. 특히 김구는 피신과 여행을 하면서 여러 지역을 다녔기 때문에 그가 사람을 찾아 방문했던 곳들도 서사공간으로 이야기된다. 이러한 공간들은 김구의 활동을 보여주는 공간적인 배경이 된다.

서사 대상의 제시 방식은 서사물의 정보가 제시되는 방식이다. 먼저 『백범일지』에서 다루어지고 있는 주요 정보와 사건을 중심으로 다음과 같은 논제로 정리하였다.

① 김구가 1876년 황해도 해주에서 태어나다.
② 김구가 동학교도가 되어 동학혁명에 참여하다.

---

10) 김구가 국무위원으로 선출되기 전인 1925년부터 1926년 사이 임시정부의 대표직은 사임과 재선출을 반복하면서 박은식, 이상룡, 안창호, 홍진 등 무려 네 사람이 거쳐 갈 정도로 인재난이 재정난이 심각했다.

③ 김구가 스승의 제안으로 청국을 시찰하다.

④ 김구가 치하포에서 일본인을 살해하다.

⑤ 김구가 인천 감리서에서 감옥 생활을 하다.

⑥ 김구가 감옥을 탈옥해 삼남 지방을 여행하다.

⑦ 김구가 마곡사에서 스님이 되어 불도를 깨닫다.

⑧ 김구가 고향에 돌아와 예수교로 개종한 뒤 전도와 신학문을 교육하다.

⑨ 을사늑약이 체결되자 김구가 신민회에 들어가 활동하다.

⑩ 김구가 고향에 돌아가 사범교육 활동에 전념하다.

⑪ 김구가 안명근의 안악 사건과 신민회 사건으로 고문을 받고 수감 생활을 하다.

⑫ 김구가 출옥 후 고향에서 농감생활을 하다.

⑬ 김구가 상하이로 망명해 대한민국 임시정부의 경무국장이 되다.

⑭ 김구가 사상 갈등을 해결하기 위해 국민대표대회를 실시하고 국무령을 선포하다.

⑮ 김구가 이봉창과 윤봉길 의거를 계획해 실행하다.

⑯ 김구가 상하이를 탈출해 광동에서 피신 생활을 하며 선상에서 지내다.

⑰ 김구가 장제스를 만나 군관학교 양성 계획을 세우다.

⑱ 김구가 5당 통일운동을 하다.

⑲ 김구가 중일전쟁이 발발한 남경을 피해 피난생활을 하다.

⑳ 김구가 전시수도 중경에서 7당 통일회의를 하다.

㉑ 김구가 광복군을 창설해 광복 전쟁을 위한 군사를 양성하다.

㉒ 김구가 일본이 항복하자 조국으로 귀국하다.

㉓ 김구가 귀국 후 삼남 지방과 서부 지방을 순회하다.

서사 정보를 말하는 방식인 화법은 인물서술자인 김구가 실제로 말하고 생각하고 행동한 것을 우리가 그 자리에 같이 있는 것처럼 서술한다. 김구의 이러한 서술방식은 마치 연극을 보는 듯한 재현 효과를 가져온다. 김구는 자신이 경험한 사건의 극적인 상황과 심리상태를 상당히 사실적으로 표현하고 있다. 다음의 치하포 사건의 서사 제시 방식에서 알 수 있듯이, 주변의 상황과 오고간 대화, 자신의 생각을 사실적으로 표현하고 있다.

> 그 왜놈이 만약 조금이라도 불안한 상태를 느끼게 되면 거기 대비하게 될 터이니. 일단 아무 눈치도 채지 못하도록 안심을 시키고, 나 한 사람만 자유자재로 연극을 연출하는 방법을 쓰기로 했다. (중략)
> "내가 좀 청했소이다. 다름 아니라 내가 오늘 700여 리나 되는 산길을 걸어서 넘어가야 하는데, 아침을 더 먹고 가야겠으니 밥 일곱 상(7인분)만 더 차려다 주시오." 주인은 아무 대답 없이 나를 보기만 하더니, 내 말에는 대답도 아니하고 방 안에서 아직 밥을 먹고 있는 다른 손님들을 보고서 이렇게 말했다. "젊은 사람이 불쌍도 하다. 미친놈이군."

서사의 순서는 시간의 흐름에 따른 선형적인 연대기순이다. 시점은 화자인 김구의 시점으로 서사가 제시되었다.

(2) 영화 〈아아 백범 김구 선생〉의 서사행위요소

영화 〈아아 백범 김구 선생〉은 1960년 12월 31일, 국도극장에서 개봉했다. 제작사는 중앙문화영화사, 제작자 성동호, 기획 임춘식, 촬영 고덕진, 편집 전창근, 감독 전창근, 각본 최금동 등이었다. 출연진은 전창근, 조미령, 주증녀, 신영균, 윤일봉, 이향, 조용수 등이다.

각본은 1960년 8월에 탈고돼, 9월에 제작이 시작되었다. 착수한지

4개월 후인 12월에 개봉이 되었다.[11] 서사의 시간이 일제 식민지를 벗어난 후 1세대가 채 지나지 않은 시점이며 한국전쟁 후 휴전 상태에서 대한민국 정부가 들어선 시점이다. 당시 〈아아 백범 김구 선생〉 외에도 〈고종황제와 의사 안중근〉(1959), 〈한말 풍운과 민충정공〉(1959), 〈독립협회와 청년 이승만〉(1959), 〈이름 없는 별들〉(1959) 등 근현대사를 소재로 한 영화들이 다수 개봉되었다.[12] 영화평론가였던 이영일은 〈아아 백범 김구 선생〉을 포함해 이러한 사극영화들은 한말-일제하의 민족적 영웅이고, 이들 항일독립운동 영웅들의 전기영화가 구세와 해방을 이루는 영웅전기 사극으로 만들어졌다고 평하고 있다.[13]

　　화자는 각본을 쓴 최금동과 영상을 편집하고 감독한 전창근이다. 시나리오와 완성된 영화를 비교하면 편집된 부분이 많은데, 이는 전창근이 감독과 편집을 겸하고 있었기 때문이다. 또한 전창근은 주인공 김구로 등장함으로써 서사에 적극적으로 개입한다. 상하이에서 활동하며 영화를 만들었던 전창근은 해방 직후인 1946년 〈자유만세〉를 시작으로 안중근, 김구, 3·1운동을 소재로 한 작품들을 제작하였다.[14] 일제 식민시대

---

11)　최금동은 1개월 동안 해운대 온천에서 각본을 탈고했다. "예원 GOSTOP", 조선일보, 1960년 8월 24일자, "김구 전기 영화화", "〈아아 백범〉 로케대(隊) 대만 향발(向發)", 경향신문, 1960년 12월 10일자 기사 참조. 한국영상자료원, 『신문기사로 본 한국영화 1961』, 2005, 566, 578, 689쪽.

12)　〈이름 없는 별들〉은 광주학생독립운동을 다루고 있는 영화이다.

13)　"오락 사극 '붐'을 분석한다: 전근대적 '모랄'을 반영, 현실 도피의 색채 짙고", 한국일보, 1961년 7월 9일자 기사, 한국영상자료원, 앞의 책, 939쪽.

14)　전창근(1908-1973)은 함경북도 회령 출신의 영화인이다. 이 고장 출신으로 선배인 나운규와 윤봉춘이 있다. 1925년 '윤백남프로덕션'에 신인배우로 입사, 그 영화사가 두 번째로 제작한 〈개척자〉에 조연으로 출연하면서 배우로 출발했다. 서울에서 중앙고보를 다니다가 중동고보로 옮긴 후 19세 때인 1926년 상하이로 건너갔으며, 이곳에서 무창대학 중국문학과 2년을 마쳤다. 임시정부가 운영하는 인성학교에서 미술과 체육교사로 재직하며 영화활동을 모색하다가 22세 때인 1928년 이 학교의 교장인 몽양 여운형의 소개로 상하이에 있는 대중화백합영편공사에 입사, 안중근의 일대기를 담은 〈애국혼〉(정기탁)의 각본을 써서 중국 영화계에 등장했다. 상하이 중화학원(中華學院)과 무창대학 시절 김구 등을 알게 되어 싼이학교[三一學校] 교사로 일하는 등 사상적 영향을 받았다. 1929년 감독 이경손이 상하이로 망명한 데 이어 촬영

의 영화감독으로, 영화에서는 독립운동과 해방에 대한 감독의 강한 자의식이 작용하고 있다.

수화자가 되는 관람자는 서사에 참여하지 않는다. 수화자가 화자에 대해 알고 있는 지식은 그가 〈고종황제와 의사 안중근〉, 〈3·1운동〉을 만든 영화감독이라는 점이다.[15] 이 영화의 관람 인원은 5만 명이었다.[16] 1961년에는 독립의식을 강조한 건전한 영화라는 이유로 영화윤리전국위원회가 선정한 청소년 권장 영화가 되었다.[17] 현재는 인터넷을 통해 시청할 수 있다. 영화는 김구의 청년 시절부터 시작되는 김구의 전 생애를 다루고 있다. 전체 내용을 정리하면 다음과 같다.

① 경교장에 있던 김구가 안두희의 저격으로 피살되다.
② 김구가 동학혁명 농민군을 지휘하다가 피신하라는 안태훈의 밀서를 받고 피신하다.
③ 김구가 안태훈 집에서 고능선 선생의 가르침을 받다가 청국행을 떠나다.
④ 김구가 명성황후 시해 소식을 듣고 귀국하던 길에 일본인을 살해

기사 한창섭과 배우 정기탁도 건너왔다. 남양영화사는 각본·감독 이경손, 주연 전창근, 촬영 한창섭이 참여해 영화 〈양자강〉을 제작했다. 국내에도 공개되어 인기를 얻은 이 영화의 성공으로 전창근은 중국 영화계에서 기반을 다졌다. 이어 상하이파이싱영화사[上海派星映畵社]에서 제작한 〈대지의 비극〉·〈초악〉·〈춘시〉 등의 감독을 맡았고 1938년 귀국했다. 중국에서의 활동이 국내에도 알려져 고려영화사 작품 〈복지만리〉의 감독·각본·주연을 맡았다. 이 영화는 일제의 통치를 피해 만주로 이민간 조선 사람들이 겪는 이야기이다. 1941년 개봉되어 상당한 성공을 거두었다. 〈복지만리〉가 배일사상을 담고 있다는 이유로 100일 동안 감옥에 갇히게 된다. 이후 5년 동안 일체의 영화활동을 중단한다. 8·15해방 후 〈해방된 내고향〉(1947)·〈여인〉(1948)·〈낙동강〉(1952)·〈마의태자〉(1956)의 각본과 감독을 겸했으며, 〈단종애사〉(1956)·〈고종황제와 의사 안중근〉(1958)·〈자유만세〉(1946)에서는 각본과 주연을, 〈3·1독립운동〉(1959)에서는 감독을 맡았다. 한국영화감독사전, 브리태니커 백과사전 참조.

15)　"국도", 조선일보, 1960년 12월 31일자 기사 참조, 한국영상자료원, 앞의 책, 724쪽.
16)　한국영화데이터베이스 홈페이지 http://www.kmdb.or.kr 내용 참조.
17)　"청소년 권장 영화로 선정 〈아아! 백범 선생〉", 한국일보, 1961년 1월 2일자 기사, 한국영상자료원, 735쪽.

하다.

⑤ 김구가 일본경찰에 체포되어 판결을 받고 감옥 생활을 하게 되다.

⑥ 김구가 탈옥하여 마곡사에서 피신생활을 하다.

⑦ 김구가 김거일 집에서 교육사업을 준비한 후 양산학교에서 교육활동을 하다.

⑧ 김구가 상하이로 망명해 임시정부에서 경무총감으로 활동하다.

⑨ 김구가 배신, 의심, 낙심하는 동지들을 설득하고 다독이다.

⑩ 동지들이 생활이 힘들지만 서로 도와 배고픔을 해결하다.

⑪ 밀정 한태규가 이군을 설득해 김구의 행방을 밀고하게 하다.

⑫ 김구가 미행하던 일본 밀정을 따돌리고, 자신의 거처로 이군을 데려오다.

⑬ 김구가 이군을 용서하고 설득해 참회시키다.

⑭ 상하이사변에서 일본군이 승리하다.

⑮ 윤봉길이 김구를 찾아오다.

⑯ 김구가 주문한 폭탄을 윤봉길이 홍구공원에서 터뜨리다.

⑰ 김구가 중국 여인의 도움으로 피신 후 장제스를 만나다.

⑱ 일본이 남경을 폭격해 임시정부의 대가족들이 장사로 피신하다.

⑲ 한태규가 연설 중이던 김구를 저격하고 도망가던 한태규가 살해되다.

⑳ 일본의 중경 공습으로 피난을 가던 중 어머니의 죽음을 맞다.

㉑ 미국군에게 광복군을 소개하던 중 김구가 쓰러지다.

㉒ 광복을 맞아 김구가 묘소에 참배를 한 후 귀국하다.

서사의 주요 공간은 팔봉산, 청계동, 치하포 나룻터, 인천 감리서, 마곡사, 양산학교, 경시총감부, 상하이, 항주, 남경, 장사, 중경 등이다. 공간 구성에서 알 수 있듯이 영화는 19세 이후의 김구의 생애를 다루고 있다.

인물 서사의 특징은 한 명의 등장인물이 여러 역사 사건을 담당한다는 점이다. 한 등장인물이 역사 속의 여러 역할들을 담당하도록 한 것이다.

⑪~⑲번의 사건 명제에서 등장하는 한태규가 그 예이다. 역사적으로 한태규는 경무국 사무를 보던 인물로, 살인, 동거, 밀고를 한 사람이다. 하지만 영화에서는 일본 정부의 밀정자, 김구를 저격하는 이운환의 역할까지 담당한다. 영화라는 매체는 한정된 시간 안에서 서사를 구성해야 한다는 조건이 있다. 〈아아 백범 김구 선생〉의 경우 140분의 시간 동안 19세부터 74세까지의 생애를 이야기해야 하는 조건 때문에 한 인물에 여러 역할이 부여된 것이다.

〈아아 백범 김구 선생〉 서사의 특징은 하나의 주제나 목표를 향해 서사가 진행되기보다는 역사적으로 있었던 일들이 공간을 중심으로 단편적으로 전개된다는 점이다. 다시 말해 팔봉산에서 있었던 일, 청계산에서 있었던 일, 인천 감옥에서 있었던 일, 중국에서 있었던 일이 단편적으로 보여진다는 것이다. 이는 서사의 목적이 김구의 생애를 전반적으로 보여주는 전기적이고 교육적인 영화였기 때문으로 보인다.

영화의 서사제시 방식은 시각적이고 명시적이다. ①의 명제처럼, 영화는 김구의 장례식에서부터 시작된다. 이는 서사 정보의 전제를 제시한 것인데 이는 앞으로 이야기할 사람이 국민들의 추앙을 받는 인물이라는 전제를 제시한 것이기 때문이다. 저격을 받아 숨졌지만 많은 사람의 애도를 받는 한 인물의 삶을 보겠다는 것이 서사의 전제가 되고 있다. 화법은 주인공인 김구의 시점에서 역사 사건의 흐름에 따라 이야기가 전개되는 선형적인 서사 순서로 진행된다.

〈아아 백범 김구 선생〉 서사의 가장 큰 특징은 인물에 대한 심리적 묘사이다. 당시의 영화평을 보면 "후반에 백범의 부하에 대한 인간미에 감상을 갖고 묘사하고 있다."고 언급하고 있다.[18] 영화 〈아아 백범 김구 선생〉은 김구의 인간적인 면을 특히 부각시키고 있다. 그 인간적인 측면은 ⑩~⑬에 두드러지게 나타난다. 만두를 사 와 동지들에게 나누어주는 장면, 돈을 주며 끼니를 챙겨주는 장면, "동지를 의심하지 말라"고 당부하는 장면, 쌀값인 줄 알고 받은 동지의 결혼반지를 되돌려주는 장면, 자기 외투를 팔아 굶고 있는 동지들에게 주는 장면, 밀정활동을 하던 박철을 설득해 반성하게 한 장면, 현상금을 받으려고 김구를 유인한 이군을 용서하고 회심케 한 장면이 그것이다. 전체 140분 러닝타임 중에서 약 30분을 차지하는 이 부분은 김구가 독립운동가들의 육체적·정신적 나약함을 배려하며 해방의 소망과 의지를 북돋아주는 모습으로 그려지고 있다.

(3) 소설 『백범』의 서사행위 요소

소설 『백범』은 김별아가 3년간의 캐나다 생활 후에 귀국하면서 발표한 작품이다.[19] 김별아는 『미실』, 『영영이별 영이별』, 『논개 1, 2』, 『열애』 등의 역사소설을 발표한 작가다. 한국 근대사에 관심을 두고 있는 그녀가 처음 접근한 대상이 김구였다. '김구를 거쳐야 다음 단계로 갈 수 있다.'고 여겼기 때문이다.[20] 『백범』은 광복 후 60여 년, 즉 2세대가 지난 시점인 2008년에 출판되었다. 김별아의 서사행위 목적은 김구의 '위인성'

---

18) "한 애국자의 감상적 흠모: 전창근 감독 〈아아 백범 김구 선생〉", 한국일보, 1961년 1월 10일자 기사 참조, 한국영상자료원, 앞의 책, 745쪽.

19) 김별아(1969~현재), 강원도 원주 출신이다. 연세대 국어국문과를 졸업하고 1993년 『실천문학』에 중편 「닫힌 문 밖의 바람 소리」로 등단, 소설집 『꿈의 부족』, 장편소설 『내 마음의 포르노그라피』, 『개인적 체험』, 『미실』, 『영영이별 영이별』, 『논개 1, 2』, 산문집 『톨스토이처럼 죽고 싶다』 등의 작품을 썼다.

20) 오마이뉴스, 앞의 기사.

9장 스토리텔링의 요소와 구조 181

을 파괴하고 그의 인간적인 면을 복원시키는 것이었다. 소설『백범』이 김구 선생의 위인성을 훼손하는 것이 아니냐는 기자의 질문에 김별아는 다음과 같이 말한다. "그것이 바로 이번 소설을 쓰게 된 또 다른 목적이다. 위대함의 장막에 가려진, 고민하고 방황하고 부대끼며 살아가는 인간 본연의 모습을 진솔하게 복원해내고 싶었다. (중략) 위대한 애국자, 민족 영웅 등 박제화된 이미지를 걷어내면 김구는 정말 '문제적 인간'이다. 소설 속에서 '가슴에 짐승을 지니고 있다'고 표현된 것처럼 남다른 욕망과 기질을 품고 있던 그가 이 짐승을 다스리기 위해 끊임없이 자기와의 싸움을 멈추지 않고 변화해나갔던 점에 초점을 맞추고자 하였다."

이것이 김별아의 서사 목적이다.[21] 김별아는 김구가 가지고 있는 '위인'의 고정관념을 깨고, 그가 가지고 있는 인간의 모습을 복원하고자 하였다.[22] 김별아는 업적만 부각하고 정형화된 모습만 설명하는 역사서들과 달리 피상적으로 그려진 백범의 속마음을 드러내 보임으로써 '약점까지 다 보여주는 진짜 위대함'을 그려내고자 한 것이다.[23] 김별아는 김구를 바라보는 기존의 시각을 깨고 또 다른 위인성을 보여주기 위해『백범』을 썼다.

한편 김별아는 역사적 인물을 훼손하지 않고 역사적 사실을 그대로 전하려고 노력한다. 상황을 충분히 이해할 수 있도록 장면을 구성하는 것이 김별아가 지향하는 서사정보의 제시 방식이기 때문이다.[24] 소설『백범』에서 이야기되고 있는 김구의 '진짜 위대함'은 김별아가 발견하고 해

---

21)   "위대함에 가려진 고뇌와 방황 부각", 서울신문, 2008년 8월 8일자 기사 참조.

22)   오마이뉴스, 앞의 기사.

23)   뉴시스, "책꽂이: '백범' 외 2권", 2008년 8월 19일자 기사 참조.

24)   위의 기사.

석한 또 다른 위인성이다. 이는 김구에 대한 해석과 평가가 달라진 것이
아니라 더해진 것이라 할 수 있다.

　　소설 『백범』은 김별아가 캐나다에 체류하는 동안 집필한 작품으
로, 본격적인 준비기간은 4개월, 집필을 마치기까지 5개월, 총 9개월이 걸
렸다.[25] 캐나다에 머물러 있는 동안 저술을 했다는 서사행위의 조건은 김
별아가 김구를 '다시 보게' 하는 데 영향을 미쳤다. 왜냐하면 캐나다라는
공간적 거리감이 김구와 그를 둘러싼 애국의 이미지를 바깥에서 바라볼
수 있게 했기 때문이다. 국내가 아닌 외국에서 소설을 집필함으로써 '애
국'의 실체를 파악하는 데 도움이 되었다고 김별아는 말한다.[26]

　　소설 『백범』은 해방을 맞아 귀국길에 오르는 김구가 과거를 회상
하는 방식으로 이야기가 전개된다. 열두 장의 소제목으로 구성되어 있는
각 장의 내용은 김구뿐만 아니라 그 주변 인물, 예를 들어 김구의 아버지,
어머니, 약혼자, 일본인, 이봉창, 윤봉길, 주애보 등을 서사의 중심에 두고
서술하고 있다. 서사 정보가 되는 각 장의 사건을 정리하면 다음과 같다.

　　① 환국행 비행기에서 김구가 과거를 회상하다.
　　② 김구가 일본인을 살해하다.
　　③ 상놈이었던 김구의 아버지는 효심이 깊고 자상했다.
　　④ 마음 좋은 사람이 되기 위해 김구가 끊임없이 배우고 가르치다.
　　⑤ 일본인들의 탄압 속에서 꿋꿋이 살아가다.

---

25)　　오마이뉴스, 앞의 기사.

26)　　필자는 2009년 10월 9일 김별아를 만나 소설을 쓰게 된 배경과 조건에 대해 인터뷰하였다. 인터뷰에 따르
　　　면 『논개』와 『백범』은 캐나다에 있을 때 집필되었다. 당시 황우석 사태가 있었는데 외국에 있으면서 한국
　　　의 집단민족주의, 쇼비니즘, 국수주의의 모습을 엿보았다고 한다. 김별아는 역사 인물인 논개와 백범에게
　　　덧입혀져 있는 충절과 애국의 실체를 명확히 보고자 했다. 모국어에 대한 그리움이 사무칠 때 썼다는 이 두
　　　작품에서 김별아는 애국, 애족을 다른 관점에서 이야기하고자 했다고 말한다.

⑥ 독립운동가들이 가족의 희생, 배신, 고립감과 싸우며 외국에서 활
　동하다.

⑦ 이봉창이 독립을 위해 폭탄을 던지다.

⑧ 윤봉길과 독립운동가들이 자신을 희생해 독립의 희망이 되다.

⑨ 중국인 저보성과 주애보가 피신 중이던 김구를 숨겨주다.

⑩ 어머니가 자식을 위해, 독립을 위해 헌신하다.

⑪ 독립운동노선을 통일시키고 미국과 연합작전을 준비하던 중 광복
　을 맞다.

⑫ 환국행 비행기로 김구와 일행이 서울에 도착하다.

①의 명제와 같이 소설 『백범』은 김구가 광복 후 귀국길에 오르는 비행기 안의 회상에서부터 시작된다. 열두 개의 명제에서 나타나듯이 소설 『백범』은 김구의 주변인을 서사의 중심에 위치시키고 있다. 이러한 서사의 재구성은 김별아가 『백범일지』에서 김구만 주목한 것이 아니라 당대를 살았던 다른 인물들도 주목했음을 의미한다. 그래서 김구가 연대기적인 시간순으로 이야기한 사건을 각각의 인물을 중심으로 이야기를 재구성한다. 이로써 김별아는 김구뿐만 아니라 다른 사람들에게도 한국 근대사의 존재 가치를 부여한다. 공간과 주변인물도 이 주제에 맞춰 재구성된다. 또한 등장인물에 있어서도 열다섯 명 정도에 한정해 그와 관련된 사건을 다루고 있다. 이를 정리하면 〈표 19〉와 같다.

소설에서 김별아는 냉혹하고, 고독하고, 뜨겁고, 거룩하게 살다간 한국 근대사의 인물들에 대해 이야기한다. 서사의 특징은 여러 종류의 슬픔을 테마로 인물과 사건을 구성했다는 점이다. 소설에서 이야기되는 서사의 층위도 김구 혼자만의 이야기가 아니라 그의 아버지, 어머니, 동료 등 복수 서사로 이루어져 있다.

〈표 19〉『백범』 목차별 주요 인물과 사건

목 차	김구 외 주요 인물	주요 사건
냉혹한 슬픔	마을 사람, 와타나베	유년기 사건들, 치하포 사건
쓰라린 슬픔	김순영(아버지)	신분제 차별에 대항한 아버지의 행적
아련한 슬픔	고능선, 여옥	배움과 가르침
슬픈 밥	고문받는 의사들, 곽낙원(어머니)	고문, 옥바라지
자욱한 슬픔	최준례(부인)	임시정부 활동, 부인의 죽음
고독한 슬픔	이봉창	이봉창의 일본 생활, 동경 의거
뜨거운 슬픔	윤봉길, 안중근, 강우규	독립운동가들의 의혈 투쟁 활동
흐르는 슬픔	저보성, 주애보	윤봉길 의거 이후 김구의 피신 생활
거룩한 슬픔	곽낙원	어머니의 행적
슬픔의 축제	이운환, 독립운동가	이운환 저격사건, 독립운동 활동

    소설 『백범』의 서사정보 전달방식은 사색적이다. 즉 사건의 이유와 의미에 대한 생각을 이야기하는 방식으로 내용이 전개된다. 예를 들어 치하포 사건의 경우, 『백범일지』에서는 당시의 상황을 사실적으로 재현하는 방식으로 서사정보를 전달했다면 소설 『백범』에서는 그 사건이 왜 일어날 수밖에 없었는가에 대한 이유를 이야기한다.

> 김창수와 쓰치다, 한 사람의 자연인과 자연인이라면 내가 이토록 확고한 원한으로 유혈극을 벌일 이유가 없다. 살인은 어떤 이유로도 아름다울 수 없다. 그러나 복수의병 김창수와 일본 육군 중위 쓰치다의 싸움은 다르다. 조선과 일본의 먹고 먹히는 싸움, 민족의 운명을 담보로 한 처절한 투쟁이다. 그러하기에 나는 철저히 잔인하리라. 어느 때보다 명징한 정신으로 더욱 날카롭고 혹독하리라. (김별아, 43)

『백범일지』의 초점화 대상이 김구의 외부세계에 초점이 맞추어져 있다면 『백범』은 김구의 내면세계에 맞추어져 있다. 이것이 의미하는 바는 김구가 자신의 외부세계, 예를 들어 자신이 처한 시대의 상황, 인물, 사건에 관심을 가지고 알려고 하는 욕망이 있었다면 김별아는 김구의 시대와 그 시대를 대면한 인물들의 내면을 알고 싶어 한다.

이러한 서술 초점의 차이는 서사 제시 방식의 차이로 나타난다. 서술자가 인물의 말, 생각, 행동을 텍스트로 재현하는 방법에는 세 가지가 있다. 첫째 서술자가 인물의 진술을 하나 이상의 서사적 사건으로 단순히 보고하는 방법, 둘째 서술자가 인물이 되어 '실제로' 말했던 내용을 보고하는 방법, 셋째 서술자가 자신의 목소리를 인물의 목소리와 혼합시켜 상호매개적 지점에서 서술하는 방법이 그것이다.[27] 세 작품의 서사 제시 방식은 혼합되어 있다. 하지만 영화 〈아아 백범 김구 선생〉은 첫 번째 방식으로, 자서전 『백범일지』는 두 번째 방식으로, 소설 『백범』은 세 번째 방식으로 서사가 제시되고 있는 경향이 강하다.

소설 『백범』의 서사 제시 순서는 비선형적이다. 서사학에서는 시간에 의한 서사구조를 둘로 나눈다. 시간의 흐름을 따르는 통합축(syntagmatic)과 특정 담화 형태와 관련된 계합축(paradigmatic)이 그것이다.[28] 『백범일지』가 선형적 시간 구성인 통합축으로 서사를 제시한다면 소설 『백범』은 '슬픔'을 주제로 시간을 비선형적으로 구성하고 있다. 〈표 20〉에서 알 수 있듯이 『백범일지』의 시간이 순차적인 것에 비해 소설 『백범』의 시간대는 서로 겹쳐 있다. 이는 김별아가 '슬픔'을 담화로 시간을 재구성하고 있기 때문이다.

『백범일지』와 소설 『백범』의 이러한 서사 제시 방식의 차이는 담

---

27)   위의 책, 106-107쪽.
28)   위의 책, 72쪽.

<표 20> 『백범일지』와 『백범』의 시간 구성 비교

『백범일지』		『백범』	
목차	시대적 배경 (연도)	목차	시대적 배경 (연도)
황해도 벽촌의 어린 시절	1876-1892	이륙	1945
시련의 사회 진출	1892-1895	냉혹한 슬픔	1880-1896
질풍노도의 청년기	1895-1898	쓰라린 슬픔	1876-1900
방랑과 모색	1898-1905	아련한 슬픔	1892-1902
식민의 시련	1905-1915	슬픈 밥	1878-1915
망명의 길	1915-1919	자욱한 슬픔	1919-1924
상하이 임시정부 시절	1919-1932	고독한 슬픔	1900-1932
이봉창과 윤봉길의 의거	1932	뜨거운 슬픔	1932
피신과 유랑의 나날	1932-1937	흐르는 슬픔	1932-1937
다시 민족운동의 전선으로	1937-1940	거룩한 슬픔	1876-1937
중경 임시정부와 광복군	1940-1942	슬픔의 축제	1938-1945
해방 전후의 대륙	1942-1945	착륙	1945
조국에 돌아와서	1945-1947		

화에 따른 스토리 구성상의 차이에서 기인한다. 그 시대를 살아간 선조들의 희생적인 삶을 이야기하고자 했던 김구는 그들이 겪었던 사건들을 시간 흐름의 순서로 구성했다. 반면 그들의 삶의 의미를 이야기하고자 했던 김별아는 각 인물과 사건에서 느껴지는 슬픔의 의미별로 시간을 해체하고 결합하는 방식으로 이야기를 전개한다.

2 서사형식 구조

서사물은 이야기와 담화로 구성된다. 이야기가 서사물의 내용에 해당한다면 담화는 이야기의 구성과 표현에 해당한다. 구체적으로 말하자면 이야기는 내용에 해당하는 사건과 존재이다. 사건은 일어난 일이고 존재는 인물이나 배경물 등을 의미한다. 담화는 사건과 상황을 구성하고 표현해 전달한다. 프랭스는 서사물을 "현실 또는 허구의 사건(events)과 상황들(situations)을 하나의 시간 연속을 통해 표현한 것"이라고 정의한다.[29]

채트먼은 하나의 이야기가 본질적인 특성들을 상실하지 않은 채 한 매체에서 다른 매체로 변환되는 현상에 주목하였다. 한 편의 이야기가 소설, 영화, 음악, 발레의 줄거리로 쓰였을 때 표현은 달라졌지만 모두 같은 이야기를 하고 있는 경우가 그것이다. 채트먼은 서사물의 이야기 요소는 말, 이미지, 제스처 같은 표현이 아니라 그것들이 의미하는 사건, 상황, 행위와 같은 고유한 의미 요소라고 보았다. 그리고 이러한 이야기가 서사적 표현의 내용이고 담화는 그 표현의 형식이라고 말한다.[30]

채트먼은 이러한 서사물의 특징을 설명하기 위해 기호학의 구조를 차용해 서사형식 구조를 제시한다. 그는 소쉬르와 예름슬레가 제안한 표현과 내용, 형식과 실체의 도식으로 서사물의 형식 구조를 설명한다. 그에 따르면 서사물은 내용과 표현으로 구성되는데 이때 이야기가 내용이라면 담화는 표현에 해당한다.

서사물의 내용은 다시 형식과 실체로 나뉘는데, 형식은 이야기가 될 수 있는 모든 사건과 존재들이고 실체는 그중에서 작가나 영화감독들이 선

---

29) 프랭스, 앞의 책, 225-247쪽.
30) 채트먼, 앞의 책, 22-26쪽.

〈표 21〉 채트먼의 서사형식 구조

	표현(express)	내용(content)
실 체 (substance)	이야기를 전달할 수 있는 한에 있어서의 매체	작가가 속한 사회의 코드를 통해 여과되는 것으로서, 서사적 매체 속에서 모방될 수 있는 현실 및 상상세계의 대상들과 행위의 묘사
형 식 (form)	어떠한 매체든 간에 그 매체를 통한 서사물들에 의해 공유되는 요소들로 구성되는 서사적 담화(서사적 전달의 구조)	서사적 이야기 구성요소들: 사건들, 존재하는 것들, 그리고 그들의 연관

〈표 22〉 역사 이야기의 서사형식 구조

	표 현	내 용
실 체	소설, 영화, 게임, 애니메이션, 공연, 전시, 축제, 관광, 웹서비스	현재의 작가나 기획자에 의해 표현된 역사 속 존재들
형 식	담화 요소와 서사전달 구조	역사 속 실제 혹은 가상의 인물, 사건, 공간, 사물 등의 존재들

택해 서사물에 표현한 사건과 대상들이다. 서사물의 표현도 형식과 실체로 나뉜다. 표현의 형식은 서사물의 전달 구조이고 표현의 실체는 언어, 영화, 발레, 판토마임 등의 형식을 통해 표현된 최종 결과물이다. 이를 도식화하면 〈표 21〉과 같다.[31]

　서사물에서 표현의 영역은 서사적 담화이다. 이야기가 내용이라면 담화는 표현이다. 서사적 내용 또한 실체와 형식을 가지고 있다. "사건들과 존재하는 것들의 실체는 전체 우주, 더 정확히 말하면 가능한 사건들,

---

31)　위의 책, 24-28쪽.

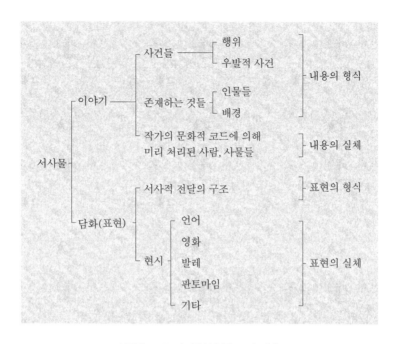

〈그림 11〉 서사형식 구조의 계층

대상들, 추상들, 그리고 작가에 의해 모방될 수 있는 것들의 집합"이라고 채트먼은 설명한다. 서사형식 구조의 도식적인 설명을 계층구조로 풀어내면 〈그림 11〉과 같다.

　서사와 서사물에 대한 이러한 정의와 특징을 역사 이야기에 적용해 봤을 때, 역사의 모든 인물, 사건, 배경은 내용의 형식에 해당한다. 이 중에서 작가나 기획자가 내용에 표현한 인물, 사건, 배경은 내용의 실체가 된다. 이 내용이 서사적으로 전달되는 표현 요소, 즉 문자, 말, 이미지, 영상, 실연 등의 형식과 장르적인 서사전달구조는 표현의 형식이 된다. 이러한 형식을 통해 표현된 소설, 영화, 공연, 축제, 관광, 게임, 만화, 광고, 전시 등이 역사 이야기의 표현 실체가 된다.

하나의 실체로 표현된 영역이 역사 이야기라 할 수 있고, 내용의 형식 부분이 가공되지 않은 역사 관련 사건과 존재들이라 할 수 있다. 그중에서 창작자들이 언급하는 사건과 존재가 내용의 실체가 된다. 내용이 표현된 것이 역사 이야기인데 그 실체는 각각의 서사전달 구조라는 형식을 가지고 있다. 『백범일지』, 〈아아 백범 김구 선생〉, 『백범』의 서사형식 구조를 분석한 것이 〈표 23〉, 〈표 24〉, 〈표 25〉이다.

〈표 23〉『백범일지』의 서사형식 구조

	표현	내용
실체	『백범일지』	김구가 기록한 사건과 인물
형식	자서전, 문자, 인쇄매체	김구가 경험한 한국 근대사

〈표 24〉〈아아 백범 김구 선생〉의 서사형식 구조

	표현	내용
실체	〈아아 백범 김구 선생〉	전창근이 영화화한 한국 근대 인물, 사건, 공간 등
형식	극영화, 영상매체	『백범일지』에 기록된 내용과 한국 근대사 인물과 사건

〈표 25〉『백범』의 서사형식 구조

	표현	내용
실체	『백범』	김별아가 선택한 한국 근대 인물, 사건, 공간, 정서, 감정 등
형식	소설, 인쇄매체	『백범일지』에 기록된 내용과 한국 근대사 인물과 사건

『백범일지』, 〈아아 백범 김구 선생〉, 『백범』은 모두 김구를 중심으로 한 한국 근대사를 다루고 있지만 각각 다른 서사형식 구조를 가지고 있음을 알 수 있다.

3 서사성

1) 서사성의 이해

역사학자 폴 벤느(Paul Veyne)는 딜타이가 사용하는 이해의 개념을 빌어 사람들이 이해할 수 있도록 역사를 서술하려면 줄거리 형태로 써야 한다고 주장한다.[32] 그는 역사 속에서 흩어져 있는 원인들을 인위적으로 잘라내 줄거리를 만들어서 인과적이고 이해 가능한 이야기로 만드는 것이 역사적 이야기라고 말한다. 역사적 이야기는 이해를 돕기 위해 원인들을 탐색하기 때문에 역사 서술은 사건의 양상과 원인, 행위의 목적과 경로 등을 지향하면서 심화된 이야기로 만들어진다.[33]

한편 현대사 연구방법론을 연구한 휴즈(H. Stuart Hughes)는 이야기체가 역사를 깊고 풍부하게 이해하는 데 효과적인 역사 서술 형태라는 점에서 이야기체 역사 서술의 재평가를 제안한다.[34] 그래서 휴즈는 역사가의 역할이 의미를 고찰하고, 현장을 묘사하며, 개인의 성격을 묘사하고, 극적인 줄거리의 진행을 상연하기 위해 시간의 한 지점에 멈추어선 무대

---

32) 폴 벤느, 이상길 · 김현경 역, 『역사를 어떻게 쓰는가』, 새물결, 2004, 151~156쪽.
33) 위의 책, 161쪽.
34) H. 휴즈, 이순영 역, 『과학과 예술로서의 역사』, 풀빛, 1981, 83쪽.

감독자라고 말한다. 여기에서 역사가의 작업은 사건이 흐르는 방향에서 동시에 일어난 여러 사건들을 하나의 연속적 흐름에 따라 산문체로 표현하는 것이다.[35] 역사가의 이러한 작업을 통해 논리적 설명으로는 불투명하게 보이던 사실이 선명하게 보이게 되고 사람들은 역사를 이해하게 된다. 역사에 대한 대중의 이해를 돕는 것이 역사 서술의 참된 원천이자 형식이라고 믿었던 휴즈에게 이야기체 역사 서술은 역사의 과학성과 예술성을 담보할 수 있는 서술방법이다.[36]

이들이 말하는 이야기체는 영어로 'narrative', 곧 '서사'를 의미한다. 다시 말해 이야기체 서술은 서사성 있는 서술을 의미하며 역사를 서사적으로 구성한다는 의미이다. 역사 사실과 역사 이야기의 차이는 서사성의 여부라 할 수 있는데, 서사성은 여러 개의 사건들이 하나의 이야기로 만들어지면서 생겨난다. 서사학자 프랜스(Geral Prince)는 이야기의 서사성을 높이는 요소를 다음의 열다섯 가지로 제시한다. ① 사건, ② 갈등, ③ 목적, ④ 개별성, ⑤ 구체성, ⑥ 확실성(사실성), ⑦ 이야기 완결성, ⑧ 주제 연결성, ⑨ 사건 결합성, ⑩ 계층구조성, ⑪ 변화의 본질성, ⑫ 전체적 맥락성, ⑬ 실현 가능성, ⑭ 전개의 방향성, ⑮ 요점이 그것이다.[37]

프랜스는 이 열다섯 가지 요소에 따라 서사성의 높고 낮음이 나타난다고 보았다. 주요 특징은 다음과 같다.

---

35) 휴즈, 89쪽. 휴즈는 현대사도 이야기체 형식으로 서술이 가능하다고 말한다. 휴즈의 이러한 주장은 당대를 기록하는 것도 역사 서술이 될 수 있음을 의미한다. 동양의 역사 서술은 현재를 기록하는 것이었고, 기록방식도 현장을 묘사하고, 대화 내용을 그대로 기록하는 형식을 지니고 있다. 단 역사가는 스스로 의의가 있다고 생각되는 방향으로 이야기를 계속 움직여나가야 하고 동시에 현대인이 다양한 관점으로 그 사건을 해석할 수 있도록 풍부한 분석 능력과 문학적 방법으로 이야기를 풀어가야 한다. 같은 책, 90쪽.

36) 위의 책, 94쪽.

37) 프랜스, 앞의 책, 223~247쪽.

① **사건** - 시간 연속을 제시하는 사건이 많을수록 서사성이 높다.

② **갈등** - 갈등이 있는 서사물이 그렇지 않은 것보다 더 서사적이기 때문에 시간이 지나면서 대립이 해결되는 것을 표현해야 한다.

③ **목적** - 무의미한 시간의 연속이 아니라 목적이나 계획을 실현하는 데 의미를 지닌 상태와 행동들의 시간적 연속으로 표현되는 것이 서사적이다.

④ **개별성** - 개성이 있는 개별화된 사건은 그렇지 않은 사건보다 서사성이 높다. 왜냐하면 서사물의 초점은 일반적인 것이 아니라 특수한 것에 있기 때문이다.

⑤ **구체성** - 구체적인 사건은 추상적인 개념보다 더 서사적이며 서사물은 구체적 상황의 시간 연속에 의존한다.

⑥ **확실성**(사실성) - 확실성 혹은 사실성이 높은 사건이 가능성이나 개연성 있는 사건보다 서사성이 높으며 서사물의 품질 보증은 이 사실 보증에 있다.

⑦ **이야기 완결성** - 처음, 중간, 끝이 있는 완결성 있는 이야기는 사건들을 단순히 시간 순서로 배열한 것보다 고도의 서사성을 지닌다.

⑧ **주제 연결성** - 계속적인 주제가 없거나 처음과 끝 사이에 아무런 관계가 없거나 상황 변화에 대한 설명이 없는 서사는 서사성이 없다.

⑨ **사건 결합성** - 서사물은 하나의 사건이 보다 더 큰 사건으로 결합되어야 한다. 행동이나 상태가 시간 순서로 배열하는 것만으로는 서사의 기능이 약하다.

⑩ **계층구조성** - 고도의 서사성은 사건들은 단순한 시간적 연쇄가 아니라 통합이나 분해, 구성이나 해체, 합일과 분화와 같은 계층구조적 연쇄에서 생겨난다.

⑪ **변화의 본질성** - 상태 변화는 우연한 변화보다 본질적인 변화가 더 서사적이다.

⑫ **전체적 맥락성** - 서사의 처음, 중간, 끝의 사건 변화와 수정은 전체적인 맥락에서 설명될 수 없거나 설득력이 없을 때 서사성이 훼손된다.

⑬ **실현 가능성** - 서사성은 상태나 행동의 변화 과정에서 나타나며, 개별 사건들의 가능성 실현 여부와 실현 과정이 서사의 기능을 담당한다.

⑭ **전개의 방향성** - 서사물은 끝을 향해 전개되는 사건들의 흐름이다. 무의미했던 진술도 그 다음 사건에서 의미부여가 될 수 있다. 그 다음을 기다리는 느낌이 서사성을 유발하며, 기다림의 질이 곧 그 서사물의 질이다.

⑮ **요점** - 요점 없는 서사물은 서사성이 낮다. 이때 서사물의 요점은 서사의 완결성을 의미한다기보다 발언자나 수화자의 욕구를 충족시키는, 이야기할 만한 가치가 있는 내용을 의미한다.

2) 세 작품의 서사성 분석

이상의 열다섯 가지 요소를 세 작품에 적용해보면 각각 어떤 부분에서 서사성이 나타나는지 파악할 수 있다. 먼저 『백범일지』의 경우, 사건은 김구가 어린 시절부터 72세가 될 때까지 겪었던 수 많은 사건들이 언급된다. 사건들 속의 갈등 요소는 한국 근대사를 배경으로 한 계급 갈등, 민족 갈등, 외교 갈등 등이다. 이러한 갈등들을 해결하면서 김구가 성취하고자 하는 목적과 계획은 '독립'이다. 자서전에서 김구는 이 목적이 자기 혼자만의 목적이 아닌 여러 사람들의 목적이었다고 보았고 사건은 그 한 사람 한 사람이 어떻게 그 목적을 달성하는가를 전해준다.

『백범일지』가 자서전임을 전제할 때 사건의 개별성, 구체성, 사실성은 다른 서사물에 비해 높다고 할 수 있다. 김구는 직접화법과 현장 묘사를 통해 상황을 재현하는 방식으로 당시를 이야기하는데, 이러한 이야기 방식은 사건을 구체적으로 표현함으로써 서사의 개별성과 구체성을 높이는 요소로 작용한다.

『백범일지』의 서사성을 높이는 가장 중요한 요소는 확실성, 즉 서사의 사실성이다. 『백범일지』의 내용은 대부분 역사적 사실에 근거하고 있기 때문에 그 사실 보증은 서사물의 품질 보증이 된다. 『백범일지』의 서사가 후대의 사람들에게 감동을 주는 가장 큰 이유는 그것이 역사적인 '사실'이기 때문이다. 『백범일지』의 높은 서사성은 그 사실성에서 나온다고 해도 과언이 아니다. '실제로 인간이 그렇게 살았다'라는 사실성은 무엇보다도 강한 감동을 수용자에게 주기 때문이다.

이야기의 완결성 측면에서는 나라를 빼앗긴 어린 시절을 시작으로, 주권을 되찾는 과정의 중간을 지나, 독립 후 환국하는 것으로 끝을 맺는다. 서사의 전체적 맥락성에 있어서는, 상놈에 불과했던 한 인물이 대한민국 임시정부를 대표하는 주석으로 변화되는 과정이 한국 근대사의 맥락 속에서 전개된다. 서사 전개의 방향성은 조선 → 대한제국 → 식민지 조선 → 대한민국으로 변하는 시대적 상황 속에서 인간들의 변화하는 삶의 모습이 정치적이고 사회적인 맥락과 방향 속에서 이야기된다.

마지막으로 『백범일지』의 서사성을 높여주는 중요한 요소는 요점이다. 프랭스의 말처럼 요점은 서사의 완결성을 의미하는 것이 아니라 이야기를 하는 사람과 듣는 사람이 말하고자 하고 듣고자 하는 이야기의 가치이다.『백범일지』의 요점은 앞서 언급했듯이 '민족의 생명력'이다. 궁극적으로 김구가『백범일지』를 통해 들려주고 싶었던 것은 '개인이 나고 죽는 중에도 계속되는 민족의 생명력과 젊음'이다. 김구의 이야기를 듣는 사람들도 김구가 이야기하는 독립의 가치, 민족의 가치이다. 지금까지『백범일지』가 국내외 독자들에게 오랫동안 읽혀올 수 있었던 이유는 김구가 이야기하는 요점, 즉 이야기의 가치가 사람들에게 인정받아왔기 때문이다.

　　영화 〈아아 백범 김구 선생〉은 김구가 암살되는 장면에서부터 시작된다. 김구의 장례식 장면이 다큐멘터리 필름으로 보여진 후에 그의 삶을 돌아보는 형식으로 전개된다. 영화는 동학운동을 하는 청년기부터 광복 후 고국으로 돌아올 때까지의 김구의 일상을 위주로 다루고 있다. 사건이 어떠한 목적이나 계획을 달성하기 위해서 전개되는 것이 아니라 연대기적 순서로 배열됨으로써 이야기의 완결성 면에서 다소 낮은 서사성을 보여준다. 〈아아 백범 김구 선생〉에서 돋보이는 서사성은 갈등이다. 이 갈등은 김구와 함께 독립운동에 참여하고 있는 사람들의 심리적 갈등이다. 갈등이 진행되는 상황과 갈등을 해결하는 김구의 활약이 전체 120분의 상영시간 중에서 무려 40여 분을 차지할 정도로 중요하게 다루어진다.

　　『백범일지』와 달리 영화에서 김구는 어떤 목적이나 계획을 달성하기 위해 행동하지 않는다. 서로를 의심하는 동지들을 설득한다거나, 독립의 확신이 흐려지는 동지들에게 희망의 말을 해준다거나, 식량을 사라고 결혼반지를 빼어준 동지에게 그것을 다시 돌려준다거나, 자신을 밀고하려던 배신자를 참회시키는 등 지극히 인간적인 모습을 그리는 데 많은 시간을 할애한다. 영화에서 전창근은 여러 사건을 일정한 맥락과 방향, 완결성을 가지고 전개하기보다 김구의 인간미를 보여줄 수 있는 상황들을 단편적으로 보여준다. 이는 영화에서 감독이 하고자 하는 김구 이야기의 요점이 '독립의 성취'가 아니라 '민족 간 갈등과 배신의 화해와 용서'에 두었기 때문이라 할 수 있다.

　　소설『백범』은 '슬픔'이라는 주제로『백범일지』에 나오는 사건과 인물들을 재구성하고 있다. 사건들이 시간의 연쇄가 아닌 각각의 주제에 따라 통합과 해체가 이루어졌다는 점에서 계층구조성이 높은 서사물이라 할 수 있다. 또한 김구가 이야기하지 않은 다른 등장인물들의 전체 삶을 자세하게 다룸으로써 한국 근대사를 살았던 사람들의 다양한 삶을 이야기해주고 있다. 이들이 경험한 사건은 독립운동이라는 큰 사건에 결합되고 있어 이야기의 결합성에 있어서는 높은 서사성을 보여준다. 소설은 김구가 광복을 맞아 상하이에서 귀국행 비행기를 탄 후 과거를 회상하면서 이야기가 시작된다. 이 시간을 맞기까지의 사람들의 이야기가 다루어진 후에 비행기가 고국에 도착해 김구가 눈을 뜨면서 이야기는 끝이 난다.

　　소설에서 김별아가 이야기하고자 하는 요점은 '슬픔'에 있다. 슬픔도 시대를 사는 힘이 될 수 있다는 것은『백범일지』를 읽은 김별아 자신과 자신의 소설을 읽는 독자들에게 김별아가 하고 싶은 말이다. 또한 소설은 '슬픔'에 대한 본질적인 변화에 대해 이야기하고 있기도 하다. 소설 속에서 인물들은 모두 슬픈 인생을 산다. 김별아는 한국 근대사 인물들이 냉혹한 슬픔, 쓰라린 슬픔, 고독한 슬픔, 거룩한 슬픔 속에서 살았다고 이야기하지만 종국에는 사람들을 힘들게 했던 그 슬픔이 결국 삶의 힘이 되었다고 말한다. 이처럼 소설『백범』에서 변화는 상태의 변화에 있다기보다 의미의 변화에 있고 그 의미의 변화가 한국 근대사 인물들의 삶을 본질적으로 변화시키는 서사성으로 작용한다.

10장 역사 인물 스토리텔링의 서사적 분석

앞서 우리는 자서전으로 기록된 개인의 이야기가 어떻게 후대인들에 의해 다시 해석되고 새로운 장르로 표현되는가를 살펴보았다. 이 장에서는 역사 속의 한 인물이 어떤 기록과 기억을 남기면서 후대인들에 의해 스토리텔링 되는가를 최용신의 사례를 중심으로 살펴보았다.

STORY
TELLING

1 최용신 이야기의 형식과 내용

1) 기억과 기록

최용신(崔容信, 1909~1935)은 황해도 원주에서 태어나 고등여학교 시절까지 그곳에서 자랐다. 23살이 되던 1931년 10월 10일 지금의 안산 본오동인 수원군 반월면 천곡동 샘골 마을에 들어와, 생을 마친 1935년 1월 23일까지 약 3년 동안 문맹퇴치와 농촌계몽 활동을 전개하였다.[1]

지금까지 최용신의 삶은 다양한 형식과 내용으로 이야기되어왔다. 신문과 잡지에서는 농촌운동가로, 시와 소설에서는 조선과 조선인들을 사랑한 여인이자 교육자로 이야기되기도 했다.

최용신의 삶에서 가치와 의미를 발견한 사람들은 그의 삶을 끊임

---

1)   김형목, 「최용신 현실인식과 농촌계몽운동」, 『사학연구』 제88권, 한국사학회, 2007, 962쪽.

없이 이야기해왔다. 그렇다면 최용신의 삶은 어떤 형식과 내용으로 이야기되어왔을까?

최용신의 이야기는 신문기록에서부터 시작된다. 1935년 1월 27일, 조선중앙일보에 실린 부고 기사가 그것이다. "수원군하의 선각자, 무산아동의 자모 이십육 세의 일기로 최용신 양 별세, 사업에 살든 여성"이라는 제목으로 실린 기사의 내용은 다음과 같다.

> 최용신 양이 금년 23세(26세의 오보 ―필자)로 우리 농촌 개발과 무산아동의 문맹을 퇴치코자 1931년 10월에 수원군 반월면 사리(水原君 半月面 四里)에다가 천곡학술강습소를 설립하고 농촌 부녀들의 문맹퇴치와 무산아동 교육에 만흔 파란을 겪으며 로력 중이던바 불행하게도 우연이 장중첩증에 걸리어 신음하다가 지난 9일에 도립수원의원에 입원하야 개복수술을 받고 치료 중이던바 지난 23일 오전 령시 23분에 쓸쓸한 병실에서 최후로 유언 몇 마디를 남겨노코 영원한 세상으로 돌아가고 말엇다 한다.

이후 최용신에 대한 보다 자세한 기사가 『新家庭』(신가정) 5월호에 실린다. 잡지사의 기자는 수원군 반월면 사리의 천곡학술강습소를 찾아 마을 사람들의 증언을 토대로 최용신의 흔적을 기록한다. 기사의 제목은 "故崔容信孃(고최용신양)이 밟아온 業蹟(업적)의 길: 천곡학원을 찾아서"이다.[2] 기자는 최용신의 부고 기사가 난 후 2개월 뒤인 3월 26일에 천곡동 샘골 마을을 방문한다. 기자는 수원역 → 군포장 우편소 → 반월장터 → 천곡학원을 찾아가는 과정에서 만난 배달부, 어린 아이들(제자), 장양(천

---

[2] 여성신문, 1994년 10월 12일자 특집보도에 따르면, 잡지 『신가정』의 이 기사는 김근수 박사(중앙대 명예교수)의 서재에서 발견되었다. 천곡교회 신문자료집, 48쪽 참조. 잡지 『신가정』은 동아일보가 1933년 1월에 출간한 여성종합잡지이다. 필자에는 이은상, 백낙준, 이윤재, 피천득, 현제명, 나혜석, 모윤숙, 주요섭, 주요한, 홍난파, 유각경, 박순천, 이희승, 김활란, 유치환, 유진오, 유치진, 심훈 등이었다. 필자에 최용신의 스승인 김활란과 작가 심훈이 참여하고 있는 점이 주목할 만하다.

곡예배당의 전도부인)을 만나 그들이 기억하고 있는 최용신의 기억을 기록한다.[3] 기억을 기록한 기사의 내용은 서른 가지로 정리할 수 있다.

① 군포장 우편소에서 만난 배달부들은 말하였다. 최씨는 참 훌륭하고 인자한 분이었다. 겨울에 소포가 많아 밤늦게 소포를 가지고 갔는데, 밥과 국을 끓여와 한사코 먹고 가게 하였다.

② 길에서 만난 계집아이와 어린아이들이 최 선생님에 대해 말하였다. 최양은 자기들의 친구처럼 소꿉질을 할 때 질그릇 조각에 흙을 파서 밥이라고 이고 다녔다. 각씨노름을 하면서 글을 배울 수 있게 해주었다.

③ 천곡예배당의 전도부인 장양은 최양을 천곡학원의 동지로 여기고 있었다. 장양은 말하였다. 원래 천곡학원은 5년 전에 선교사 밀러 씨가 천곡예배당 안에 야학으로 시작한 것이다. 밀러 씨는 한곳에 오래 주둔할 수 없어 뜻처럼 되지 않아 초조해하던 차에 '하느님의 사자'처럼 최용신이 나타났다.

④ 최양은 남들은 행복한 결혼과 유학 출세, 이런 아름다운 꿈을 꾸고 교문을 나설 그때부터 깨달은 바 있어 농촌 계몽을 자원한 사람이다. 일시 재정 곤란으로 중지는 하였으나 조선을 사랑하는 그의 정열은 식을 줄을 몰랐다.

⑤ 천곡은 수원군인지라 경성과 가깝지만 산간벽촌, 등하불명의 처녀지였다. 최양은 '추석노리대회'를 열었고, 아이들의 재롱을 보면서 '자기네 자녀들도 가르치면 된다'는 신념을 학부모 스스로 깨달

---

3)   이때 기자가 만났던 장양은 장명덕(張明德) 전도사이다. 장명덕은 1929년 샘골강습소를 설립하고 여전도사인 밀러(Lula A. Miller)와 함께 강습소를 운영하고 있었다. 최용신은 황에스더 교수의 추천으로 이곳에 농촌지도사로 파견되어 장명덕 전도사와 함께 강습소를 운영하였다. 김형목, 앞의 책, 969~967쪽.

도록 하였다.

⑥ 추석노리에 감동한 부인친목계가 자진해서 수년간 저축한 기금 300여 원을 하사하였다.

⑦ 최양은 다 받지 않고 반만 받아 그것을 기초로 매일 산길을 넘어 가가호호 방문하며 기금을 모았다. 그때 24세였던 최양은 구두도 벗어던지고 짚신이나 고무신을 신고 이 동네, 저 동네를 다니며 푼푼히 기금을 모았다.

⑧ 점심을 다반사로 굶고 저녁도 굶으며 산을 넘어 집으로 돌아다녔다. 어떤 때는 그 지방 부호노인과 말다툼을 하며 토론 끝에 욕도 여러 번 하였고 외국 유학까지 하였다는 모 청년을 거리에 끌어내 봉변도 주었다.

⑨ 한동안 근동에서 최양에 대한 불평이 자자했고 어떤 부호는 위협까지 하였으나 최양은 "조선을 위하는데 죄가 무슨 죄냐!"라는 신념으로 활동을 계속하였다. 이렇게 700원이 모아지자 최양은 기지를 닦고 정초식을 거행했다.

⑩ 마을 사람들이 최양의 사업에 진심으로 공감한 것은 집터를 닦기 시작한 날부터였다. 10월부터 최양은 처녀의 몸임에도 돌보지 않고 팔을 걷고 버선을 벗어던지고 지게를 지고, 돌을 나르고, 흙을 져다 부었다.

⑪ 이어서 담도 쌓고 대패질까지 손수 하자 이를 지켜보던 근동 사람들이 깨우침이 있어 그녀를 도왔고, 기공한지 2개월 만에 천곡학원이 완성되었다.

⑫ 학생들을 모집하니, 당일 60여 명이 왔다. 최양은 교재도 만들고 아이들의 가정 형편, 성격, 취미까지 참작해 어린이들을 지도하고 어루만졌다.

⑬ 낮에는 아동들을 교육하고 밤에는 농촌 부녀자들을 모아 교육시켰다. 50, 60의 노파들도 책을 끼고 학교로 모여들었다. 오지 않는 사람은 밤에 들러 교육을 강권하였다. 이리하여 천곡 근동에서는 거의 전부가 문맹을 면하였다.

⑭ 일요일에는 몸소 논도 매고 밭도 갈았다.

⑮ 그렇게 시간이 지나면서 그녀는 위엄 있는 사람이 되었다.

⑯ 최양은 좀 더 완전한 교육을 하기 위해 천곡학원을 동무에게 맡긴다.

⑰ 완전한 교육을 위한 학식을 쌓기 위해 일본의 신호(神戶)신학교에 들어갔다.

⑱ 최양이 떠난 후 학생들은 빨리 돌아오라는 편지를 매일 보냈다.

⑲ 각기병으로 일본에 간지 6개월 만에 최양이 돌아왔다.

⑳ 병을 치료하는 동안에도 최양은 하루도 쉬지 않고 교단에 섰다.

㉑ 주학, 야학은 물론이고 주말에는 근동으로 출장교수를 다녔다.

㉒ 쓰러져 누운 최양을 찾아오는 사람들에게 "내 몸뚱이는 천곡-조선을 위해서 생긴 것이다. 그 천곡, 그 조선을 위해서 일하다가 죽었단들 그게 무엇이 슬프랴!"라고 말하였다.

㉓ 최양은 병석에 눕던 바로 그날 밤까지 교단에 섰다.

㉔ 학부형과 학생들이 누워 있는 최양 곁을 지켰다. 장양이 수원으로 가자고 권해보았으나 최양은 "아니 아니! 난 샘골서 죽고 싶어!"라고 하였다.

㉕ 병세가 깊어져 학부형들은 도립병원에 입원시키기로 결정하고 비용을 모았다. 학교기금에는 모르는 체하던 마을 사람까지 자진해서 치료비를 부담하였다.

㉖ 도립병원에 옮겼으나 이미 때가 늦어 최양은 의식을 잃어갔다.

㉗ 의식을 잃는 동안에도 "샘골! 샘골!" 중얼거렸다.

㉘ 학부형과 학생들이 병석을 지켰지만 1월 23일 새벽 26세를 일기로 생을 마감하였다.

㉙ 자기를 샘골에 묻어달라는 유언을 남겼고, 유언대로 110여 명의 제자와 1,000명 이상의 동민이 앞장서서 천곡학원 뒷산에 묻었다.

㉚ 천곡학원 벽에서 송학(松鶴) 자수 한 틀이 걸려 있었다. 최양의 솜씨였다.

기억의 대부분은 천곡학원을 경영하던 천곡예배당의 전도부인인 장양에게서 나온 것이다. 장양은 원산 출신이었던 최용신이 샘골에 들어와 그들과 어떻게 공감대를 이뤄가며 함께 천곡학원을 세우고 문명 퇴치에 힘썼는가를 이야기한다. 샘골에 대한 최용신의 애정은 비단 어린아이들뿐만 아니라 부녀자와 노인 등 샘골 마을 모든 사람들에게 가 있었다. 최용신이 직접 몸으로 보여준 샘골에 대한 사랑은 다시 최용신에 대한 샘골민들의 사랑으로 돌아왔다. 장양의 증언은 샘골에 대한 최용신의 사랑뿐만 아니라 최용신에 대한 마을 사람들의 사랑까지 이야기하고 있다.

2) 시와 소설

장씨 부인의 기억에 의존해 알려지게 된 최용신의 이야기는 또 다른 형태로 이야기된다. 최용신의 '실화'에 대한 문학적 형상화, 즉 시와 소설이 그것이다. 시는 기독신보(基督申報) 1935년 6월 19일자에 "吊 詩: 최용신 여사 영전에 바침"이라는 제목으로 강승한이 발표한 것이다.[4] 시의

---

4) 강승한(1918~1950). 황해도 신천 출신의 시인이자 극작가이다. 소작농 출신으로 어린 시절부터 동요와 동시를 썼으며, 해방 전에 〈심심한 대낮〉, 〈셈 없는 개〉, 〈산골집의 자장가〉, 〈둘러둘러 산, 산〉 등 향토성이 느껴지는 작품을 발표하였다.

전문에 강승한은 자신이 최용신의 별세에 대한 신문 보도를 보았고, 그녀에 대한 잡지의 기사를 읽고 감동하였다고 밝히고 있다. 기사 내용은 다음과 같다.

신문의 보도는 받은지 오래엿으나 자세한 그의 일대생기는 어느 잡지에서 요새야 읽엇다. 여기서 누가 아니 울라! 목이 메고 눈물이 흘러서 쏘다침을 나는 금할길 없어 그저 울고 또 울엇다. 남들이 쓸대없는 행락에 사는 그날과 그 시간과 그 청춘을 조선에 바치고 조선을 위하야 莫(막)을 지어놓고 천국으로 가버리시엇다. 아아 우리의 '얼'을 빗낼 나이트[騎士]여! 천곡의 발자취여!(이하 시 전문)

모지른 비바람에 흩어진 한다발 꽃의 香(향)기를 모듭고
가물가물 꺼저가는 겨레의 마음을 축여주시오며
연약한 두 손에 불켜들고 외치신 이여!
우리의 先驅者(선각자)여! 가시엿나이까?

샘골[泉谷]에 남은 자최 뚜렷하야
이때에 남은 우리 눈물지웁니다.
오오 아름다운 죽엄이여! 마즈막이어!
눈멀엇든 형제 밝어지매 이누리도 밝어지오리다.

반밤에 잠들은 어린 싹은 새날에 살리우고
無智(무지)에 쓸어지는 이들에게 삶을 부어준 이여
가신 당신의 마음은 거룩한 마음은
캄캄한 그 골목에 닫힌 문을 열엇사외다.
아아 壇上(단상)에서 쓸어지든 그 몸이어!
입돋고 꽃피인 그 뒷산에 무덤을 지은이여!
마즈막 숨결을 걷우면서도 그녀를 잊지 않고
永劫(영겁)에 꺼지지 않을 微笑(미소)에 고히 가시엇구려
이 땅에 살고 이 땅을 위하고 이 땅을 키운 아까운 리-더[指導者]여!

하늘에서도 이 땅을 이저바리지 안으려니

이날에 눈물지는 몸들 부끄럼에 고개숙여지읍니다.

아아 不滅(불멸)의 靈(영)이여! 길이 安息(안식)하소서.

- 於 信川 -

심훈은 최용신의 이야기를 소설 『상록수』로 스토리텔링하였다.[5] 『상록수』는 기자, 영화감독, 시인, 소설가로 활약하던 심훈이 36년의 짧은 생애에서 남긴 마지막 소설이다. 상록수는 1935년 동아일보사 창간 15주년 기념, 장편소설 현상 공고에 당선되어 9월 10일부터 다음 해 2월 15일까지 127회에 걸쳐 동아일보에 연재되었다.[6]

『상록수』가 신문에 연재된 것은 최용신이 사망한 8개월 뒤부터였다.[7] 최용신에 대한 기사는 부고 기사 외에도 1928년 4월 1일자 조선일보에 '천재 규수 최용신'으로도 소개된 바 있다. 하지만 소설에 중요한 영향을 미친 것은 상술한 잡지 『신가정』의 영향이 크다고 할 수 있다. 1994

---

5) 심훈(1901~1936)의 본명은 대섭(大燮)이다. 훈(熏)은 그의 필명이다. 1901년 경기도 시흥군 신북면 흑석리(지금의 서울 노량진 흑석동)에서 아버지 심상정(沈相珽)과 어머니 윤씨 사이에서 3남 1녀 중 막내로 태어났다. 19세가 되던 1919년에는 경성 고보 4학년 재학 때로 기미독립만세 사건에 가담했다가 헌병대에 잡혀 투옥돼, 4개월간 옥고를 치루었다. 소설(장편 6편, 단편 3편), 시(99편), 수필(20편), 시나리오(3편), 평론(17편) 등 다양한 분야에서 창작 능력을 발휘하였다. 심훈, 『상록수』, 혜원, 2006 발행본, 321-336쪽 참조.

6) 위의 책.

7) 신경림의 연구에 따르면 심훈은 1935년 5월 4일 『상록수』를 쓰기 시작하여 6월 26일에 탈고하였다. 당시 심훈은 낙향한 부모님과 함께 충남 당진군 송악면 부곡리에 살고 있었다. 그때 장질 심재영이 인근 마을에서 청년 십여 명과 함께 농촌계몽활동을 하고 있었다. 심훈은 소설을 쓰기 전에 최용신의 부음 기사와 처녀의 장례식이 사회장으로 치뤄졌다는 기사가 있었고, 샘골을 세 차례 정도 방문하여 자세히 기록한 후 『상록수』를 쓴 것으로 보인다. 장질 심재영도 "심훈은 최용신을 전혀 만난 일이 없고 신문, 잡지에 보도된 기사를 보고 힌트를 얻었다"고 증언한다. 동아일보사가 창간 15주년을 맞아 조선 농어촌문화에 기여할 수 있는 소설 공모전에 입상해 상금 500원(당시 소 한 마리 값 60원)을 받았다. 당선된 소설은 1935년 9월 10일부터 1936년 2월 15일까지 총 127회에 걸쳐 연재되었다. 1936년 영화화하려 했으나 일제 당국의 불허로 실패하고 같은 해 8월 28일 한성도서 주식회사에 의해 책으로 발간되어 폭발적인 인기를 끌었다. 1936년 소설을 영화화하려는 시도를 다시 하던 중에 9월 장티푸스에 걸려 고열로 사망하였다. 신경림, 『민족저항 시인 '상록수'의 작가 沈熏의 문학과 생애』 발췌 기사 참조.

년 여성신문은 창간호 기사에서 잡지『신가정』의 기사 내용이 소설『상록수』의 소재로 쓰였다는 사실을 밝히고 있다.[8] 실제로 잡지에 기술되었던 내용 중 상당 부분이 소설 속 여주인공인 채영신의 서사와 일치함을 볼수 있다. 앞서 서술한 잡지의 서사 명제 중에 ④~㉚번까지의 거의 모든 내용이 소설 속에서 채영신의 이야기로 다루어진다. 그 서사를 비교해 정리하면 〈표 26〉과 같다.

소설『상록수』가 나온 이후 최용신은 상록수의 주인공인 채영신으로 형상화되어 대중들 사이에서 이야기된다. 샘골 마을 사람들이 기억하는 최용신에 대한 감동은 소설을 통해서도 그대로 독자들에게 전달되었다. 상록수는 처음 출판이 된 1935년부터 이후 1985년까지 무려 17번 발간되었다. 1900년부터 1985년까지 발간된 소설 가운데 상록수는 최다 출판된 책으로 기록되어 있다.

소설『상록수』는 1930년대 일제식민지 시대를 배경으로 박동혁과 채영신이라는 두 남녀 지식인이 개인이 성공할 수 있는 길을 버리고 고향과 시골에 내려가 마을 사람들과 함께 농촌 계몽과 교육 계몽활동을 하면서 사람들과 함께 그 시대의 불의와 불합리, 가난과 무지, 사랑과 의리를 위해 어떻게 싸우고 무엇을 성취했는가를 이야기하고 있다.[9]

소설에서 채영신은 성취욕이 강하고 기독교적 희생정신과 실천적 계몽 의식이 강한 여성으로 형상화되어 있다. 다만 잡지『신가정』에서는 샘골 마을 사람들과 최용신 사이에 형성된 신뢰감과 친밀감이 부각되었

---

8) "특집 2-상록수 얼 최용신 재조명", 여성신문(창간 제1호), 1994. 10. 12~10. 18, 천곡교회 신문자료집, 49쪽.

9) 권영민, 『한국 현대문학사 연표』, 서울대학교 출판부, 1987, 홍석창 재인용, 269쪽. 이후 심훈의 소설은 두 번에 거쳐 영화화된다. 신상옥 감독의 〈상록수〉(1961)와 임권택 감독의 〈상록수〉(1978)가 그것이다.

〈표 26〉 소설『상록수』와 잡지『신가정』 기사의 서사 비교

소설『상록수』의 서사		잡지『신가정』의 서사
목차	**내용**	
쌍두취인곡	학교를 졸업하고 농촌에 들어가 계몽활동을 하기로 함	④
제3의 고향	아동들을 사랑과 열심으로 가르침	②
	기부금을 모금하러 다님	⑦
불개미와 같이	마을의 부자 영감을 찾아가 기부금을 받아옴	⑧
그리운 명절	기부금을 마련하기 위해 추석 학예회를 개최함	⑤
	부인 친목계 회원들이 거액의 기부금을 내지만 그중에 반만 사용함	⑦
	영신이 직접 건설에 나섬	⑩
	영신에게 감동받은 마을 사람들이 함께 집 짓는 데 동참함	⑪
반가운 손님	700원을 들여 학원을 건축을 완성함	⑨
	학부형들이 돈을 추렴해 입원비를 마련함	㉕
	농촌사업을 위해 공부를 더 하고자 함	⑯
이역의 하늘	일본에 있는 신학교로 유학 감	⑰
	아이들에게서 빨리 돌아오라는 편지를 받음	⑱
	각기병에 걸려 일본에서 돌아옴	⑲
	소나무와 학을 수놓아 걸은 수틀을 청소함	㉚
	동네 사람들의 문맹률이 낮아짐	⑬
	쓰러지기 전까지 교단에서 가르침	㉓
천사의 임종	"난 청석골서 죽고 싶어요!"라며 수술을 거부함	㉗
	학생들과 학부형들이 병상을 지킴	㉘
	"학원이 보이는 곳에 묻어달라."고 유언함	㉙

다면 소설『상록수』에서는 박동혁과 채영신이라는 남녀 간의 사랑을 부각시켰다는 점이 다르다.

이러한 차이는 실제 역사 인물이었던 최용신과 소설 속 여주인공이었던 채영신이 서로 같은 인물임에도 불구하고 다르게 기억될 수 있다는 우려를 낳게 하였다. 소설 『상록수』가 독자들에게 큰 감동과 인상을 줄수록 실제 인물이었던 최용신에 대한 역사적인 조명이 필요하다는 인식을 하게 되었고 이러한 인식은 『최용신 소전』의 출판으로 이어졌다.

3) 전기

소설이 나오고 4년 후인 1939년 '눈 속에서 잎 피는 나무'라는 제목의 『최용신 소전』이 출판되었다. 교육학 교수였던 김교신은 소설 『상록수』가 최용신 선생의 이야기를 남녀 간의 사랑이야기로 저속하게 표현하고 있다고 여겼다. 최용신 선생을 소설 속 여주인공으로만 남아 있게 할수가 없었던 김교신은 최용신과 관련된 신문과 잡지 기사는 물론, 최용신이 남긴 글, 최용신의 가족, 스승, 제자, 샘골 마을 사람들의 증언 자료를 류달영에게 주고 소전을 집필하도록 하였다.[10]

"나의 사랑하는 딸들에게"라는 제목으로 시작되는 소전의 내용은 아버지가 딸에게 삶의 교훈과 모델이 될 만한 인물을 소개하는 조건으로 최용신의 생애를 다루고 있다. 철학박사였던 류달영은 최용신의 삶을 자신의 철학적 · 교육적 가치관으로 해석하고 서술한다.[11]

---

10) 홍석창, 『상록수와 최용신의 생애』, 홍익재(기독교문사), "농촌계몽운동의 선구자 최용신양의 신앙과 사업", 세헌, 1984, 268쪽.

11) '어떤 사람의 말에 "대개, 위대한 사람을 만드는 네 가지의 요소가 있는데 첫째는 가난의 훈련이요, 둘째는 어진 어머니의 교육이요, 셋째는 청소년 시절에 받은 감격이요, 넷째는 위대한 사람의 전기를 많이 읽고 분발함이라"는 문구는 최용신의 말이 아니라 류달영이 딸들에게 전하는 교훈의 말이다. "배워야 산다", "아는 것이 힘이다"라는 문구도 당대 사회적으로 담론화되던 것을 류달영이 최용신의 삶을 해석하는 과정에서 기록한 것이다. 류달영, 『최용신의 생애』, 성천문화재단, 1998, 『최용신 소전』 증보 9판, 36-38쪽 참고.

4) 교육활동과 기념활동

　　최용신의 삶이 기억되고, 기록되고, 예술적으로 형상화되면서 그 녀의 생애와 정신은 교육사업과 같은 문화활동을 통해서도 이야기된다. 최용신의 삶은 희생과 봉사의 상징으로 가치 부여되었으며 그 가치가 교 육사업의 실천을 통해 표현된 것이다.

　　최용신에 대한 기념사업은 학원사업에서부터 시작되었다. 학원사 업은 최용신이 자신의 생애를 바쳤던 천곡학원의 운영을 계속하는 것이 었다.[12] 학원사업은 최용신이 죽고난 후, 1935년부터 1970년까지 35년간 이어졌다. 학원 운영은 순탄하게 이루어지지 않았다. 최용신 사망 후 계 속 강습소를 운영하였으나 자금난으로 3년 후 해산하고 주일학교를 열어 인근 지역의 어린이 100여 명을 모아 주일마다 가르쳤다. 6 · 25 한국전 쟁 당시에는 '예수 믿는다'는 이유와 '아이들을 가르친다'는 이유로 담임 목사(전재풍)와 장로(안종현)가 공산당에 잡혀가 고문을 당하고 40일간 옥 살이를 하는 등 어려움이 많았다.

　　1954년에는 보건사회부로부터 생활개선, 음주 · 도박을 없애는 운 동을 벌였다는 공로로 모범부락으로 샘골 마을이 지정되기도 하였다. 이 후 중앙신학 동창들인 이군석 목사의 장남인 이승제, 천곡 태생인 임영 수, 둔대리교회 출신인 김우경 등이 수차례 논의 끝에 교회 임원회에 제 의하여 1960년 3월 10일 다시 문을 열게 되었다. 이때 이름은 '샘골고등

---

12)　천곡학원은 경기도 화성군 반월면 4리 천곡에 세워진 학원이다. 천곡학원은 최용신이 김노득과 함께 첫 번 째 학원을 열었던 용현리학원과 지명이 유사하다. 용현리학원은 황해도 수안군 천곡면 용현리에 있었다. 용현리학원은 감리교협성여자신학교 교수 황에스더 여사가 1929년 최용신, 김노득 양과 함께 학원사업을 시작한 곳이다. 세 처녀는 다 쓰러져가는 초가집을 얻은 후 동네 아이들을 불러 모으기 시작했다. 낮이면 어린이, 밤이면 청년 남녀들을 모아 국문 · 산술 · 노래 · 웅변 · 율동 · 운동경기 등을 가르쳤다. 개학 때문 에 3개월 후 상경했다. 이후 황에스더는 김노득을 용현리학원에, 최용신을 천곡학원에 영구 파송하였다.

농민학원'이었다. 수업료는 받지 않았다. 등화비로 20원씩을 받았을 뿐이다. 1962년 7월에는 상록동산에서 11개국 70명의 국제 대학생 캠프가 농촌 봉사 운동을 주제로 열렸다. 1962~1969년까지 샘골고등농민학원 졸업생은 8회까지 배출되었다. 하지만 학생 부족과 교사난으로 폐교된다.

1963년에는 반월고등공민학교가 '반월중학교'로 인가를 받고도 학생 모집이 어렵게 되자 상부에 진정서를 내 샘골고등농민학원이 '웨슬레 구락부'로 변경되고 감리교단에 편입되어 운영되기도 하였다. 하지만 교육부의 인가를 얻지 못한 상태에서 1970년까지 수업이 이어져오다가 1971년 다시 문을 닫게 되었다.[13]

천곡학원이 다시 문을 연 것은 1973년 루씨동창회에 의해서이다. 회장의 죽음으로 침체상태에 있던 루씨동창회는 새로운 임원진을 뽑아 활동을 재개하였다. 최용신이 운영하던 천곡을 다시 살림으로써 루씨학교의 정신을 다시 살리기로 한 것이다. 동창회는 당시 퇴락해 있던 천곡학원의 뒤를 이어 '루씨상록학원'이라는 이름으로 학원을 건립해 운영하기로 하고 동창회의 모금액으로 기념비를 세우고 학원을 설립한다. 루씨상록학원 개원의 의미는 류달영 작곡, 이홍열 작곡의 노래로 만들어져 기념비에 새겨진다.

> (1절) 일제하 처절하던 민족 수난기에/ 나라의 광복 위해 모든 것 버리고/ 농촌 계몽의 선구로 불사조 되어/ 이 고장 이 마을에 생명을 바쳤네.
> (2절) 영원히 역사에 푸르른 얼이여/ 꽃다운 처녀 싱그러운 상록수여/ 민중의 가슴 속에 뿌리 깊이 잡아/ 지금도 쉬지 않고 사랑으로 자라네.

---

13)　홍석창, 208-213쪽.

기념비 제막 후 최용신이 있었던 건물 자리에 상록회관이 세워져 운영된다. 상록회관에서는 농사일이 바쁜 낮 시간대를 피해 주로 밤에 모임이 이루어졌다. 이 외에도 어린이들에게는 노래를, 부녀자들에게는 가사·양재·요리 지도를, 청소년들에게는 도덕을 가르쳤다. 강사는 서울에서 내려와 강의를 하는 경우가 많았다. 농한기에는 새마을 순회농민대학 교수단을 초청해 특강을 듣기도 하였다. 하지만 운영비가 부족해 동창회에서 마련한 운영기금의 지원을 받을 수밖에 없었다. 회관의 교육사업은 1년간 진행되었지만 성과가 없어 사업이 중단되었다. 이후 교회와 의논해 유아교육사업으로 방향을 전환하고 1978년 이후에는 유치원을 운영하였다.

운영난을 해결해가며 어렵게 교육사업을 이어간 것은 '샘골학원의 경영을 계속해달라'는 최용신의 유언과 교육자로서의 최용신의 정신을 이어가려는 사람들의 노력이 있었기에 가능했다. 그들은 최용신의 이야기를 듣고만 끝난 것이 아니라 거기에서 받은 감동과 변화된 자세를 행동으로 직접 실천한 사람들이었다. 최용신의 이야기가 수용자의 생각과 태도를 변하게 한 것이다.

학원사업과 함께 이루어진 것이 '용신봉사상'을 수여하는 기념사업이다. 용신봉사상은 1964년 한국여성단체협의회에 의해 제정되었다. 1984년까지 총 20회의 시상이 이루어졌다. 용신봉사상은 조국발전에 이바지하는 여성들, 특히 희생적 봉사로서 지역사회 발전에 이바지한 공헌이 뚜렷하고, 탁월한 창의성을 발휘하여 향토 발전에 모범이 된 여성에게 공로를 치하하고, 사업을 격려할 목적으로 수여되었다. 선발 대상자는 한국여성단체협의회 가입단체 회원 중에서 선발되었으며 시상식은 매년 전국여성대회에서 열렸다.[14] 이는 최용신이 '용신봉사상'이라는 형식을 통해 여성 리더로 이야기된 것이라 할 수 있다.

5) 공간과 장소의 의미화

최용신의 이야기는 그녀가 죽으면서까지 부르짖었던 '천곡'이라는 공간과 '샘골강습소'라는 장소와 연결되어 있다. 소설에서 '청석골'로 그려지고 있는 천곡(샘골)은 소설에서도 그려지고 있듯이 최용신에게는 하나의 '조선'이었다. 모든 것을 포기하면서까지 천곡에 자신의 생애를 바친 것은 조국에 대한 사랑이자, 조선인에 대한 사랑이었다. 천곡이라는 공간은 이러한 사랑의 흔적이자 증거이다. 때문에 샘골강습소(천곡학원), 천곡교회, 최용신이 기거했던 집, 묘소는 최용신 이야기의 공간적 배경으로 중요한 의미를 지닌다.

이러한 공간에 대한 의미가 새롭게 부각된 시점이 1970년대이다. 1976년 정부의 '안산 신도시 개발' 발표로 샘골강습소가 있던 천곡교회(샘골교회)의 존립이 위태롭게 되면서 1977년 2월 3일부터 천곡교회와 최용신이 기거하던 집, 묘소 등을 보존하기 위한 시민운동이 전개된다. 이야기의 감동이 있는 역사적인 공간을 지키기 위한 청원서를 청와대를 비롯한 유관 기관에 제출하면서 시민들의 노력은 시작되었다.

1977년 2월 3일자 청원서의 내용은 '사적(史蹟) 보존 청원의 배경'을 주요 골자로 하고 있다. "역사적 배경으로는 새마을 운동과 그 정신의 선구자이자 상록수의 주인공인 최용신 선생이 농촌사회 개발을 위해 헌

---

14)   홍석창, 224쪽.

신적으로 활동한 본고장이다. 이 사적은 소설 『상록수』와 영화 〈상록수〉를 통해 널리 소개되어서 군민은 물론 전국적으로 관심과 존경의 대상이 되고 있어 많은 내방객이 찾아와 나라 사랑과 얼을 익히고 있다. 교육적 배경으로, 교육계 인사들이 관심을 가지고 있고 초중고생, 농대 학생들이 방문하여 민족정신 계발사업에 유익을 도모하고 있다.”[15] 청원서의 내용은 샘골강습소가 있던 공간이 사람들에게 어떤 이야기를 하고 있는지 보여준다.

하지만 공원 조성을 위한 정부의 개발계획 입장에는 변화가 없었고, 이를 지켜보던 지역단체와 교회가 공청회를 열어 샘골강습소에 대한 시민들의 이해와 주장을 정부에 전달하였다. 정부를 상대로 한 17년 동안의 청원 끝에 1994년 하반기에 개발 계획이 수정돼 샘골강습소 부지는 그대로 유지될 수 있었다.[16]

흥미로운 점은 철거문제를 다룬 1977년부터 1994년까지의 신문 기사를 보면 최용신이 소설 『상록수』와 함께 언급된다는 점이다(표 27). 이는 최용신 이야기가 소설과 영화를 통해 대중화되었음을 반증한다.[17]

이렇게 보존된 공간에 2007년 '최용신기념관'이 건립되었다. 2004년 최용신 선생의 제자였던 故 홍석필 옹은 청소년과 노인들이 공부하며 쉴 수 있는 강습소를 다시 만들어달라며 1억 5,000만 원을 안산시에 전달하였고 그 기부금을 기반으로 최용신기념관이 개관되었다.[18]

---

15) 천곡(샘골)교회 자료집, 1996, 4-5쪽.

16) 김우경, 〈역사가 증명하는 상록수(샘골) 기사집〉, 천곡(샘골)교회, 1994.

17) 기사 제목 중에는 최용신의 한자 이름인 崔容信이 崔用信으로 잘못 기록된 것도 있다.

18) "거액 쾌척한 상록수 최용신 제자 홍석필 씨", 연합뉴스, 2004년 10월 7일자 기사 참조.

〈표 27〉 천곡교회 공간 보존 관련 신문 기사

신문	날짜	기사 제목
한국일보	1977. 1. 12	『상록수』 모델 崔容信 양이 가꾼 샘골학원이 철거된다.
한국일보	1977. 6. 10	『상록수』 유서지 보존, 반월 새 도시의 공원으로
서울신문	1977. 6. 12	『상록수』의 모델 崔容信 양이 가꾼 샘골학당 철거 위기에
기독연합신문	1988. 4. 13	'신앙의 고향' 철거 위기, 소설 『상록수』의 발상지, 안산 천곡교회
경인매일신문	1989. 12. 15	농촌운동가 崔用信 선생, 독립기념관 遺書
경인일보	1990. 3. 29	『상록수』 무대 안산 천곡교회 주변, 공원 지정해놓고 개발 뒷짐
안산신문	1994. 4. 25	『상록수』 주인공 최용신 선생 묘역·정신 깃든 곳 천곡교회 위기, 안산시, 토지보상 마쳐, 30년대 교회로 복원, 교회 측, 역사적 의미 퇴색 우려

샘골강습소는 최용신 이야기의 소재이자 배경이다. 최용신의 이야기는 샘골강습소의 이야기이기도 하다. 최용신이 낯선 타지에 들어와 마을 사람들을 설득시키며 샘골강습소를 만들고 운영하면서 일어나는 사건이 서사의 대부분을 이루기 때문이다. 소설이 최용신의 이야기를 극적인 드라마로 만들었다면 샘골강습소 부지의 보존과 최용신기념관의 개관은 최용신의 이야기를 역사적인 사실로 만들어주고 있다. 최용신기념관은 전시물과 프로그램, 문화해설사의 해설을 통해 최용신의 이야기를 관람자들에게 전달한다.

② 최용신 이야기의 보편가치

지금까지 최용신의 삶과 정신은 다양한 형식과 내용으로 이야기 되어왔다. 신문, 잡지, 소설, 전기, 기념관의 형식과 매체를 통해 농촌계 몽가, 교육자, 독립운동가 등으로 이야기되어온 것이다. 이러한 최용신의 이야기에는 모두가 추구하는 보편가치가 존재한다. 그 가치는 최용신 스 스로가 삶에서 추구했던 것이기도 하다.

예를 들어 최용신이 추구했던 가치 중에 '사랑'이 있다. 그 사랑은 예수의 사랑과 같은 것이며 개인, 가정, 사회, 민족이 살아가는 데 필요한 그 무엇이다. 1934년 7월 20일 고베여자신학교의 학내 잡지인 『푸른 하 늘』에 기고한 최용신의 '나의 소감문'에는 사랑에 대한 그의 가치관이 잘 나타나 있다.

이 세상은 어디를 가 보아도 계급차별이나 민족차별이나 빈부차별로 인하여 비극이 발생하고 있습니다. 그러나 이 학교 안에는 이러한 모습의 계급, 민족, 부귀, 귀천의 사상을 초월한 그리스도 예수의 사랑이 발휘되고 있는 것에 감탄하지 않을 수 없습니 다. (중략)

개인에 있어서도, 가정에 있어서도, 사회에 있어서도, 진실한 사랑을 갖지 못한 사람 은 결핍이 있고, 또 어떠한 행복한 가정이라도 사랑이 없는 가정은 언젠가는 불행을 초래하고 어떤 강한 힘을 갖고 있는 민족도 사랑이 없는 민족은 멸망하게 되고, 어떤 문명사회도 사랑이 없는 사회는 부패하게 되고, 어떤 국제평화를 외쳐도 사랑이 없는 평화는 성립되지 않을 것입니다.

최용신의 제자였던 이덕선 옹을 비롯해 최용신을 기억하고 이야 기하는 사람들의 마음에는 그녀에 대한 '감동'이 있었다. 다시 말해 최용 신의 삶과 정신이 사람들에게 감동을 주는 것이다. 그 감동의 실체는 사랑과 희생, 봉사, 신념과 같은 인간이 추구하는 보편가치에 있다.

사람들이 최용신 이야기에 감동하는 이유는 그 이야기에 공감할 수 있기 때문이다. 이러한 공감대는 앞서 1부에서 기술한 딜타이(W. Dilthey)의 '객관정신'의 개념으로 설명될 수 있다. 우리가 타자를 이해할 수 있는 것은 인간에게 '객관정신'이 있기 때문이다. 객관정신은 각각의 개인들이 공통적으로 인정하는 의미로, 객관화된 정신을 뜻한다. 최용신을 이야기하고 그 이야기에 감동한다는 것은 최용신의 삶을 이해한다는 것이다. 그리고 이들이 최용신을 이해할 수 있었던 것은 최용신의 삶 속에 그들이 공통적으로 인정하는 의미, 즉 객관정신이 있었기 때문이다.

그렇다면 최용신 이야기에서 사람들이 인정한 객관정신은 무엇이었을까? 먼저 1930년대의 계몽정신이 있다. 이는 당시 전개되고 있던 브나로드 운동의 영향이 크다. 브나로드 운동은 1933년부터 본격적으로 시작되었고, 최용신이 농촌에서 계몽활동을 전개한 것은 1931년이기 때문에 최용신은 브나로드 운동의 선각자, 선구자로 이야기되었던 것이다. 그것은 신문과 잡지에서 기자들이 최용신의 삶에 부여한 의미였다. 소설 『상록수』가 농촌계몽소설의 대표작으로 알려진 것도 같은 맥락에서 해석될 수 있다. 다시 말해 최용신의 이야기는 당시 많은 사람들이 공통적으로 인정하는 '계몽운동'의 가치와 의미를 담고 있었고 이 때문에 사람들은 최용신의 삶을 통해 그 의미를 이해하고 공감할 수 있었던 것이다.

다른 하나는 '희생정신'이다. 조선중앙일보의 1935년 3월 2일자 기사의 '썩은 한 알의 밀알'이라는 표현이나 강승한 시의 '그날과 그 시간과 그 청춘을 조선에 바치고 조선을 위하야 초를 지어놓고 천국으로 가버리시엇다'라는 표현에 나타난 최용신 삶의 의미는 희생정신이다. 이처럼 남들과 다른 삶을 살다간 한 여인의 개성 있고 특수한 삶이 사람들에게 감동을 주는 이유는 거기에 사람들이 인정하는 객관화된 정신이 담겨 있었기 때문이다.

딜타이의 객관정신의 개념은 리케르트(H. Rickert)의 보편성과 일맥상통한다. 여기에서 보편성은 많은 사람들이 인정하는 가치이다.[19] 리케르트는 일회적이고, 개성 있고, 특수한 사례라 하더라도 공동체의 사람들에게 가치를 인정받으면 그것이 곧 보편적이 된다고 말한다. 단 여기에서 보편성을 갖는 것은 특수한 사례 그 자체가 아니라 그 안에 담겨진 가치이다. 즉 사람들이 인정한 가치에 보편성이 있다는 것이다. 리케르트는 이것을 '문화 가치'라고 말한다.[20]

그에 따르면 다른 현실과 구별되는 객체의 특성과 개성 속에 사람들이 이해하고 인정할 수 있는 가치가 있을 때 그것은 보편성을 획득하게 된다. 특정 개인이나 집단에 의해 표현된 특수한 문화 사례가 타인에 의해 이해되고, 체험되고, 그 체험의 영역이 확장될수록 보편성은 획득되는 것이다. 따라서 어떤 문화가치가 보편적이라는 것은 모든 사람이 그 가치를 인정하거나 아니면 적어도 문화공동체의 모든 구성원이 타당하다고 인정한 것이다. 이는 역사 인물의 특수성이 보편적으로 이야기될 수 있는 이유를 설명해준다. 과거에 한번 살다 죽은 역사 인물의 특수한 삶을 이야기하는 것은 거기에 존재하는 보편적인 가치 때문이다.

남다른 삶을 살았던 최용신의 삶이 보편적으로 이야기될 수 있었던 이유도 당대의 모든 사람들이 그렇게 살았기 때문이 아니라 그 삶에서 사람들이 이해하고 인정할 수 있는 가치가 있었기 때문이다. 그래서 계몽운동을 하다가 죽은 한 여성의 일회적이고 특수한 역사 인물의 객체가 그

---

19) 리케르트, 앞의 책, 172-174쪽.

20) 위의 책, 55쪽.

삶이 지닌 가치로 인해 보편성을 획득하게 된 것이다. 그리고 이것은 곧 최용신의 이야기가 대중적으로 받아들여질 수 있었던 이유이다.

이렇게 최용신의 삶은 동시대인이 이해하고 인정할 수 있는 가치를 담지하고 있는 역사의 산물이 되었다. 리케르트(H. Rickert)가 주장하는 바, 역사적으로 본질적인 것은 여러 개인에게 의의가 있어야 할 뿐 아니라 모든 사람에게 의의 있는 것이어야 한다. 또한 문화가치를 지닌 객체는 보편의 한 부분이라기보다 그 개성을 보유한 유의미한 담지자로 계속 유지된다. 최용신은 당대인들이 공유한 '계몽정신'과 '민족을 위한 희생정신'의 유의미한 담지자인 셈이다. 일제강점기의 계몽정신과 민족을 위한 희생정신을 이야기할 때 최용신의 삶은 그 가치를 담지하는 보편적인 이야기로 스토리텔링되어왔던 것이다.

11장 문화콘텐츠를 통한
역사 인물의 대중

문화콘텐츠는 우리 시대를 위한 역사 이야기 방식과 내용이다. 역사 인물이나 사건에 대한 이야기도 우리 시대의 콘텐츠로 이야기되어야 한다. 이 장에서는 우리 시대의 가치관과 표현 매체, 소통방식에 맞게 최용신 이야기를 어떻게 다르게 스토리텔링하였는가를 필자의 콘텐츠 개발 사례를 중심으로 살펴보고자 한다.

STORY
TELLING

1 역사 인물의 현대화와 대중화

　　앞서 기술한 것처럼 함경남도 덕원(지금의 원산)이 고향인 최용신은 일제강점기인 1931년 지금의 안산시 상록구 본오동인 샘골 마을로 들어와 샘골강습소에서 아이들과 마을 사람들을 가르치다가 1935년 26세의 나이로 사망한다. 사망 직후 최용신의 삶은 심훈의 소설『상록수』로 형상화되고, 이후 영화가 만들어지면서 최용신은 역사 인물이 아닌 소설과 영화 속의 여주인공인 채영신으로 이미지화된다.

　　그런데 문제는 세대가 지나면서 사람들의 기억 속에 채영신만 남고 최용신은 사라져간다는 점이다. 그 결과는 이야기가 만들어지고 난 이후 약 2세대가 지난 1994년에 분명하게 나타났다. 최용신의 애국계몽 정신에 주목한 안산의 지역민 3인이 독립운동자 추서 청원을 하기 위해 독립기념관에 신청서를 제출했다. 신청서를 받은 직원의 반응은 소설의 여주인공을 왜 독립유공자로 신청하느냐는 것이었다.[1] 사람들의 의식 속에는 소설 속의 여주인공인 채영신만 남고 서사의 원형이 되었던 역사인물 최용신은 사라져버린 것이다.

역사 스토리텔링의 맹점이 여기에 있다. 역사 사실이 역사 이야기로 만들어지면서 역사성은 사라지고 이야기의 감동만 남아 역사의 사실성이 훼손되거나 희석될 수 있다. 때문에 역사 인물에 대한 이야기는 그것을 창작하고 수용하는 과정이 활발하게 연구되고 논의될 필요가 있다.[2] 왜곡의 덫에 걸려 역사 인물에 대한 이야기를 아예 하지 않는다면 그 존재는 잊힐 수밖에 없다. 이 시점에서 우리가 고민해야 하는 것은 역사 인물을 어떻게 이야기해야 그 의미를 현대인들이 공유하고 공감할 수 있느냐이다.

이러한 측면에서 지역의 역사인물은 지역 정체성을 형성하고 지역민의 공감대를 형성시킬 수 있는 지역의 문화자원이다. 기념관 개관 이후, 안산시는 '최용신 문화콘텐츠 개발사업'을 추진하고 있다. 이 사업은 문화콘텐츠를 통해 최용신을 현대인들, 특히 안산 시민들에게 알리고 최용신의 정신이 담긴 문화를 향유시키자는 데 사업의 목적이 있다. 문화콘텐츠를 통해 지역의 역사인물을 현대화, 대중화하자는 것이다.

필자도 이 사업에 참여해, 2009년에는 논문, "최용신에 대한 기억의 스토리텔링"을 발표하였으며 이를 기초로 사진자료들을 연대기적으로

---

1) 윤유석, 「최용신에 대한 기억의 스토리텔링」, 『최용신 탄생 100주년기념 국제학술회의 논문집, 최용신 기억 속에서 아시아로 걸어나오다』, 안산시, 2009, 175쪽.

2) 그런 의미에서 역사를 소재로 한 소설이나 드라마의 역사 이야기에 비평이 필요하다는 국문학자 공임순의 주장은 진지하게 받아들여질 필요가 있다. 역사 이야기를 통해 문학과 역사와 현실이 관계 맺는 양상에 주목하고 있는 공임순은 저서 『우리 역사소설은 이론과 논쟁이 필요하다』(책세상, 2005)를 통해 역사 이야기에 대한 이론과 논쟁의 필요성을 제기한 바 있다.

정리해 사진집 『내 몸뚱이는 샘골과 조선을 위한 것이다』를 발간하였다. 이어 2010년에 추진된 최용신거리 조성과 샘골강습소 전시실 개관사업에 서는 콘텐츠의 기획과 스토리텔링을 수행하였다.[3] 이 장에서는 스토리텔 링의 방법론을 적용해 필자가 지역의 역사 인물을 스토리텔링한 방법과 전략을 소개하고자 한다.

2 스토리텔링을 통한 문화콘텐츠 개발 사례

1) 최용신 사진집 스토리텔링

출판콘텐츠의 개발 목적은 허구화된 최용신의 존재를 역사적으로 복원하는 것이었다. 역사 인물로 복원한다는 것은 두 가지 의미를 지닌 다. 하나는 소설 속에 존재하는 청석골과 채영신의 이야기를 역사적으로 실재하는 샘골과 최용신의 이야기로 전환시킨다는 것이고, 다른 하나는 최용신의 삶이 지닌 우리 시대의 가치와 의미를 찾는다는 것이다.

이러한 목적으로 최용신을 스토리텔링한 결과물이 『사진으로 보 는 최용신의 삶과 정신, 내 몸뚱이는 샘골과 조선을 위한 것이다』(2010)이 다. 이 서사물은 최용신기념관이 보유한 200장 이상의 사진 중에서 60여 장의 사진을 선별해 43개의 스토리로 만든 후 아홉 개 장의 소제목으로

---

3) '최용신 문화콘텐츠는 개발사업'은 '최용신기념관'의 주도로 (사)역사문화콘텐츠연구원, 도시디자인회사 시티이안, 전시기획사 조예가 참여해 진행되었다. 최용신기념관의 이세나 학예사는 사업의 전체적인 방향 과 진행을, (사)역사문화콘텐츠연구원의 강진갑 원장은 종합적인 기획과 네트워크 협업을, 시티이안의 김 철중 팀장은 거리 조형물의 기획·제작을, 조예의 소재 팀장은 전시실 공간의 기획·설계를 담당하였 다. 필자는 기획에 참여해 콘텐츠를 기획하고 스토리텔링하였다.

연대기적 구성을 한 것이다. 43개의 스토리는 신문·잡지, 기록, 구술, 학술 자료들의 내용 중에서 최용신과 샘골강습소의 역사와 관련된 사건과 상황을 개개의 서사 단위로 분류한 것이다.

먼저 서사행위 요소를 중심으로 최용신 스토리텔링 과정을 기술하고자 한다. 이야기를 하는 '나'의 존재는 글을 쓴 윤유석이다. 수화자는 독자, 특히 소설의 채영신이 역사 인물 최용신이라는 사실을 모르는 현대인이다. 서사매체는 인쇄매체이다. 서사조건은 최용신기념관이 보유한 사진을 사용해 스토리텔링을 해야 한다는 것이다. 또한 지역민과 방문객에게 배포하기 위해 제작되기 때문에 최용신이 기념되어온 역사와 의미를 쉽고 빠르게 이해시킬 수 있어야 한다는 점이다.

주요 서사정보는 내용의 실체에 해당된다. 시대적 배경과 사건, 최용신이 주체가 되거나 대상이 된 기록, 그림, 사진, 영상에 대한 설명 및 인용, 연보, 최용신에 대한 사람들의 말, 글, 작품, 최용신의 활동 공간 등이 주요 서사정보이다. 서사 제시 방식은 역사 사실을 명시적으로 제시하였으며, 기록물의 내용을 직접인용하는 방식으로 기술하였다.

스토리는 역사적 사건과 상황에 대한 사실 정보를 위주로 다루었으며 이야기한 정보들의 의미는 소제목으로 표현하였다. 정보가 서사 흐름과 어떤 연관성이 있는지 잘 드러나지 않을 경우 필자가 개입해 정보에 대한 해석과 평가, 상상 등을 추가하였다. 이러한 부분들은 화자의 의견과 의식이 반영된 화자의 목소리라 할 수 있다. 〈표 28〉은 내용 중에 필자의 해석, 지식, 견해, 평가가 들어간 서술 부분을 구분해본 것이다.

〈표 28〉 역사 사실에 대한 화자의 목소리 구분

소제목	서술 문장	구분
최용신	정의와 사랑의 양면이 잘 조화된 인격, 이것이 사람들이 기억하는 최용신이다.	해석
일제강점기	최용신이 태어날 즈음 대한제국은 일본에 외교관과 행정권을 빼앗기고 군대가 해산되었다. 1930년대 한반도는 일본이 전쟁을 하는 데 필요한 식량, 물자, 인력을 제공하는 조선총독부 지배하의 식민지 조선이었다.	지식
가족	최용신의 기독교 신앙, 교육가 정신, 민족 사상은 가정에서부터 자연스럽게 길러지고 있었다.	해석
실천과 활동	당시 농촌계몽은 문맹과 빈곤퇴치 그 이상의 의미를 지니고 있었다. 그것은 곧 식민지 국가의 독립을 준비하는 것이었다.	해석
너희는 우리나라의 보배다	최용신에게 아이들은 조국의 미래이자 희망이었다.	해석
죽어서도 죽어지지 않는 것	최용신의 육체는 죽어가고 있었지만 샘골강습소에 깃든 그녀의 사랑은 죽지 않았다.	해석
최용신, 채영신이 되다	작품 속에서 최용신은 채영신이 되었고 삶의 감동은 그대로 이야기의 감동이 되었다	평가
이어지는 교육사업	학원의 운영난 속에 최용신의 뜻은 힘겹게 이어져가고 있었다.	해석
모범부락이 되다	최용신이 심은 향나무가 시상식 장면과 시상식에 모인 사람들을 지켜보고 있었다.	상상
여성 리더십의 표본	최용신이 보여준 리더십은 여성 리더십의 표본이 되고 있다.	평가
삶의 모델	선생님이 주는 진실하고 성실한 사랑은 제자들의 마음 중심에 자리 잡아 삶의 기준과 힘이 되었다.	해석
농촌에서 다문화 사회로	오늘날 최용신의 뜻과 정신이 펼쳐지는 대상은 다문화 가정이다.	견해

서사의 주제는 "최용신은 어떻게 살았고 그의 정신은 어떻게 이야기 되었는가?"이다. 서사물의 메시지는 "의를 위해, 다른 사람을 위해 살다 간 한 사람의 삶은 정신으로 이어진다"는 것이다. 이 메시지는 최용신의 기도에서 발췌하였다. 최용신의 기도에는 최용신의 욕망이 드러나 있다. 최용신이 새벽기도 기도문 중에는 다음과 같은 구절이 있다. "여호와여, 이 몸은 남을 위하여 형제를 위하여 일하겠나이다. 여호와여, 살아도 주를 위하여 살고 일하여도 의를 위하여 일하옵고 죽어도 다른 사람을 위하여 죽게 하소서."

최용신은 실제 그런 삶을 살았고 그 삶에서 '의로움'을 발견한 후대인들은 그의 정신을 여러 가지 방식으로 이야기하고 이어갔다. 그리고 글과 그림으로 그의 삶을 표현하거나 교사나 봉사자로 활동하거나 기부나 정신계승운동을 하면서 최용신을 추체험해갔다. '의를 위해, 다른 사람을 위해' 살다간 최용신의 삶의 메시지가 그들에게 감동을 주고 그들을 변화시켰던 것이다.

이 메시지는 사진집에서 이야기하고자 하는 서사물의 요점이기도 하다. 요점은 발화자나 수화자의 욕구를 충족시키는, 이야기할 만한 가치가 있는 내용이다. 의롭게 살고 남을 위해 살아야 한다는 것이 최용신을 이야기하는 가치이다.

다음으로 사진집의 서사형식 구조를 살펴보자. 내용의 형식은 최용신과 관련된 근현대 시기의 사진, 기사, 기록, 작품, 구전, 논문, 장소 등 역사적으로 실재했던 시간, 공간, 인물, 사건, 기록들이다. 내용의 실체는 필자가 이들 자료 중에서 선택해 기술한 내용으로, 최용신이 태어난 해인 1909년부터 사진집이 집필된 시기인 2009년까지 100년의 시간 동안 최용신의 말과 글, 기사, 작품, 그림, 영상, 구전 등의 사실 정보이다.

내용의 실체가 되는 이야기의 주된 공간은 샘골교회의 샘골강습소이다. 최용신이 샘골강습소에 어떻게 오게 되고, 강습소를 어떻게 재건축하게 되며, 이곳에서 어떻게 아이들과 지역민들을 가르치다가 죽음을 맞이하게 되었는지가 이야기의 주된 내용이다. 하지만 기존 이야기들과 달리 사진집에서는 최용신이 죽고 난 후 지역민과 후손들에 의해 샘골강습소가 어떻게 운영되었고 최용신에 대한 이야기가 전해지고 정신이 이어져갔는가까지 이야기한다. 최용신만 이야기한 것이 아니라 최용신을 이야기한 사람들까지 이야기한 것이다.

　　표현의 형식은 인쇄매체의 글과 사진이다. 장르적 특성은 수필에 가깝다. 서사 구성은 최용신의 삶과 정신을 생전과 생후로 나누어 아홉 장의 목차로 구성하였다. 생전의 삶은 '태어나다, 배우다, 가다, 행하다, 죽다'라는 제목으로, 사후의 삶은 '이야기가 되다, 뜻이 이어지다, 정신이 되다, 모아지고 펼쳐지다'로 하였다. 각각의 장은 서사를 이루는 사건과 상황을 제시하는 방식으로 구성되었다. 목차 내용은 〈표 29〉와 같다.

〈표 29〉 연대기적 구성의 최용신 사진집 목차

목차	연도	소제목	목차	연도	소제목
1. 태어나다	1909	• 최용신 • 일제강점기 • 고향 원산 • 가족	6. 이야기가 되다	1935 ~ 1978	• 최용신의 흔적을 찾아 • 최용신, 채영신이 되다 • 썩어지는 한 알의 밀알 • 소설의 주인공에서 역사의 주인공으로
2.배우다	1916 ~ 1931	• 명문여학교 다니다 • 함께 고민하고 함께 토론하다 • 졸업하는 여학생의 꿈 • 스승을 만나다 • 실천과 활동 • 최용신의 기도	7. 뜻이 이어지다	1935 ~ 1976	• 이어지는 교육사업 • 일본인 원장과 폐교령 • 해방과 한국전쟁 속에서 • 모범부락이 되다 • 농촌청년을 길러내다 • 외지인의 방문 • 동문의 이름으로
3. 가다	1931 ~ 1932	• 샘골 • 사람들과 친해지다 • 샘골교회 샘골강습소 • 너희는 우리나라의 보배다 • 하나의 목표를 향해 • 함께 짓는 강습소	8. 정신이 되다	1964 ~ 2008	• 여성 리더십의 표본 • 정신이 깃든 공간이 지켜지다 • 독립유공자가 되다 • 삶의 모델 • 최용신 정신, 상록수 정신
4.행하다	1933 ~ 1934	• 샘골강습소 • 쉼 없는 열정 • 더 사랑하기 위해	9. 모아지고 펼쳐지다	2007 ~ 2009	• 최용신기념관, 구심점이 되다 • 문화와 예술로 구현하다 • 농촌에서 다문화 사회로 • 아시아로 걸어나오다
5. 죽다	1935	• "내 몸뚱이는 샘골, 조선을 위한 것이다" • 죽어서도 죽어지지 않는 것 • 묻히다			

마지막으로 서사성에 기초한 각각의 요인별 스토리텔링의 특징을 〈표 30〉으로 정리하였다.

〈표 30〉 서사성 요인으로 본 최용신 사진집의 스토리텔링 특징

서사성 요인	사진집의 스토리텔링 특징
사건	최용신이 태어난 1909년부터 학술회의가 개최된 2009년까지 43개의 사건과 상황을 다룸
갈등	샘골강습소 운영 과정에서 일어나는 시대적 · 사회적 갈등을 다룸
목적	최용신과 그의 뜻을 잇는 후대의 사람들이 의롭게 살아간 상태와 행동을 전달하기 위해
개별성	당시의 일반적인 생활상과 사건이 아닌 최용신만의 특수하고 개성 있는 사건과 상황을 이야기함
구체성	사건과 상황에 관련된 시간, 장소, 인물 등을 구체적으로 표현함
사실성	가능성이나 개연성에 대한 해석을 배제하고 사건과 상황에 대한 사실적인 정보를 확실하게 제시함
이야기 완결성	처음은 최용신의 삶의 과정을, 중간은 최용신의 삶이 작품으로 이야기되는 과정을, 끝은 정신이 계승되는 과정을 이야기함
주제 연결성	'최용신은 어떻게 살았고 그의 정신은 어떻게 이야기 되었는가'와 관련된 사건과 상태를 이야기함
사건 결합성	개개의 사건과 상태를 더 큰 사건으로 결합시켜 43개의 스토리로 구성함
계층 구조성	43개의 스토리를 9개의 소제목으로 통합함
변화의 본질성	최용신의 삶이 사람들의 삶을 어떻게 변화시켰는가를 이야기함
전체적 맥락성	시간 흐름에 따른 사건과 상태의 변화를 '최용신의 삶과 정신의 계승'이라는 전체적인 맥락 속에서 이야기함
실현 가능성	샘골강습소 운영의 실현 가능성이 변화 과정에 나타나도록 이야기함
전개의 방향성	서사의 끝은 오늘날까지 지속되는 최용신의 삶과 정신으로, 스토리의 전개방향이 최용신의 삶에서 시작해 정신이 이어지는 과정으로 서사의 끝을 향하도록 함
요점	"의를 위해, 다른 사람을 위해 살다간 한 사람의 삶은 정신으로 계승된다."는 요점을 이야기하고자 함

2) 최용신 거리 조형물 스토리텔링

그동안 역사 인물의 스토리텔링 서사물은 주로 출판물과 영상물로 만들어져왔다. 소설과 영화로 대중적인 인기를 얻었던 최용신도 예외가 아니다. 하지만 문화콘텐츠 개발은 최용신의 활동 무대가 되었던 안산 본오동에 있는 거리와 샘골강습소가 있었던 최용신기념관의 전시실을 매체로 활용해 최용신 이야기를 전달하고자 하였다.

먼저 최용신 거리는 조형물을 통해 역사 인물 최용신을 실체화해 보여주고자 하였다. 지금까지 역사 인물의 조형물은 주로 동상의 형태로 만들어져왔다. 기존의 역사 인물 동상이 예술조형물이라면 최용신 거리의 조형물은 서사적인 내용을 표현한 서사조형물이라 할 수 있다. 조형물들은 공원, 거리, 최용신기념관 입구에 사람들의 눈높이에 맞춰 세워졌는데 이는 사람들의 접근성을 높이기 위함이다. 조형물을 통해 최용신의 이미지를 보여주는 것이 아니라 최용신의 이야기를 들려주고자 하였다. 글과 사진으로만 봤던 역사 인물을 거리의 조형물로 만나보게 한 것이다.

네 개 조형물의 제목은 만남, 이끎, 향함, 안김이다. 이는 역사 사실에 기초한 이야기의 주제를 시간 순으로 전개한 것이다. 첫 번째, 만남은 1931년 10월 최용신이 샘골에 처음 들어와 아이들을 만난 장면을 형상화하고 있다. 두 번째, 이끎은 최용신이 아이들을 이끌고 샘골강습소로 데려가는 모습을 형상화하였다. 세 번째, 향함은 1932년 새로 지어진 샘골강습소로 아이들이 향해가는 모습이다. 네 번째, 안김은 1934년 일본에 유학 갔다가 6개월 만에 돌아온 최용신에게 한 제자가 달려가 안기는 모습을 표현하였다.[4]

---

4) 조형물의 남자아이는 실존 인물 이덕선을 표현하고 있는데, 이는 그가 현재까지 생존한 제자로, "기억으로

〈그림 12〉 최용신 거리의 조형서사물

3) 샘골강습소 스토리텔링

최용신기념관 2층의 샘골강습소는 최용신 거리에서 그의 존재를 인식하게 된 관람자가 상호작용적인 체험을 통해 최용신을 이해할 수 있도록 스토리텔링하였다. 샘골강습소는 만남, 거울, 빛, 배움, 졸업이라는 다섯 개의 테마로 공간을 구성하였다. 만남의 공간은 관람자에게 최용신을 소개하기 위해, 거울의 공간은 관람자가 최용신의 의미를 체험하기 전

그린 최용신 정물화"(『최용신탄생100주년기념 국제학술회의 논문집, 최용신 기억 속에서 아시아로 걸어나오다』, 안산시, 2009)라는 글에서 "선생님이 왔다는 소식을 듣고 5리 길을 뛰어가 품에 안겨 운 기억이 있다."고 증언하고 있기 때문이다. 그 외 최용신과 함께 표현된 남자아이와 여자아이는 당시의 샘골 아이들을 상징적으로 형상화한 것이다.

주제	만남	거울	빛	배움	졸업
목적	최용신 소개	체험 전 자기 인식	최용신의 말 전달	체험 후 자기 인식	변화된 자기 인식
공간 콘셉트	최용신 Q&A	나를 보는 거울	최용신 나무	강습소 교실	기부의 상록수
플롯	만남	도전	성취	변화	
체험 요소	문제 풀기	거울 보기	통과하기	놀이학습	졸업장 쓰기

의 자신의 모습을 비춰볼 수 있도록 하기 위해, 빛의 공간은 관람자가 어둠 속에서 최용신의 메시지를 빛처럼 체험할 수 있도록 하기 위해, 배움의 공간은 최용신이 가르치고자 했던 지식의 내용과 의미를 알려주기 위해, 졸업의 공간은 샘골강습소에 와 최용신을 만나고 그녀의 메시지와 가르침을 받은 후 변화된 자신의 모습을 관람자가 인식할 수 있도록 하기 위해 기획되었다.

　　각 공간의 주제를 표현하기 위해 최용신 Q&A, 나를 보는 거울, 최용신 나무, 강습소 교실, 기부의 상록수를 콘셉트로 공간을 기획하였다. 공간과 공간을 잇는 서사 흐름은 최용신에 대한 관람자의 만남, 도전, 성취, 변화를 플롯으로 전개하였다. 또한 각각의 공간에서는 문제 풀기, 거울 보기, 통과하기, 놀이학습, 졸업장 쓰기와 같은 활동을 통해 공간이 담고 있는 의미를 체험할 수 있도록 하였다.

　　관람자의 샘골강습소 체험은 입구에서부터 시작된다. 관람자가 최용신에게 배우러 왔다는 전제조건을 주기 위해 강습소의 입구는 학교 종

〈그림 13〉 최용신 기념관의 샘골강습소

소리와 강습소 교가의 합창소리가 들리도록 하였다. 강습소가 시작되는 도입부는 문제를 풀면서 최용신과 만나게 되는 '최용신 Q&A' 공간이다. 이곳에서 관람자는 아홉 개의 문제를 풀면서 전시콘텐츠와 프로그램을 이해하고 체험하는 데 필요한 기본적인 정보들을 얻게 된다.

두 번째 '나를 보는 거울'의 공간은 관람자, 특히 주요 관람객이 되는 초등학교 저학년 학생들이 거울로 자신의 모습을 볼 수 있도록 하였다. 여기에서 관람자는 '사람들은 나를 어떻게 보는가? 나는 나를 어떻게 보는가?'에 대한 자기 성찰을 하게 된다.

세 번째 공간은 큰 나무 형상의 밀폐된 공간에 최용신이 했던 말들이 벽에 적혀 있는 '최용신 나무'이다. 이 안에서 관람자는 남들이 보는 나와 내가 보는 나가 아니라 최용신이 했던 말과 글을 읽으며 자신을 바라보게 된다.

최용신 나무를 통과하면 책상과 학습도구로 재현한 '강습소 교실'이 나온다. 관람자는 정문틀과 산가지라는 학습도구들을 가지고 한글학습과 산수놀이를 할 수 있다. 그리고 책상에 앉아 자신의 꿈과 희망을 적을 수 있다. 관람자로 하여금 샘골강습소의 학생이 되어보도록 한 것이다.

마지막 공간은 졸업장을 쓰는 '기부의 상록수' 공간이다. 네 개의 공간을 거쳐 오면서 최용신을 만난 후의 관람자의 변화와 다짐을 졸업장 쓰기라는 행동으로 구체화하였다. 또한 마을 사람들의 기부와 참여, 최용신의 희생과 삶의 기부로 샘골강습소가 지어졌던 것을 모티브 삼아 자신의 마음을 기부하고 꿈을 적어 나무에 걸 수 있도록 하였다.

12장 스토리텔링 이론의
적용사례

　　앞서 우리는 인문학과 서사학의 관점에서 역사문화콘텐츠
의 스토리텔링 이론을 고찰하고 이를 토대로 몇 개의 작품들
을 분석하였다. 이 장에서는 분석이 아닌 창작을 위한 활용 차
원에서 스토리텔링 이론이 어떻게 적용되었는지, 필자가 스토
리텔링한 최용신 문화콘텐츠를 대상으로 살펴보고자 한다.

STORY
TELLING

1 서사적 이론의 적용

1) 역사 인물 말과 글의 직접 인용

역사 인물이 남긴 말과 글은 의미와 감동을 그대로 지니고 있다. 최용신의 말과 글은 기고 기사, 개인 기록, 제자와 동료들의 증언으로 남겨져 있다. 최용신 거리와 샘골강습소 전시실은 최용신이 했던 말과 글을 직접 인용해 수화자에게 전달하고 있다. 당시 증인들의 말이나 최용신의 글을 직접 인용해 관람자에게 최용신의 말을 직접 전달하고자 한 것이다.

예를 들어 최용신 거리 조형물의 안내문은 직접화법의 방식으로 최용신의 메시지를 전한다. '이곪' 지점에서는 최용신 제자가 증언한 "너희는 우리나라의 보배다. 열심히 배우고 노력하면 큰 일꾼이 된다."라는 말을, '향함' 지점에서는 최용신이 작사한 샘골강습소의 교가 중에서 "우리 강습소는 조선의 빛, 조선의 싹"이라는 말을 그대로 인용하였다.

샘골강습소에서도 최용신이 관람자에게 직접 이야기하는 방식으로 최용신의 뜻과 마음을 전달하고자 하였다. "농촌이 발전해야 이 사회도 완전한 발전을 이룰 수 있다.", "우리는 농촌으로 달려가자! 손을 잡고 달려가자!", "너희는 훌륭한 사람이 되어 나라를 구하고 이 나라를 짊어질 재목이다.", "너희는 우리나라의 보배다.", "열심히 배우고 노력하면 큰 일꾼이 된다.", "우리나라 말은 일본어가 아니라 한글이다." 이 문구들은 1928년 4월 1일자 조선중앙일보 기고문, 1935년 3월 36일 마을 사람들의 증언, 2009년 최용신 제자의 증언을 통해 남겨진 최용신의 말들이다.

최용신의 말을 선별할 때 고려된 것이 '최용신이 누구에게, 왜 이 말을 하는가'이다. 즉 수화자와 서사 목적의 문제이다. 이는 돌봄과 소통의 리더십을 가졌던 최용신이 지금의 안산 시민과 아이들에게도 '당신과 당신 자녀들은 이 나라의 보배들이다'라는 말을 전하는 것이었다. 특히 일제강점기 식민지의 농촌 아이들이 그랬듯이 소외되고 낙심한 아이들을 위한 최용신의 격려와 용기의 말을 선별하였다.

이러한 최용신의 말을 체험할 수 있는 곳이 '최용신 나무'이다. 최용신 나무는 일제강점기의 시대적 암흑 상태를 밀폐공간의 어둠으로 표

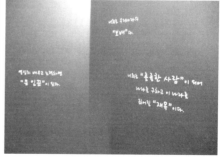

〈그림 14〉 '최용신 나무' 외부와 내부

현하였으며 그 안에서 형광 글씨로 표현된 최용신의 말이 빛을 내고 있다. 이는 암흑 속에서 최용신의 말을 하나의 빛으로 체험시키기 위함이다. 이 공간의 어두움은 일제시대의 역사적 암흑을 의미하는 동시에 자기 내부의 어두운 상태를 의미한다. 당대인들에게 빛이 되었던 최용신의 말이 현재의 관람자에게도 빛으로 체험될 수 있도록 하고 있다.

2) 의미의 해석과 설명

최용신 거리의 조형물 안내문은 역사 사실을 이야기한 뒤에 그 의미를 화자인 필자가 해석해 설명해주는 방식으로 스토리텔링되었다. 예를 들어 조형물 '이끎'의 안내문 후반부를 보자. "최용신은 가난과 무지 속에 살고 있는 아이들을 보배롭게 보았다. 식민지 상태였지만 나라의 당당한 주인이 될 수 있다고 믿었다. 최용신은 어둠 속에 있는 아이들을 빛의 세계, 희망의 세계로 이끌었다." 이는 앞부분에서 최용신의 말과 행동을 말해준 뒤 그것이 어떤 의미를 갖는가를 화자가 해석해 제시한 것이다.

3) 선질문 후제시

샘골강습소의 서사정보는 관람자에게 질문을 던진 후에 제시되었다. 관람자가 동일화될 수 있는 실루엣 형태의 어린이를 통해 질문을 던지는 방식이다.

예를 들어 '최용신 Q&A' 공간에서는 "최용신 선생님이 누구예요?"라는 유도질문을 통해 관람자가 최용신에 대해 알고 싶어지도록 관심을 유도하고 있다. '나를 보는 거울' 공간에서는 "사람들은 나를 어떻게

<그림 15> 관람자에게 질문을 던지는 화자

볼까?"라는 질문을 통해 관람자의 자기 인식 상태를 확인해볼 수 있도록
하였다. '최용신 나무' 입구에는 "이렇게 밝은데, 왜 어둡다는 거야?"라는
질문을 통해 전시콘텐츠의 서사정보를 인식할 수 있도록 하였다. '강습소
교실'에서는 "최용신 선생님은 식민지시대에 왜 한글을 가르치셨을까?"
라는 질문을 통해 최용신이 일제시대에 가르친 한글의 의미를 생각해볼
수 있도록 하였다. '기부의 상록수'에서는 "우와, 이 나무는 뭐야?"라는 질
문을 통해 평범한 나뭇잎이 아니라 관람자가 기부한 마음으로 푸른 잎이
달리는 나무에 호기심을 갖도록 하였다.

4) 수화자의 참여 유도

서사정보를 수화자의 참여를 통해 제시하기도 하였다. 예를 들어
샘골강습소의 '최용신 Q&A' 중에 퍼즐을 맞춰 최용신의 역사적 의미를
전달하는 방식이다. "나를 뭐라고 불러주겠니?"라는 질문 칸의 상자를 열
면 최용신의 얼굴이 그려진 퍼즐이 나온다. 뒷면에는 최용신을 일컬었던
지칭들, 즉 농촌계몽운동가, 둘도 없는 종이자 둘도 없는 여왕, 독립유공

〈그림 16〉 최용신 Q&A 코너의 활동지도와 인물퍼즐

자, 제자들을 사랑한 선생님, 아시아의 마더 테레사, 상록수라는 단어가 적혀 있다. 퍼즐을 맞추는 동안 수화자는 최용신이 어떤 인물이었는가를 인식할 수 있게 된다. 또한 최용신의 활동 범위에 대한 서사정보는 자석이 있는 안산의 지도 위에 캐릭터 인형으로 최용신이 갔던 곳들을 이동시켜보게 함으로써 활동 지역을 인식할 수 있도록 하였다.

단어의 나열을 통해 일방적으로 제시될 수 있는 사실들을 관람자의 참여를 통해 관람자에게 능동적으로 전달되는데, 여기에서 관람자는 퍼즐을 맞추거나 캐릭터를 움직이면서 이야기의 내용을 인지하게 된다.

5) 복수서사의 활용

최용신에 대한 이야기는 전시실 '최용신 Q&A' 코너의 "최용신 선생님에 대한 어떤 이야기들이 있었을까?"라는 질문 칸에서 다루고 있다. 질문의 답은 이야기 내용이 적힌 카드를 보여주는 방식이다. 최용신의 이야기는 다양한 형식과 내용으로 만들어져왔다. 그 이야기에는 최용신에 대한 사람들의 기억, 평가, 감정, 의미들이 이미 담겨 있다. 따라서 사람들이 했던 그 이야기들을 다시 말해줌으로써 그동안 최용신이 어떻게 이야기되어 왔는가를 전해주고자 하였다.

3월 5일자 조선중앙일보(1935)와 잡지『신가정』5월호(1935)의 기사에서는 마을 사람들이 최용신에 대해 갖는 존경과 사랑의 감정을, 소설『상록수』(1935)에서는 작가가 상상으로 그려낸 한글강습 장면의 감동을, 6월 19일자 기독신보(1935)에 실린 강승한의 시에서는 최용신의 삶과 죽음을 애도한 시인의 슬픔을, 전기『최용신 소전』(1939)에서는 작가가 기억하는 최용신의 첫인상을, 영화〈상록수〉(1961)의 샘골강습소 낙성식 장면에서는 샘골강습소를 바라보는 마을 사람들과 최용신의 감회를 이야기하고 있다. 이러한 글, 이미지, 영상들은 최용신에 대한 사람들의 감정과 생각을 전달할 뿐만 아니라 최용신과 안산에서의 삶을 실제로 그려볼수 있게 해준다.

2 인문학적 이론의 적용

1) 역사 사실을 이해시키고 변화를 유도한다

역사 인물의 스토리텔링은 인물에 대한 이해가 자아의 변화로 이어질 때 스토리텔링의 목적이 달성된다고 할 수 있다. 역사 인물을 이해시켜서 자신을 재발견하고 자아의 변화를 가져올 수 있도록 해야 하는 것이다.

샘골강습소 전시콘텐츠의 스토리텔링도 최용신 생애의 역사적 특수성을 이야기하되 그것이 관람자의 삶과 어떤 연관이 있는지를 함께 이야기하고 있다. 예를 들어 최용신의 말을 체험하도록 한 '최용신 나무'는 다음과 같이 스토리텔링하였다. "그때는 일본이 우리나라를 지배하던 식민지시대였기 때문에 어두웠다는 거야. 나라를 잃어서 앞이 캄캄한 거지. 그때는 사람들이 가난하고 무지해서 더 캄캄했을 거야. 미래에 대한 꿈과 희망이 없어서 캄캄했을 수도 있어. 너도 꿈과 희망이 없으면 앞이 캄캄하지 않니? 최용신 선생님은 이곳에 살고 있던 샘골 사람들을 암흑에서 끌어내려고 노력하셨어. 무지와 가난에서 벗어나게 하려고 노력하신 거지."

일제강점기의 시대적 암흑 속에서 최용신이 왜 빛이 되었는가를 이해시키고, 그 빛이 되었던 최용신의 말을 숙고하게 함으로써 당대의 시대적인 암흑을 관람자의 정신적인 암흑으로 환원시켜 이야기하고 있다. 이는 자신감이 없거나 꿈이 없어 암흑 상태에 있는 관람자에게 "너는 나라의 보배다, 배우고 익히면 나라의 일꾼이 될 수 있다."라는 최용신의 말을 들려줌으로써 내적인 변화를 일으키도록 유도한 것이다.

2) 사실을 해석하고 연관된 가치를 이야기한다

우리가 과거의 역사 인물을 이해한다는 것은 궁극적으로 그 삶의 의미와 가치를 이해한다는 것이다. 따라서 역사 인물의 스토리텔링은 지금 우리가 공감하고 인정할 수 있는 가치와 연관되어 있다. 역사학자 젠킨스(K. Jenkins)는 과거 사실을 해석하고 역사적 사실로 담론화할 때는 단순히 무엇이 일어났는가에 대한 것이 아니라 그러한 일이 어떻게 일어났고, 왜 일어났으며 당시 상황에서 그 일이 갖는 의미가 무엇이며, 나아가 그것의 현재적 의미가 무엇인지를 보아야 한다고 주장한다. 역사 사실을 이야기할 때 중요한 것은 사실 그 자체가 아니라 사실들이 차지하는 각각

의 비중, 위치, 결합, 의미작용이기 때문이다.[1]

최용신 거리와 샘골강습소 전시실에서 주요하게 스토리텔링되고 있는 것은 일제강점기에 최용신이 샘골에 들어와 샘골강습소를 새로 짓고 아이들을 가르친 것이다. 하지만 그 역사 사실은 최용신이 왜 샘골에 와서 샘골강습소를 짓고, 한글을 가르쳤는가, 그것이 일본어가 국어가 되고 가난해서 배울 수 없고, 식민지 백성으로 살아갈 수밖에 없는 농촌의 아이들에게 어떤 의미를 갖는가에 대한 해석과 함께 이야기되어야 한다.

지금까지 최용신은 농촌계몽운동가, 독립운동가, 여성 리더 등 다양한 모습으로 이야기되어왔다. 하지만 이번에 이야기된 최용신은 아이들을 격려하고, 꿈과 희망을 주는 선생님의 모습에 집중하였다. 이는 최용신이라는 역사 인물을 단순히 역사적으로 정확히 복원한 것이 아니라 현재 우리 시대, 우리 사회의 아이들이 듣기 원하고 공감할 수 있는 가치와 연결시켜 이야기했기 때문이다. 과거 나라를 빼앗기고, 배움의 기회와 미래의 꿈을 꿀 수 있는 기회까지 빼앗긴 아이들을 가르치고 격려한 최용신의 삶이 지금의 아이들에게 연관될 수 있는 가치로 해석해 이야기한 것이다.

3) 의미를 체험하게 한다

최용신이 했던 행동과 말이 지금 우리에게도 가치 있게 이야기될 수 있는 이유는 무엇일까? 여기에는 시간을 관통하는 의미가 있기 때문이다. 딜타이(W. Dilthey)는 우리가 과거를 회상하고 미래를 기대하는 이유

---

1)　젠킨스, 앞의 책, 89쪽.

는 시간에 구애받지 않는 통일된 의미가 그 안에 있기 때문이라고 말한다. 어떤 의미를 찾지 않고서는 미래를 기대하지도, 과거를 뒤돌아보지도 않을 것이라는 것이 그의 주장이다. 사람들이 과거의 역사 사실, 역사 인물을 통해 체험하고자 하는 것도 이 의미이다. 딜타이는 이것을 '체험의 시간성' 혹은 '역사성'이라고 말한다. 과거를 이야기하는 것은 그 안에 지금도 이야기될 수 있는 의의가 있기 때문이다.[2]

　　최용신 문화콘텐츠는 그 의미를 전달하는 하나의 의사소통 수단이다. 최용신 거리와 샘골강습소 전시실에서 사람들이 보고, 읽고, 만지면서 인식하는 것도 단순한 역사적 사실이 아니라 그 안에 들어 있는 의미이다. 그 의미는 가난과 무지 속에 있던 아이들에게 "너희는 이 나라의 보배다, 배우고 익히면 큰 일꾼이 된다."라는 최용신의 희망의 메시지와 공동체 사람들과 소통하면서 리더와 구성원이 함께 이룬 꿈의 실현이다. 샘골강습소의 전시콘텐츠도 그 의미를 체험할 수 있도록 스토리텔링되었다.

　　같은 맥락에서 리쾨르(P. Ricoeur)도 우리가 과거를 다시 생각하기 위해서는 과거라는 시간적 거리를 오히려 없애야 한다고 주장한다. 대신 우리가 주목해야 하는 것은 시대를 넘어서도 여전히 살아 있는 인간의 본성과 관념이다.[3] 우리가 역사 인물에게서 봐야 하는 것도 이것이다. 최용신을 스토리텔링하는 데 있어서도 그 안에 있는 인간의 본성과 관념을 전할 수 있어야 한다. 최용신의 경우, 신념과 확신을 가진 한 개인이 공동체를 어떻게 바꾸고, 그들이 다시 한 개인을 어떻게 기억하고 기념하는지를 보여줌으로써 인간의 이타심이 어떻게 실현될 수 있는가를 이야기해주

---

2)　　딜타이, 앞의 책, 164-166쪽.

3)　　리쾨르, 앞의 책, 279-280쪽.

고 있다.

샘골강습소의 기부의 상록수는 관람자가 '기부'라는 행위를 해봄으로써 최용신과 샘골 사람들이 공동체가 지향하는 가치 실현을 위해 자신의 삶을 헌신하고 재물과 시간을 내놓은 기부의 정신을 체험할 수 있도록 한 것도 이 같은 맥락에서 이루어진 것이다. 역사 인물의 스토리텔링은 단순히 역사 사실을 전하는 데 그쳐서는 안 된다. 그 역사 사실이 지닌 의미가 전달되고 체험될 수 있도록 스토리텔링하는 것이 필요하다.

4) 정보가 지닌 의미와 가치를 전달한다

시간이 지나서도 우리가 역사를 스토리텔링하는 이유는 사람들이 인정할 만한 가치가 거기에 있기 때문이다. 역사를 스토리텔링하면서 우리는 인간의 정신을 이야기한다. 특히 역사 인물을 이야기하는 것은 단순히 그가 언제 어디서 어떻게 살았는가를 이야기하는 것이 아니라 그가 왜 그러한 삶을 살았고, 그것이 지금 우리에게 주는 의미와 가치가 무엇인지를 이야기하는 것이 필요하다.

최용신에 대한 이야기는 사후 80여 년이 지나는 동안 계속 되어왔다. 그리고 시대에 따라 그 서사 목적과 내용, 형태도 변해왔다. 처음 최용신의 삶의 가치는 농촌계몽, 민족의식 고취, 독립운동정신 등에 있었다. 표현 형식도 신문기사, 소설, 시 등 인쇄 매체를 통해 이루어졌다. 하지만 지금은 삶의 가치에 대한 평가뿐만 아니라 표현 형식과 전달매체도 달라졌다. 그것은 매체와 형식의 변화일 뿐만 아니라 해석과 가치 평가의 변화이기도 하다.

역사 인물은 이야기하는 서사 목적에 따라 서사 내용이 달라진다.

수많은 역사 사실 중에서 서사 목적에 맞는 유의미한 사건과 인물들이 선택적으로 선별되어 이야기되기 때문이다. 그동안 최용신이 농촌 계몽운동가로 이야기되어 왔다면 우리 시대 최용신은 여성 사회운동가, 여성 리더, 교육자의 모습과 가치연관이 가능하다. 때문에 최용신 문화콘텐츠는 아이들을 사랑한 최용신의 마음을 안산의 시민들과 공감하는 방향으로 스토리텔링이 이루어졌다. 이는 최용신에 대한 해석의 확장이자 의미의 확장이라 할 수 있다.

문화콘텐츠의 스토리텔링은 역사의 의미를 현대인들에게 전달해주는 매개의 역할을 할 수 있어야 한다. 그것이 오늘날 스토리텔링을 통해 역사와 역사 인물이 대중화되는 의미라 할 수 있다. 그리고 스토리텔링을 통한 역사의 대중화는 역사를 이해하고 가치를 인정하며 공감하는 방향으로 이루어져야 한다. 우리 시대가 인정하는 보편적인 삶의 가치를 역사 속에게서 발견할 수 있는 한 역사에 대한 스토리텔링은 다양한 매체와 표현 방식을 통해 앞으로도 계속 이야기될 것이다.

참고문헌

1차 자료

김구, 『백범일지』, 도진순 주해, 돌베개, 1997.
전창근, 영화 〈아아 백범 김구 선생〉, 국도극장, 1960.
김별아, 『백범』, 이룸, 2008.

논문

강진갑, "경기도 문화유산 가상현실체험 시스템 개발과 인문학자의 역할", 『인문콘텐츠』 제1호, 인문콘텐츠학회, 2003.

고은, "나의 『백범일지』 읽기", 『월간 말』, 1995년도 1월호(통권 103호), 1995.

공임순, 『우리 역사소설은 이론과 논쟁이 필요하다』, 책세상, 2000.

권도경, "백범 문학콘텐츠의 존재양상과 그 스토리텔링상의 특징에 관한 연구", 『인문과학연구』 제8집, 대구가톨릭대학교 인문과학연구소, 2007.

김기국, "스토리텔링의 이론적 배경연구: 기호학 이론과 분석 모델을 중심으로", 한국프랑스학회 2007년 춘계학술발표회, 2007.

김기봉, "팩션(faction)으로서 역사 서술", 『역사와경계』 제63집, 부산경남사학회, 2007.

김민정, "어린이용 역사동화의 텍스트성 분석", 『사회과교육』 제45권 3호, 한국사회과교육연구학회, 2006.

김병길, "한국근대 신문연재 역사소설의 기원과 계보", 연세대학교 대학원 국어국문학과, 박사학위논문, 2006.

김희영, "롤랑 바르트의 텍스트론과 그 실천", 『불어불문학연구』 제23권(제23호), 한국불어불문학회, 1988.

남치호, 『문화자원과 지역정책』, 대왕사, 2007.

도진순, "1895~96년 김구의 연중의병 활동과 치하포 사건", 『한국사론』, 1995.

류재한, "문화자원을 통한 지역 활성화 전략", 『한국프랑스학논집』 제56집, 한국프랑스학회, 2006.

류은영, "자서전과 커뮤니케이션: 욕망에서 문화로", 『프랑스어문교육』 제18집, 한국프랑스어문교육학회, 2004.

_____, "내러티브와 스토리텔링: 문학에서 문화콘텐츠로", 『인문콘텐츠』 제14호, 북코리아, 2009.

문만기 · 김태용, "역사소재 기반 디지털게임의 발전과정 및 기획요소 연구: 동 · 서양 5개국의 역사소재 게임을 중심으로", 『방송공학회논문지』 제12권 5호, 한국방송공학회, 2007.

박웅기 · 송진경, "텔레비전 드라마 시청에서의 감정적 동일시에 관한 연구", 『한국방송학보』 제23-2호, 한국방송학회, 2009.

배영동, "문화콘텐츠화 사업에서 문화원형 개념의 함의와 한계", 『인문콘텐츠』 제6호 인문콘텐츠학회, 2005.

변학수, "인식의 담론에서 문화의 담론으로: 딜타이의 인문과학", 『독일문학』 제74권, 한국독어독문학회, 2000.

서정철, "롤랑 바르트의 글쓰기와 언어학", 『불어불문학연구』 제25권(제25호), 한국불어불문학회, 1990.

심승구, "군사사를 활용한 문화콘텐츠의 사례와 전망", 『군사학연구』 제6호, 2008.

양윤모, "김구와 『백범일지』", 『한국학보』 제28권(제1호), 일지사, 2002.

_____, "백범 김구의 치하포사건 관련기록 검토", 『고문서연구』 제22권, 한국고문서학회, 2003.

양해림, "딜타이에 있어서 개인, 사회 그리고 상호작용의 변증법", 『철학연구』 제44권, 철학연구회, 1999.

_____, "딜타이의 문화해석학", 『해석학연구』 제7집, 한국해석학회, 2000.

_____, "후설의 생활세계와 딜타이의 삶의 경험", 『철학연구』 제50권, 철학연구회, 2000.

윤유석, "자서전 『백범일지』의 문화적 수용과 창작", 『인문콘텐츠』 제14호, 인문콘텐츠학회, 2009.

윤유석 · 이상영 · 강방훈, "농촌활성화를 위한 문화콘텐츠 개발 방안", 『인문콘텐츠』 제21호, 문콘텐츠학회, 2011.

윤진, "진실의 허구 혹은 허구의 진실", 『프랑스어문교육』 제7집, 한국프랑스어문교육학회, 1999.

_____, "자서전과 자전적 소설: 앙드레 지드와 사르트르를 중심으로", 『한국프랑스학회 학술발표회 한국프랑스학회 2000년도 춘계학술발표회』, 한국프랑스학회, 2000.

이가야, "자서전 이론에 대한 몇 가지 고찰: 필립 르죈의 이론과 그 반향을 중심으로", 『프랑스문화예술연구』 제23집, 프랑스문화예술학회, 2008.

이우종, "역사 · 문화자원 정보시스템을 활용한 관광코스 개발 방안에 관한 연구: 강릉시 전통문화 탐방코스 개발 사례를 중심으로", 『한국GIS학회지』 제8권 2호, 한국GIS학회, 2000.

이윤선, "무대공연을 통해서 본 진도씻김굿의 문화원형과 문화콘텐츠", 『한국무속학』 제10집, 한국무속학회, 2005.

임영상, "독립국가연합 고려인 연구와 영상콘텐츠의 활용", 『인문콘텐츠』 제10호, 인문콘텐츠학회, 2007.

_____, "연변조선족의 문화중심 용정과 문화루트 개발", 『인문콘텐츠』 제13호, 인문콘텐츠학회, 2008.

전영길, "W. 딜타이가 본 정신과학과 자연과학의 문제", 『역사, 사회, 철학』 제1권(제4호), 국제문화학회, 1990.

정기철, "역사 이야기 이론을 위한 해석학적 고찰", 『철학과 현상학 연구』 제7집, 한국현상학회, 1993.

정형철, "디지털 스토리텔링과 내러티브 이미지", 『한국문학이론과 비평』 제36집, 한국문학이론과 비평학회, 2007.

주진오, "유명인사 회고록 왜곡 심하다 서재필자서전", 『역사비평』 1991년 가을호(통권 16호), 1991.

주창윤, "역사드라마의 역사 서술방식과 장르형성", 『한국언론학보』 제48-1호, 2004.

_____, "역사드라마의 장르사적 변화과정", 『한국극예술연구』 제25집, 2007.

충청남도 연구단, "지역 역사문화자원의 지식정보화 구현방안 연구", 『한국지역정보화학회지』 제4권 1호, 지역정보화학회, 2001.

단행본

강진갑, 『한국문화유산과 가상현실』, 북코리아, 2007.

강준만, 『역사는 커뮤니케이션이다』, 인물과 사상사, 2007.

김구, 『올바르게 풀어쓴 백범일지』, 배경식 주해, 너머북스, 2008.

공임순, 『우리 역사소설은 이론과 논쟁이 필요하다』, 책세상, 2005.

남치호, 『문화자원과 지역정책』, 대왕사, 2007.

선우진, 『백범 선생과 함께한 나날들』, 최기영 편, 푸른역사, 2009.

김기봉, 『팩션 시대, 영화와 역사를 중매하다』, 프로네시스, 2006.

_____, 『역사들이 속삭인다: 팩션 열풍과 스토리텔링의 역사』, 프로네시스, 2009.

서정남, 『영화 서사학』, 생각의 나무, 2004.

이병훈, 『꿈의 왕국을 세워라: 이병훈 감독의 드라마 이야기』, 해피타임, 2009.

이윤섭, 『다시 쓰는 한국 근대사』, 평단, 2009.

인문콘텐츠학회, 『문화콘텐츠 입문』, 북코리아, 2006.

전종한 외, 『인문지리학의 시선』, 논형, 2005.

전진성, 『역사가 기억을 말하다』, 휴머니스트, 2005.

정창권, 『문화콘텐츠 스토리텔링』, 북코리아, 2008.

차봉희, 『수용미학』, 문학과 지성, 1985.

차봉희 편, 『독자반응비평』, 고려원, 1993.

한국영상자료원, 『신문기사로 본 한국영화 1961』, 2005.

번역 단행본

딜타이, 빌헬름, 이한우 역, 『체험 · 표현 · 이해』, 책세상, 2002.

딜타이, 빌헬름, 이기홍 역, 『정신과학과 개별화』, 지식을만드는지식, 2008.

듀이, 존, 신현택 역, 『Theory of Valuation』, 이문출판사, 1987.

루카치, 게오르크, 이영욱 역, 『역사소설론』, 거름, 1987.

리케르트, 하인리히, 이상엽 역, 『문화과학과 자연과학』, 책세상, 2004.

리쾨르, 폴, 김한식 역, 『시간과 이야기 3: 이야기된 시간』, 문학과 지성사, 2004.

르잔, 필립, 윤진 역, 『자서전의 규약』, 문학과 지성사, 1988.

바르트, 롤랑, 김희영 역, 『텍스트의 즐거움』, 동문선, 1997.

벤느, 폴, 이상길 · 김현경 역, 『역사를 어떻게 쓰는가』, 새물결, 2004.

아들러, 알프레드, 라영균 역, 『인간이해』, 일빛, 2009.

아리스토텔레스, 천병희 역, 『시학』, 문예출판사, 2002.

에번스, 리처드, 이영석 역, 『역사학을 위한 변론』, 소나무, 1999.

오닐, 패트릭, 이호 역, 『담화의 허구』, 예림기획, 2004.

젠킨스, 키이스, 최용찬 역, 『누구를 위한 역사인가』, 혜안, 1999.

채트먼, 시모어, 김경수 역, 『영화와 소설의 서사구조』, 민음사, 1990.

카시러, 에른스트, 박완규 역, 『문화과학의 논리』, 길, 2007.

팔머 E. 리처드, 이한우 역, 『해석학이란 무엇인가』, 문예출판사, 1988.

프랜스, 제랄드, 최상규 역, 『서사학이란 무엇인가』, 예림기획, 1999.

헤센, J. 진교훈 역, 『가치론』, 서광사, 1992.

휴즈, H., 이순영 역, 『과학과 예술로서의 역사』, 풀빛, 1981.